Detlef Karthaus

Schlagfertig Paroli bieten!

Vielen Menschen fällt nie spontan die richtige Antwort ein, wenn sie verbal attackiert werden. Andere machen sich auf ihre Kosten lustig, doch sie bleiben stumm. In beruflichen Situationen geraten sie leicht in Verlegenheit, weil sie nicht wissen, was sie sagen sollen. Das muss nicht so sein! Jeder ist schlagfertig! Sie können einen verbalen Angriff absichtlich falsch verstehen, Verwirrung stiften, ablenken, verunsichern, zurückfragen, in Vergleichen und Metaphern sprechen – es gibt viele einfache Techniken, die Ihnen dabei helfen, nie wieder sprachlos zu sein. Dieses Buch zeigt Ihnen auf unterhaltsame Weise, wie Sie Ihre persönliche Schlagfertigkeit entwickeln, ohne Sätze anderer nachzuplappern oder niveaulos zu werden. Sie lernen, eine überzeugende Rhetorik zu entwickeln, die Sie beruflich und privat weiterbringt.

Detlef Karthaus ist seit 2002 erfolgreich als freiberuflicher Dozent und Kommunikationstrainer tätig. Eloquenz ist seine absolute Stärke. Schon in frühen Jahren wusste er wichtige Diskussionen zu gewinnen und hatte bei Bedarf auf alles eine Antwort. Heute bescheinigen ihm dies die Teilnehmer in seinen Seminaren und Veranstaltungen. Detlef Karthaus erklärt, wie man sich effektiv gegen Angriffe und Provokationen wehrt, Konflikte verbal behebt und sich mit geschliffener Rhetorik respektvoll durchsetzt. In jeder Lage.

www.detlefkarthaus.com

Detlef Karthaus

Schlagfertig
PAROLI bieten!

Der Weg aus der Sprachlosigkeit

Bildrechte Autorenfoto: Privatfoto

Bildrechte Umschlag: © style-o-mat – Fotolia.com

Der Goldegg Verlag achtet bei seinen Büchern und Magazinen auf nachhaltiges Produzieren. Goldegg Bücher sind umweltfreundlich produziert und orientieren sich in Materialien, Herstellungsorten, Arbeitsbedingungen und Produktionsformen an den Bedürfnissen von Gesellschaft und Umwelt.

ISBN Taschenbuch: 978-3-903090-04-0

ISBN Hardcover: 978-3-902903-18-1
ISBN E-Book: 978-3-902903-19-8

© 2015 Goldegg Verlag GmbH
Friedrichstraße 191 • D-10117 Berlin
Telefon: +49 800 505 43 76-0

Goldegg Verlag GmbH, Österreich
Mommsengasse 4/2 • A-1040 Wien
Telefon: +43 1 505 43 76-0

E-Mail: office@goldegg-verlag.com
www.goldegg-verlag.com

Layout, Satz und Herstellung: Goldegg Verlag GmbH, Wien
Druck und Bindung: CPI books GmbH, Leck

Vorwort

Ein Vorwort schreibt man, wenn das Buch bereits fertig ist – also zuletzt. Schlagfertige Menschen haben häufig auch das letzte Wort – zumindest das letzte entscheidende Wort. Da bietet es sich doch an, diese Textpassage umzubenennen:

Das letzte Wort – gleich zu Beginn
Als vor ein paar Jahren ein Kunde auf mich zukam und mich bat ein Schlagfertigkeitsseminar zu halten, war ich zunächst überrascht. Schlagfertigkeit soll man lernen können? Schlagfertig bin ich seit meiner Jugend. Ich hielt das für ein Talent, wie so viele andere auch. Aber der Kunde hatte wohl seine Gründe, nach einem solchen Seminar zu fragen, also begann ich zu recherchieren. Auf dem Markt habe ich einige Bücher zu diesem Thema und ebenso viele Seminarangebote gefunden. Meine eigene Eloquenz fand ich plötzlich in einem Raster einsortiert wieder. Ich studierte nun meine Antworten sowie die Antworten meines besten Freundes Jörg, der, wie ich, nicht auf den Mund gefallen ist. Dabei stellte ich fest, dass viele schlagfertige Antworten nach einem bestimmten Muster aufgebaut sind. Solche Muster, oder auch Techniken genannt, sind lernbar, also ist Schlagfertigkeit ebenfalls erlernbar. Es wäre ein Trugschluss zu glauben, der Mensch erhalte die Wortgewandtheit bei der Geburt. Wir haben Lesen und Schreiben gelernt und wir lernen komplexe Inhalte, wie Mathematik oder Physik. Also können wir auch Eloquenz erlernen.

Es gibt allerdings Hindernisse, die Menschen von einer schlagfertigen Antwort abhalten. Einigen fällt kein Konter ein, andere haben eine Antwort, aber sie suchen ewig nach den passenden Worten. Bevor der flotte Spruch über die Lippen kommt, wird mehrmals verbal Anlauf genommen. Einigen fehlt der Mut für eine Reaktion, anderen wiederum der notwendige Humor. Viele ärgern sich derart, dass für einen Gegenstoß keine Energie mehr bleibt. Es gibt aber noch weitere Hindernisse, die einem die Paroli-Möglichkeit stehlen, und auch diese habe ich mit Lösungsempfehlungen zusammengetragen. Solche Barrieren müssen nicht bleiben. Wer will, kann sich Humor oder Mut aneignen, und wer übt, wird seine Kreativität steigern und die eigene Wortfindung beschleunigen.

Als ich mit Kollegen über dieses Buch sprach, äußerten einige Bedenken, denn sie hielten Schlagfertigkeit für etwas Negatives. Das liegt wohl am Wort an sich. Synonyme für Schlagfertigkeit sind jedoch Esprit, Scharfsinn oder auch Denkvermögen. Es geht um eine schnelle, schützende, aber dennoch nicht verletzende Antwort. Jemanden „fertigzumachen" ist sehr leicht, doch an den Folgen haben wir oftmals sehr schwer zu tragen. Das Buch soll Ihnen dabei helfen, solche Konflikte zu vermeiden, sich aber dennoch zu behaupten. Dieser schmale Pfad ist oft breiter, als wir es glauben, und es macht sehr viel Spaß, ihn zu erkunden. Ich wünsche Ihnen viel Freude bei Ihrer Schlagfertigkeits-Expedition!

Detlef Karthaus

Inhaltsverzeichnis

**Teil II
Die Techniken**

Teil 1
Das Werkzeug

1. Jeder kann es!

„Du bist ja echt für alles zu dämlich!"

Hoppla, da meint es einer aber gar nicht nett mit mir. Es gibt Situationen, in denen es wohl besser ist zu gehen. Doch das in diesem Fall zu tun, käme einer Bestätigung gleich. Wer solche Angriffe und Beleidigungen unbeantwortet lässt, gibt seinem Gegner großzügig Raum für weitere, zukünftige Angriffe.

Nun stellt sich die Frage, wie ich auf diesen unsachgemäßen Vergleich reagieren sollte.

„Du bist doch selbst dämlich!"

Nun, das war jetzt schlagfertig! Es kam wie aus der Pistole geschossen! Doch witzig war diese Antwort nicht. Die Worte des Angreifers zu wiederholen ist öde und langweilig. Außerdem ist es nicht nett. Gewalt erzeugt Gegengewalt. Gegengewalt führt zu einem höheren Ausmaß an Gegengewalt – und so geht es munter weiter. Wer auf diese Weise reagiert, provoziert den Kampf, den beide Seiten gewinnen wollen und beide vermutlich verlieren werden. Solche Reaktionen bauen nur Druck auf, sind aber kein Mittel zur Konfliktbewältigung. Das geht dann so lange und steigert sich in manchen Fällen so weit, bis sich einer nicht mehr zurückhalten kann. Dann kracht der Handknochen auf den Gesichtsknochen oder es klatschen fünf Finger auf die zarte Wange. Wer sich nicht gleich schlägt, bastelt zumindest an Racheplänen, denn so etwas lassen wir uns nicht bieten. Wir nicht!

Die wortwörtliche Wiederholung ist also doof. Reagieren wir mal etwas kreativer, vielleicht mit einem Synonym:

„Du bist doch selbst blöd!" Das war nun weniger öde. Der Kontrahent beweist, dass er über Kenntnisse der deutschen Sprache verfügt. Bravo! Aber sonst? Auch hier wird es im weiteren Verlauf möglicherweise Ärger geben und im schlimmsten Fall geht der Langsamere mit einem Veilchen nach Hause.

Wie wäre es mit einer ausführlichen Erklärung?

„Für alles zu dämlich? Nun, das ist jetzt eine weitreichende Behauptung, die ich sehr leicht widerlegen könnte. Vielleicht solltest du dich auf ‚viel' oder ‚etwas' beschränken."

Auf solche Erklärungen hat ihr Angreifer gewartet. Der Unterschied zwischen „alles" und „viel" interessiert ihn wohl in diesem Moment so sehr wie die derzeitige Windrichtung auf Hawaii. Diese Antwort nimmt jedoch die Schärfe aus dem Angriff und stellt keinen Gegenangriff dar. Das Wichtigste dabei: Der Angegriffene zeigt sich unverwundbar. Das wird den Angreifer fuchsen, es wird ihn überraschen und vielleicht sogar verunsichern. Seinen Aggressionsspegel wird es aber nicht ansteigen lassen.

Mit einem Gegenbeweis verunsichern!

„Ich kann Kaffee kochen. Also kann ich nicht für alles zu dämlich sein." Natürlich könnte man auch andere Vergleiche heranziehen. In allen Fällen hätte der Angreifer nun aber eine Erklärung dafür, warum wir dieses „Kompliment" zu Unrecht erhalten haben. Auch diese Antwort baut keinen Druck auf. Apropos Kompliment, auch als solches kön-

nen wir einen Angriff verstehen, schließlich liegt es an uns, ob wir uns überhaupt angegriffen fühlen. Vielleicht ist Ihr Gesprächspartner auch einfach nicht so gut im Geben von Komplimenten. *„Hey, danke. Dann bin ich ja ein echter Experte!"*

Sie können die Sache auch ohne Erklärung richtigstellen: *„Deine Behauptung geht jetzt schon sehr weit. Fällt dir nichts Passendes ein?"*, oder Sie erklären sich einverstanden: *„Ja, ich bin sogar so dämlich, dass ich deinen Angriff nicht verstehe"*, oder Sie stellen den Angreifer infrage: *„Gestern hast du das zu Heiko gesagt. Ich frage mich, warum du freiwillig mit so vielen Dummköpfen zusammenarbeitest!"* Machen Sie ihm ein Angebot: *„Wenn ich an so manche Filmkomödie denke, könnte ich noch richtig Karriere machen. Willst du mich managen?"* Nutzen Sie doch eine alte Schulweisheit für Ihren Gegenbeweis: *„Wer nämlich mit H schreibt, ist dämlich. Aber das trifft ja auf mich nicht zu."*

Schweigen ist Bestätigung

Einige sagen gar nichts und verlassen nach solchen Verbalattacken angegriffen das Feld. Sie ziehen sich zurück, sind wütend und sauer und lecken ihre Wunden. Sie schlucken den Ärger und die aufkeimende Wut hinunter. Sie trauen sich nicht etwas zu sagen oder es fällt ihnen nichts ein. Einige hoffen, dass der Klügere nachgibt und sie so wieder ihre Ruhe erhalten. Aber was, wenn der Angreifer gar nicht der Klügere ist? Schweigen bringt in der Regel nur weitere Angriffe mit sich. Somit lässt sich der Angegriffene nicht nur den Tag, sondern auf Verdacht gleich die gesamte Woche kaputt machen. Wenn es der Kollege oder der Chef ist, der regelmäßig barsche Vergleiche hervorbringt, dann kommen die Magenschmerzen schon am Sonntagabend bei den Gedanken an die kommenden fünf Tage.

Verbalangriffen sind wir wohl alle ausgesetzt. Dabei sind es selten wüste Beschimpfungen. Gerade die permanenten, feinen Sticheleien durchbohren mit der Zeit auch ein dickes Fell.

„Ach, Erika, du wirst ja schon wieder rot!", lacht Herbert seine Kollegin aus, nachdem sie das Telefonat mit Frank beendet hat. Erika kann es schon nicht mehr hören. Was sich Herbert da bloß einbildet. Es wäre ihr recht, wenn er einfach nur die Klappe halten würde. Doch Herbert hat sich auf seinen Satz eingeschossen. Da Erika jedes Mal vor Wut richtig rot anläuft, macht es ihm erst recht Spaß. Warum es ihn amüsiert, weiß er selbst nicht. Was er ebenfalls nicht merkt, ist, dass das Verhältnis zwischen ihm und seiner Kollegin schlechter geworden ist. Sie informiert ihn schon lange nicht mehr über Details. Sie lässt sein Telefon klingeln, wenn er mal nicht im Büro ist und „vergisst" manchmal das Weiterleiten wichtiger Auskünfte. Das schadet in letzter Konsequenz beiden, denn eigentlich sollten sie ein Team sein.

Paroli bieten schützt auf vielfältige Weise

Rechtzeitig und intelligent Paroli zu bieten kann auch den eigenen Arbeitsplatz retten und es erhält die Gesundheit. Wer seinen Kontrahenten in seine Schranken verweist, lässt keinen dauerhaften Ärger zu und erlebt dadurch weniger Magenschmerzen, Herzstiche oder anderen körperlichen Druck. Ferner verhindert eine faire schlagfertige Antwort unnötige Konflikte. Das gilt nicht nur in Unternehmen, sondern grundsätzlich. Auch in unserem privaten Umfeld sind wir häufig Anfeindungen ausgesetzt. Angriffsquellen bieten Bekannte in- und außerhalb der Vereine, die lieben Nachbarn oder auch unverschämte Mitbürger auf Parkplätzen und in Supermärkten. Möglichkeiten, uns zu ärgern, gibt es mehr als genug und Gelegenheiten, diesen Angriffen mit einem intelligenten und witzigen Spruch zu begegnen, ebenso. Witzige Reaktionen mindern das Konfliktrisiko und lassen den Magensäurepegel erst gar nicht ansteigen.

Schlagfertige Menschen haben es gut. Sie sind souveräner im Umgang mit unfairen Angriffen und werden daher seltener angefeindet. Sie geben nicht nur Kontra, sondern gehen zudem mit Stressmomenten besser um. Das macht auch Präsentationen, Verhandlungen und Diskussionen viel einfacher. Schlagfertigkeit ist eine tolle Eigenschaft, aber leider verfügt nicht jeder über sie.

Schlagfertigkeit für jedermann!

Sie haben Lesen gelernt und denken nicht einmal darüber nach, dass Sie es können. Sie entziffern gerade die Zeichen in diesem Buch, ohne dass es Ihnen schwer fällt. Lesen zu können ist keine natürliche Begabung und auch kein genetischer Drang, wie beispielsweise Sprechen oder Laufen zu lernen. Es wurde uns erklärt, wie die verschiedenen Buchstaben aussehen und wie sie zu lesen sind, und wir haben es begriffen. Wer viel liest, kann es besser als jene, die nur wenig lesen. Lesen zu lernen verlangt Training. In Bezug auf das Erlernen der Schlagfertigkeit ist das ebenso. Beim Lesen lernen Sie die Techniken. Durchs Üben eignen Sie sich diese an und Sie reagieren immer besser. Für das Erlernen von schlagfertigen Antworten gibt es ebenfalls Muster, Techniken und Erklärungen. Der einzige Unterschied zwischen diesen Lernbereichen ist, dass Lesen zu lernen im Lehrplan der Schulämter steht.

„Mir fällt erst am nächsten Tag ein flotter Spruch ein!"

Könnte diese Aussage von Ihnen stammen? Das ist doch prima. Wenn Ihnen auch erst spät eine witzige Antwort einfällt, so fällt Sie Ihnen doch immerhin ein! Damit wissen Sie schon eine Menge über Schlagfertigkeit, Sie haben sich das bisher vielleicht nur selten bewusst gemacht. Wenn Ihnen nach zu langer Zeit eine schlagfertige Antwort einfällt, müssen Sie lediglich am Tempo arbeiten. Hierzu erhalten Sie im ersten Teil dieses Buchs viele Tipps. Eine Technik setzen Sie schon ein, diese können Sie, wenn Sie wollen, im zweiten Teil dieses Buchs verfeinern. Die eigene Schlagfertigkeit zu verbessern lohnt sich, denn es hat enorme Vorteile, wenn sie richtig eingesetzt wird. Wir alle geraten schnell in Situationen, in denen wir diese Eigenschaft benötigen.

Bernd hatte es heute Morgen sehr eilig. Er hat sich schnell das Hemd von gestern übergezogen, das die ganze Nacht zerknittert vor seinem Bett lag. Dementsprechend sieht es aus. Nun steht er am Kopierer. Da kommt Yvonne Kaufmann vorbei, betrachtet sein Outfit und meint geringschätzig: „Also, mit deinen Klamotten kannst du aber auch Kinder erschrecken!" Bernd ärgert sich und erwidert: „Sei du mal schön ruhig. Bist doch angemalt, als wenn du dich auf dem Kriegspfad befindest!"

Das war zwar schnell geantwortet, aber wenig intelligent. Bernds Antwort klingt eher nach Füßchenstampfen und einem trotzigen „Du auch". Nach diesem kleinen Dialog wird sich nicht nur Bernd weiter über Yvonne ärgern, sondern Yvonne wird wohl auch auf Bernd sauer sein. Seine patzige Antwort hat keinen nennenswerten Erfolg gebracht, im Gegenteil. Plötzlich gibt es zwei (saure) Verlierer. Yvonne wird Bernd vielleicht für wenig kritikfähig halten. „Eigentlich meinte sie es ja gut mit ihm und das hätte er merken müssen." Bernd sieht das natürlich ganz anders und wird sie für eine eingebildete Kuh halten. „Die braucht sich bestimmt nicht mehr an ihn wenden, wenn sie mal wieder ein EDV-Problem hat."

Wenn wir einmal Fahrt aufgenommen haben, wird uns nichts mehr so schnell bremsen können. Wir bauschen Situationen auf und verknüpfen zusammenhanglose Dinge miteinander, nur damit wir im Recht sind. Wer kein Recht hat, rechtfertigt sich. Im Zweifel auch auf die unfaire Art.

Bernd hat mit seiner wenig intelligenten Antwort eine Doppelverlierer-Situation geschaffen. Er wird nun behaupten, dass Yvonne angefangen hat ihn zu provozieren. Doch darauf kommt es nicht an. In erster Linie hat sie ihm einen Hinweis gegeben, wenngleich dieser rhetorisch etwas ungeschickt vermittelt wurde. Doch die meisten von uns haben sich schon einmal im Fettnapf der verbalen Entgleisung gesuhlt, einige sind sogar ein paar Runden darin geschwommen. Mit ein wenig mehr Toleranz von Bernd und mit etwas Selbstironie hätte er über sich, sein zerknittertes Hemd und die Hektik am Morgen ebenfalls lachen können. Wir tragen in jedem Dialog Verantwortung. Sowohl in unserer Aktion als auch in unserer Reaktion.

So hätte Bernd mit einer intelligenten schlagfertigen Antwort die Doppelverlierer-Situation verhindern können. Nun werden einige vielleicht einwerfen, dass doch Yvonne die Situation versemmelt hat. Warum sollte Bernd ihren Fehler ausbügeln? Die Antwort auf diese Frage lautet: Weil man in solchen Momenten neben der Verantwortung auch Größe zeigen kann und Größe bedeutet Souveränität.

Wie hätten Bernds Rettungsversuche aussehen können?

Zur Erinnerung noch einmal die Aussage von Yvonne: „Also, mit deinen Klamotten kannst du aber auch Kinder erschrecken!"

Bernd: „Jetzt versteh ich auch, warum meine Nachbarin heute Morgen im Treppenhaus in Ohnmacht gefallen ist!"

Je nachdem, wie humorvoll Yvonne ist, könnte er auch solidarisch antworten:

„Ja, das stimmt. Und zusammen mit deinem stark geschminkten Gesicht wären wir das Dreamteam der nächsten Halloween-Party!"

Bernd zeigt mit der Bestätigung, dass er die Botschaft versteht, aber den Angriff ignoriert. Außerdem zieht er Yvonne mit ins Boot und bildet mit ihr eine Gemeinschaft. Er gibt zu verstehen, dass sich wohl beide an diesem Tag offenbar eher suboptimal präsentieren. Mit seiner solidarischen Antwort sendet er den Gegenangriff sanft durch die Blume. So kann Bernd ihr auf freundliche Art mitteilen, dass Kollegen hinter ihrem Rücken über ihr Make-up lästern. Wenn Yvonne intelligent genug ist, versteht sie diese Botschaft. Vielleicht war das auch das eigentliche Motiv von Yvonne. Vielleicht haben Kollegen über Bernd und sein Hemd gelästert. Ein Angriff kann mitunter ein misslungenes Hilfsangebot sein – es kommt eben darauf an, wie wir es verstehen.

Schlagfertigkeit kann jedoch viel mehr, als Kollegen auf die Spur des Anstands und der Höflichkeit zu bringen oder seine eigene Wut erfolgreich zu beseitigen. Auch bei Vorgesetzten ist eine schlagfertige Antwort meist ein gutes Mittel gegen die unfair ausgespielte Macht der Obrigkeit. Häme vom Chef kann einem den ganzen Tag verderben, doch mit den Techniken der Schlagfertigkeit wird sie viel leichter aufgenommen und gekonnt zurückgespielt. Gegenüber dem

Chef traut sich aber nicht jeder Widerspruch zu leisten, viele befürchten unangenehme Konsequenzen. Doch auch ein Chef macht nicht immer alles richtig und die guten Bosse wissen das.

Individuelle Situationen benötigen individuelle Reaktionen

Es gibt keine Nonplusultra-Technik, die für alle und jeden gilt. Schlagfertige Techniken haben auch mit Zuneigung zur jeweiligen Methode zu tun. So werden Sie einige Reaktionsmöglichkeiten finden, die Sie spontan nie verwenden würden, und andere, die Ihnen auf Anhieb gut gefallen. Wenn ich wüsste, welche Ihnen zusagt, hätte ich das Buch auf diese Praktiken reduziert. Doch bestimmt wollen Sie das Buch weiter verleihen und der nächste Leser wird sich für eine andere Konterform entscheiden. Zudem entwickeln Sie sich auch weiter und vielleicht wollen Sie eines Tages eine andere Schlagfertigkeitstechnik ausprobieren. Daher gilt: Picken Sie sich Ihre Lieblingstechnik heraus!

Um die Methoden schnell und erfolgreich zu lernen, ist zuvor allerdings ein Blick hinter die Kulissen wichtig. Die Techniken bestehen nicht aus erfolgreichen Sätzen, die irgendein schlagfertiger Mensch irgendwann einmal kreiert hat. Die Antworten sollen Sie selbst kreieren. Wer nur vorgegebene Sätze nachplappert, dem werden schnell die Antwortmöglichkeiten ausgehen. Außerdem wirkt das Nachgeplapperte mit der Zeit öde. Schlagfertigkeit hat viel mit Unterhaltung zu tun. Wer seine Zuhörer unterhält, gewinnt deren Gunst. Das gilt für große Fernsehshows genauso wie im kleinen Kreis. Das gilt für Chefs genauso wie für nörgelnde Nachbarn. Warum das so ist, erfahren Sie im weiteren Verlauf.

Talent oder Wille?

Wir erreichen alles, was wir erreichen wollen. Diesen Grundsatz haben schon viele Motivations- und Verkaufstrainer angewandt, und das mit vollem Recht. Talent ist eine Begabung, eine persönliche Leidenschaft. Doch ein Talent verkümmert, wenn es nicht gepflegt wird, und die individuellen Leistungen steigen, wenn kräftig trainiert wird. Wir alle kennen Beispiele dafür: Es sind nicht immer die Klassenbesten, die Karriere machen. Es sind nicht nur die Hochschüler, die erfolgreich sind, und es sind nicht ausschließlich die Naturtalente, die Sieg um Sieg im Sport einfahren. Nur diejenigen, die ihr Talent durch Fleiß, Beharrlichkeit und Zielorientierung unterstützen, erbringen meisterhafte Leistungen. Wer über Nacht berühmt werden möchte, muss tagsüber hart dafür arbeiten, so formulierte es Howard Carpendale. Demnach erleichtert uns das Talent das Erreichen unserer Ziele, aber es ermöglicht dies nicht zwangsläufig. Recht schnell kann der Talentierte vom fleißigen, unbegabten Mitbewerber überholt werden. So verhält es sich auch bei schlagfertigen Antworten. Nur wer sie übt und schlagfertig sein will, wird seine Eloquenz verbessern.

Wenn Sie schlagfertig werden wollen, dann werden Sie es auch. Schritt für Schritt, bis zum Ziel. Wie viel Talent Sie schon dafür haben, werden Sie sehen. Etwas zu lernen ist grundsätzlich keine Qual. Auch wenn Lernen oftmals eher negativ assoziiert wird, so ist es doch ein gutes Mittel, um uns zu zeigen, dass wir uns weiterentwickeln. Wir lernen, Tag für Tag. Wir nehmen es nur nicht bewusst wahr. Haben Sie Spaß am Lernen und freuen Sie sich über die Erfolge, die es mit sich bringt. Wenden Sie Gelerntes aber auch an, denn nur dann ist es nützlich. Nicht angewandtes Lernen ist Zeitverschwendung. Lernen Sie durch das Handeln, das ist viel effektiver, als mit einem Vokabelheft in der Hand durch den Raum zu laufen. Haben Sie den Mut, Ihr Wissen anzubringen, und freuen Sie sich auch über kleine Erfolge. Viele gegangene kleine Schritte führen schneller zum Ziel als das Warten auf den einen großen Sprung.

2. Bestandteile der Schlagfertigkeit

Schlagfertigkeit ist nur zum Teil Talent, es stecken in erster Linie erlernbare Techniken dahinter. Jede schlagfertige Antwort basiert auf einem gewissen Muster. Dieses Muster zu kennen und nachzuahmen hilft uns bei der Formulierung einer eigenen witzigen und überraschenden Antwort. Doch es gibt auch Dinge, die uns hemmen, die dafür sorgen, dass uns die spontane Antwort erst am nächsten Morgen einfällt. Muster und Bremsklötze sind die Bestandteile der Schlagfertigkeit. Wir benötigen Wissen über Dinge, die das Tempo der Antwort beschleunigen, und wir müssen die menschlichen Mechanismen kennen, um bestimmte Aktionen, aber auch Reaktionen zu verstehen. Daher beschäftigen wir uns im ersten Teil dieses Buchs mit den Eigenschaften, die Schlagfertigkeit behindern. Über diese Bescheid zu wissen, wird Ihnen dabei helfen, an Ihren persönlichen Bremsklötzen zu arbeiten. Das Lösen dieser Bremsen wird es Ihnen ermöglichen, künftig Ihre Reaktionszeit zu verkürzen.

Wortschatz

Konrad Adenauer soll angeblich mit weniger als 1.000 Worten ausgekommen sein. Goethe hingegen sagen Experten einen aktiven Wortschatz von etwa 15.000 Wörtern nach. Das ist eine erstaunliche Menge im Vergleich zum Wortschatz des Durchschnittsmenschen, der etwa 4.000 Wörter umfasst.

Vielleicht hat Adenauer tatsächlich weniger als ein Viertel der üblich verwendeten Worte verwendet, doch vielleicht ist das auch nur eine Legende. In unserer heutigen Zeit wird sich wohl kein Spitzenpolitiker mehr auf das Risiko der Sprachlosigkeit oder der ständigen Wortwiederholung einlassen. Dafür gibt es zu viele Trainer und Institute, die die Eloquenz der Volksvertreter schulen. Auch wenn Klartext gewünscht ist, sind die Situationen, in die Politiker geraten, doch zu unterschiedlich, als dass sie mit einem geringen Wortschatz bewältigt werden könnten.

Die landläufige Bezeichnung für den Besitz von vielen Wörtern lautet nicht durch Zufall „Wort-Schatz". Viele Wörter zu kennen ist ein wahrer Schatz an Wissen. Wir können mit Worten spielen, überzeugen und Spannung erzeugen. Viele schlagfertige Antworten leben davon, die Aussage des Gegners durch die Verwendung von Synonymen oder Antonymen zu karikieren. Unkreative Wortwiederholungen wirken dagegen eher trotzig. Die Wahl der richtigen Worte ist häufig von lenkender Bedeutung. So kann die Wortwahl in Verhandlungen, Diskussionen oder auch im Streitgespräch zwischen Siegen und Verlieren entscheiden. Da muss nicht einmal Publikum anwesend sein, wie wir im Fall von Bernd und Yvonne gesehen haben. Die Anwesenheit von Publikum verstärkt jedoch das Ergebnis eines Disputs, da Zuhörer diesen weitertragen oder Erwartungsdruck erzeugen können.

Doch wer in ausschlaggebenden Momenten die richtige Wortwahl treffen möchte, muss einen entsprechenden Wortschatz besitzen. Es ist daher von großem Nutzen, sich diesen Besitz anzueignen und ihn auch zu pflegen. Beim Erwerb des Besitzes hilft Lesen. Jegliche Literatur wie Romane, Sachbücher, Tageszeigungen oder auch Illustrierte leben von der lebendigen wörtlichen Darstellung. Die Bilder dazu werden im Kopf erzeugt. Eignen Sie sich den Wortschatz an, indem Sie spannende Kapitel und Artikel aufmerksam lesen. Verändern Sie in Gedanken die Überschriften in Zeitungen oder Illustrierten und beurteilen Sie anschließend Ihre Erwartungshaltung an diesen Artikel. Hören Sie bei Interviews und Diskussionen aufmerksam zu und achten Sie besonders auf die Verwendung der Worte der befragten Person. Fragen Sie sich bei bestimmten Formulierungen, warum gerade diese Worte gewählt wurden. Bei professionellen Rednern entscheidet nur selten der Zufall über die getroffene Wortwahl.

Wer über ein umfangreiches Wort-Vermögen verfügt, wird in entscheidenden Momenten stets das richtige Wort als Konter verwenden können. Das ist eine wichtige Voraussetzung für schlagfertige Antworten.

Wissen

Wissen schadet nur dem, der es nicht hat. Doch Wissen allein ist nutzlos, wir sollten es auch anwenden können. Für Schlagfertigkeit ist Wissen in vielfältiger Hinsicht eine große Stütze. Es erleichtert die Wortfindung und ermöglicht kreative Wortspielereien. Eine pfiffige Verwendung von Synonymen und Antonymen oder das richtige Falschverstehen ist nur mit dem Wissen über die begrifflichen Zusammenhänge möglich. Behauptungen lassen sich durch entsprechendes Wissen über Fakten und Beziehungen viel leichter zerlegen. Damit können wir unserem Gegner in Diskussionen nachvollziehbar widersprechen. Seine Äußerungen können dadurch unglaubwürdig wirken. Auch bei persönlichen Angriffen ist umfangreiches Wissen ein hervorragendes Mittel, um zum Beispiel abzulenken und die gegnerischen Äußerungen im Sand verlaufen zu lassen.

Wissen ist nicht ausschließlich das, was wir im Brockhaus finden. Wissen kann in verschiedene Komponenten gegliedert werden. Es gibt das Allgemeinwissen, von dem wir einen Großteil während unserer Schulkarriere erwerben. Über Quiz- und Wissenssendungen können wir dieses Wissen im Laufe der Zeit ausbauen. Diese Bildung ist die Grundlage für verschiedene Techniken. So ist die Anwendung der Methoden „Sprichworttechnik", „Zitate" oder die „Reaktion mit Metaphern" ohne Allgemeinbildung kaum möglich.

Doch neben der Allgemeinbildung verfügen wir auch über spezielles Wissen, das nur den Mitgliedern einer definierten Gruppe bekannt ist. Wir erwerben in unseren Arbeitsgebieten spezielles Produkt- und Branchenwissen. Wir greifen darauf zurück, um dem Kunden die Vorteile eines Produkts zu erläutern oder Kollegen von einer Meinung zu überzeugen. Aber auch die Mitglieder eines Vereins oder einer Clique verfügen über spezielles Insiderwissen. So kann in der Erwähnung einer Panne aus der Vergangenheit durchaus die Grundlage für eine witzige und zugleich schlagfertige Antwort liegen. Außenstehende werden aber mit einem solchen Konter nichts anfangen können. Daher ist auch das Wissen darüber wichtig, ob der Angesprochene zu diesem Insiderkreis zählt.

Letztendlich gibt es das Wissen über die sehr privaten Dinge des Angreifers selbst. Gerade bei persönlichen Anfeindungen ist ein solches Wissen oft ein wahrer Schatz. Wenn Sie die Macken oder Schwächen Ihres Gegners kennen, können Sie Ihren Konter punktgenau darauf aufbauen.

Damit machen Sie Ihrem Gegner unmissverständlich klar, dass wir alle unsere Schwächen haben und nicht auf denen der anderen herumtrampeln sollten. Allerdings ist ein solcher Konter stets sehr wertschätzend zu formulieren, denn sonst ufert das Gespräch womöglich in gegenseitige Anfeindungen aus, das führt aber zu nichts.

Wissen macht mächtig

Das Wissen über unsere Mitmenschen eignen wir uns mit der Zeit an. Das geht ohne großen Aufwand. Mit ein wenig Interesse an den Mitmenschen werden wir viele der erworbenen Informationen auch behalten. Durch genaue Beobachtung und durch gutes Zuhören, manchmal auch durch Zufall erfahren wir Dinge über unsere Zeitgenossen, die nur wenige wissen. Bisweilen sind es kleine Macken, manchmal aber auch Peinlichkeiten. Daraus ergeben sich freundliche, wenn auch recht eindeutige Kontermöglichkeiten.

Patrick hat seinen Kollegen Tom einmal dabei erwischt, wie dieser während einer Betriebsfeier seinen nackten Hintern kopieren wollte. Tom war nicht mehr ganz nüchtern und die Kopie verwackelt. Nach einem entsetzten Blick von Patrick ist Tom von der Glasplatte gesprungen und hat sich schnell wieder die Hose hochgezogen. Keiner der beiden hat ein Wort darüber verloren. Vier Wochen nach diesem Vorfall ist Patrick aufgrund von Dusseligkeit auf sein eigenes Handy getreten. Tom hat gelacht und meinte: „Wie kann man nur so blöd sein!" Patrick lächelte ihn an und meinte: „Ja, stimmt. Dafür sind meine Kopien aber umso schärfer."

Georg fährt den alten abgelegten Wagen seines Vaters. Eigentlich träumt er von einem Porsche. Um den Unterschied

Wortfindung

Haben Sie sich schon einmal überlegt, wie viel Sie eigentlich wissen? Das ist eine riesige Menge. Jeden Tag kommen unglaublich viele Informationen hinzu und viele von ihnen heften sich dauerhaft in Ihr Gedächtnis. Unser Langzeitgedächtnis ist wie eine Suppenschüssel. Was einmal hineinkommt, bleibt drin. Auch wenn Sie sich nicht mehr daran erinnern können, so ist dieses Wissen doch vorhanden. Schauen Sie sich alte Fotos an. Betrachten Sie die Bilder vom Urlaub von vor 2, 5 oder 10 Jahren. Betrachten Sie Bilder, als Sie noch ein Kind waren, und plötzlich erinnern Sie sich wieder an verschiedene Gegebenheiten. So verhält es sich auch mit dem Schulstoff. Was Ihnen in der Schule Spaß gemacht hat, erhalten Sie aus Ihrem Gehirn nach ein paar Erinnerungen und Wiederholungen schnell serviert und Sie können darüber verfügen. Je fitter ein Gehirn ist, desto besser läuft es auch mit dem Transport des Wissens ins Bewusstsein.

Dieses Wissen muss nicht immer die Größe von Schillers Glocke haben. Einige wären schon zufrieden, wenn die gesuchten Worte rechtzeitig aus der Erinnerung auftauchen würden. Man hat einen Satz auf den Lippen. Doch beim Sprechen werden die wesentlichen Bestandteile mit

„Hmmm", „Dingsda" und „verflixt" ausgefüllt, weil einem das Schlagwort nicht einfällt. Wir sprechen hier von Wortfindungsproblemen. In einer Rede ist das schon grenzwertig, doch bezüglich der Schlagfertigkeit ist dies das Ende.

„Sag mal, Frank, hast du dir die Haare selber geschnitten?"
„Hmmm, ja, ähh. Mein Dingsda, ähh, mein ... na! Also, ... mein Dingsbums meinte, ich solle doch mal, ähh, verflixt, er meinte, dass ... schlechter als bei dir würde es bei mir auch nicht aussehen."
Es hätte eine nette Antwort werden können. Hätte.

Wortfindung trainieren wir mit jedem Gespräch. Doch häufig beschränken sich die Gespräche auf unseren Lieblingswortschatz, der bei einigen Mitmenschen immer kleiner zu werden scheint. Diese Tendenz gilt es zu durchbrechen. Verwenden Sie häufiger neue oder selten gebrauchte Worte!

Schreiben Sie Ihre Briefe und Texte am Computer? Die meisten Schreibprogramme verfügen über ein Synonymlexikon. Befragen Sie das, wenn Sie bei Wortwiederholungen oder auch einfach nur bei Interesse sinnverwandte Begriffe wissen wollen. Lesen Sie die angebotenen Alternativen in Ruhe durch und machen Sie bewusst Gebrauch von diesem Wortangebot. Formulieren Sie gegebenenfalls auch Ihre Sätze um.

Hören Sie bei Talkshows sehr gut zu. Achten Sie auf Reaktionen und Formulierungen bei kritischen Fragen und Angriffen in Diskussionsrunden. Lernen Sie von denen, die regelmäßig an ihrer Schlagfertigkeit feilen. Lesen Sie, denn Geschichten und Berichte bieten eine Vielzahl an selten verwendeten Wörtern. Wechseln Sie aber ab und zu Ihre Lektüre, sodass Sie auch in den Genuss des Wortschatzes anderer Redakteure und Schriftsteller kommen.

Ein unterhaltsamer Zeitvertreib ist es, Wörter oder Geschichten aus Nummernschildern zu bilden. Diese Übung ist hervorragend für lange Autofahrten geeignet, aber auch auf dem Parkplatz vor dem Supermarkt lässt sie sich leicht einschieben. Bilden Sie Sätze aus den Buchstaben der Nummernschilder der Fahrzeuge, die links und rechts neben Ihnen parken. Das macht Sie in Sachen Wortfindung fit und Sie haben die Kennzeichen oder zumindest Teile davon abgespeichert, falls Sie Opfer eines Parkremplers werden. Schon allein auf dem Weg zur und von der Arbeit lässt sich dieses Gedächtnisspiel Dutzende Male spielen.

Diese Übung können Sie variieren, indem Sie aus zwei Buchstaben zusammengesetzte Substantive bilden. Das können Sie auch mit Kindern spielen, sie haben großen Spaß daran. Suchen Sie tatsächliche Wörter oder bilden Sie fantastische Wortneuschöpfungen. Damit fördern Sie auch gleich Ihre Kreativität. Sie ist ebenfalls eine wichtige Eigenschaft für schlagfertige Antworten. So können Sie aus den Buchstaben DK das existierende Wort Deckenkonstruktion vorschlagen oder eher erfundene Begriffe, wie Dinkelkaffee oder Dackelklo, bilden. Lassen Sie Ihrer Fantasie freien Lauf. Erweitern Sie diese Übung auf Verben oder Adjektive. Die Spielregeln bestimmen Sie!

Es gibt viele kreative und witzige Spiele, mit denen Sie so ganz nebenher Ihre Wortfindung trainieren können, auch die Wortketten gehören zum Beispiel dazu. Das zu nennende Wort fängt mit dem letzten Buchstaben des Wortes meines Vorgängers an. In einer kleinen oder auch großen Runde raten und helfen dann alle mit. Ebenso können Sie einmal versuchen eine Unterhaltung zu führen, bei der jedes Wort mit dem gleichen, zuvor bestimmten Buchstaben beginnen muss. „Wer bin ich" fördert neben der Wortfindung gleich das gesamte Denken. Sie denken an eine der Gruppe bekannte Person, diese kann unabhängig von Ihrem eigenen

Geschlecht männlich oder weiblich sein, sie kann lebendig oder bereits verstorben sein und sie könnte sogar eine fiktive Figur aus Film und Komik sein. Nun stellt jeder in der Runde eine Frage, die nur mit „Ja" oder „Nein" beantwortet werden kann. Wer die gesuchte Person errät, darf dann die nächste „Wer bin ich"-Frage stellen. Wenn Sie weitere Spiele suchen, recherchieren Sie im Internet. Hier werden Sie bestimmt fündig.

Assoziationen

Neulich bei Tante Inge am Kaffeetisch: Werner erzählt von seinem neuen Auto und Wolfgang fragt nach der Marke. Werner sagt sie ihm. Sofort ruft Tante Hannelore über den Tisch, dass ihr Nachbar auch so einen Wagen fährt. Nun reagiert Opa Ewald, er will wissen, ob denn die Frau von Tante Hannelores Nachbar noch lebt, die doch so schwer krank war. Egon fragt ihn, warum er sich dafür interessiert, und Opa Ewald erklärt, dass er mit ihr zur Schule gegangen sei. Bei diesem Stichwort zuckt Tante Gerlinde zusammen und lacht. Sie erzählt von ihren Erinnerungen an ihre eigene Schulzeit. Allerdings wird sie von Onkel Eberhard unterbrochen, der nun unbedingt von den Streichen, die sie den Lehrern damals gespielt haben, berichten muss. Ich sitze da, denke an die Feuerzangenbowle und überlege, was das alles mit Werners neuem Auto zu tun hat.

Laufen lebhafte Unterhaltungen in Ihrer Familie oder in Ihrem Bekanntenkreis ähnlich ab?

Wir hören, wir denken, wir reagieren, und das in einem zum Teil atemberaubenden Tempo. Wir reden miteinander und in nur wenigen Schritten wechseln wir das

Kernthema der Unterhaltung und kaum jemand kann den Weg zurückverfolgen. Ein Schlagwort löst bei uns eine Vielzahl von vollkommen unterschiedlichen Erinnerungen aus. Eine davon übernehmen wir, binden diese in die Unterhaltung ein und verursachen gleiche Reaktionen bei unseren Gesprächspartnern. So durchstreifen wir bei jedem Gespräch einen anderen Themendschungel. Wir haben die Gabe, vollkommen unterschiedliche Themen mit nur wenigen Schritten zu verbinden – das ist Assoziation.

Diese Gabe ist für die Schlagfertigkeit die wichtigste Voraussetzung. Nur über die Assoziation können wir Zusammenhänge, aber auch Gegensätze herausheben. Daher ist eine Kernfrage bei jedem Angriff: Was fällt mir dazu ein!? Welche Assoziationen habe ich? So können Sie beispielsweise aus jedem Angriff ein unbeholfenes Kompliment machen. Das Tolle daran: Ihr Gesprächspartner wird diese Ironie, diese absichtlich falsche Interpretation sehr wahrscheinlich verstehen.

Angenommen jemand nennt Sie einen Armleuchter (ein Ausdruck, der in der Regel nicht zur Bescheinigung hoher Intelligenz verwendet wird). Dieser Jemand will Sie anscheinend beleidigen. Um aber beleidigt zu sein, müssen wir das auch so verstehen. Nun denken wir aber nicht an den Armleuchter, sondern nur an den Leuchter. Was fällt Ihnen dazu ein? Eine Leuchte ist positiv behaftet, sie bringt Licht ins Dunkle. Die Leuchte hat Energie. Also kontern Sie auf diese eigentliche Beleidigung: „Sie meinen, ich bin der Einzige, der hier helle ist?! Da haben Sie wohl recht!"

Assoziationen bilden sich durch Verknüpfungen von Gehirnzellen. Jede Zelle hat die Möglichkeit, mit bis zu 10.000 anderen Zellen Kontakt aufzunehmen. Wenn Sie bestimmte Assoziationen häufiger oder auch intensiver benutzen, verbindet das Gehirn entsprechende Zellen direkt miteinander. So entstehen Denk-Abkürzungen und diese beschleunigen Ihre Reaktionszeit. So könnte es dann passieren, dass Onkel Eberhard in Zukunft immer an seine Schulstreiche denkt, wenn er das Automodell sieht, das Werner neuerdings fährt.

Das Gehirn arbeitet blitzschnell. Dennoch ist der Weg über eine längere Eselsbrücke langsamer als die Direktleitung. An einigen Verknüpfungspunkten muss man verweilen und erst nach der gewünschten Assoziation suchen. Wir sparen Energie und Zeit, je kürzer die Verbindungen zwischen zwei bestimmten Gehirnzellen sind. Das ist die Grundlage für schnelle Reaktionen, für die Schlagfertigkeit.

Je mehr Verknüpfungen Sie in Ihrem Oberstübchen haben, desto schneller und sicherer werden Sie reagieren. Bei der Beleidigung mit dem Armleuchter muss man beim ersten Mal vielleicht noch nachdenken. Die erste Assoziation ist wahrscheinlich negativ (geringer IQ), also muss nach etwas Positivem gesucht werden. Bei dieser gezielten Suche stoßen Sie dann auf die guten Dinge, wie Licht oder Energie. Wenn Sie das nun gelesen haben und es Ihnen Spaß macht, wird Ihr Gehirn eine neue direkte Verbindung zum Wort Armleuchter bauen. Die alte Verbindung führt zur Bewertung, dass dies eine Beleidigung ist, die neue bringt Ihnen aber den „Lichtblick" als Alternative. Sie entscheiden nun, welche Interpretation Sie wählen wollen. Ihre Antwort kommt zukünftig spontaner. Das Umlenken auf positive Assoziationen können Sie bei fast allen Beleidigungen anwenden und Sie werden schrittweise immer schneller in Ihrer Reaktion. Schlagfertigkeit ist eben erlernbar!

Synonyme und Antonyme

„Sie sind vielleicht ein Esel." „Ja, Sie sind auch ein Esel."
Ja, das war aber schlagfertig! Ohne auch nur einen

Augenschlag abzuwarten, kam die Antwort sprichwörtlich wie aus der Pistole geschossen. Und dennoch: Unter Schlagfertigkeit verstehen wir irgendwie etwas anderes, oder?

Obwohl die Antwort an Schnelligkeit nicht zu wünschen übrig ließ, fehlt hier der Witz, das Überraschende. Es ist eine schlechte Technik, einfach nur die Worte des Angreifers zu wiederholen. Das ist fad und langweilt.

Unsere Sprache ist so reich an Begriffen, dass wir auf Wortwiederholungen meist verzichten können. Das Benützen von alternativen Wörtern bereichert die Sprache, macht Sätze spannender und ist viel unterhaltsamer. Genau das macht Schlagfertigkeit aus. Entertainer amüsieren ihr Publikum mit schlagfertigen Antworten und Reaktionen. Es ist neben anderen Dingen der verbale Überraschungsmoment, der den Sprachwitz ausmacht. Wortwörtlich auf einen Angriff zu kontern ist hingegen nicht einfallsreich, selten witzig und häufig langweilig. Das erinnert eher an eine Trotzreaktion, an ein mit den Füßchen aufstampfendes Kind.

Legen Sie sich Synonyme und Antonyme zu und bereichern Sie Ihre Sprache. Unter dem Stichwort „Wortfindung" habe ich dieses Thema schon einmal aufgegriffen. Verwenden Sie die Synonymhilfe Ihres Schreibprogramms oder legen Sie sich ein entsprechendes Lexikon zu. Gehen Sie mit offenen Ohren durch Ihre Welt und nehmen Sie alle Wortalternativen auf. Hören Sie auch auf die Jugend. In diesem Alter kreiert man besonders gerne Wortneuschöpfungen oder übernimmt Wörter einer fremden Sprache. So ist beispielsweise „chillen" auf gutem Weg, zum festen Synonym von „relaxen" oder „ausruhen" zu werden.

„Sie sind vielleicht ein Esel." „Finden Sie angesichts meiner Glatze den Vergleich mit einem Grautier nicht unangemessen?"

Um seinem Gegner Paroli bieten zu können, eignen sich auch die Antonyme. Ein Antonym ist der Gegensatz, das Gegenteilige. Nun haben wir die Möglichkeit, alles so zu verstehen, wie wir es wollen. Wenn uns also jemand eine Beleidigung an den Kopf wirft, müssen wir das nicht als solche auffassen. Es könnte auch ein unbeholfenes Kompliment dahinter stecken.

„Du bist ja wohl ein vollkommener Idiot!"

Wer das auch immer zu mir sagt, meint es selten nett. Ich könnte mich nun über den Idioten aufregen, aber stattdessen beziehe ich mich lieber auf das Wort „vollkommen". Das Antonym ist leicht gefunden, es lautet „unvollkommen". Eine Antwort könnte dann lauten: *„Nun, vollkommen zu sein ist doch besser als unvollkommen, nicht wahr?!"* Dazu dann bitte noch lächeln und der Sender der eigentlichen Botschaft wird sich darüber ärgern, sein Ziel, Sie zu treffen, verfehlt zu haben.

Wir können den Satz dank der Antonyme auch noch weitertreiben: *„Lieber ein vollkommener Idiot als ein unvollkommener Halbidiot."* In dieser Aussage stecken schon zwei Gegensatzwörter und zudem eine Menge Unlogik. Doch die bemerkt Ihr Gegner in der Regel nicht, denn zum Nachdenken bleibt einfach keine Zeit.

Mit der Suche nach Antonymen betrachten Sie Sätze differenzierter. Sie stürzen sich nicht sofort auf das Angriffswort, sondern lernen es, den ganzen Satz zu analysieren. So sind wir beim Ausgangssatz auf das Wort „vollkommen" gestoßen. Das Wort ist positiv, daher können wir unserem Angreifer auch recht geben: „Nun, da bin ich ja froh, dass ich in deinen Augen wenigstens in etwas vollkommen bin!" Wenn Sie dann noch das Wort „vollkommen" schön betonen, weiß Ihr Gegner, dass sein Schuss ins Leere gegangen ist.

Wie alles im Leben können wir auch unsere Sprache und den Umgang damit lernen. Beschäftigen Sie sich mit Ihrer Sprache und achten Sie einmal ganz bewusst auf die verwendeten Worte von Prominenten, Politikern oder Entertainern. Lesen Sie Zeitungs- und Zeitschriftenartikel genau durch und achten Sie in Romanen auf die verwendeten Worte. Fragen Sie sich, was genau bestimmte Sätze spannend macht.

Suchen Sie sich Worte aus Zeitungen oder aus Gesprächen heraus und finden Sie Synonyme und Antonyme. Bei einigen Begriffen werden Ihnen die Alternativen nur so durch das Hirn schießen. Treffen Sie sich mit Freunden auf ein Gesellschaftsspiel. Im Handel gibt es spezielle Spiele, mit denen die Wortfindung und die Verwendung von Synonymen trainiert wird. Sie werden erstaunt sein, in welch kurzer Zeit sich Ihr persönlicher Sprachschatz erweitert. Damit werden Sie in Zukunft auch spontaner reagieren können. Erwähnte ich bereits, dass Schlagfertigkeit erlernbar ist?!

3. Körpersprache

Stellen Sie sich vor, Sie gehen zu einer Autogrammstunde. Der neue Boxchampion im Schwergewicht gibt seinen Fans die Ehre. Mit Ihnen pilgern Tausende Menschen zu diesem Event. Sie stehen in der Menschenschlange und können von Weitem schon das Haupthaar des starken Spitzensportlers sehen. Endlich! Sie sind an der Reihe und als der Profiboxer aufsteht, schaut er Sie mit hängenden Schultern, leicht nach vorn eingeknicktem Oberkörper und gesenktem Kopf an. Er gibt Ihnen die Hand und Sie haben das Gefühl, ein Stück Seife rutscht Ihnen zwischen den Fingern weg. Haben Sie sich einen der stärksten Männer der Welt so vorgestellt?

Die Körpersprache sagt in diesem konstruierten Beispiel etwas anderes aus, als wir es erwartet haben. Hängende Schultern und ein eingezogener Kopf sind Zeichen von unsicheren, vielleicht sogar ängstlichen Menschen. In diesen Bildern steckt keine Kraft. Die Vorstellung von einem Boxchampion sieht anders aus: Wir stellen uns ein Kraftpaket vor, aber keine in sich gesunkene Gestalt.

So offensichtlich ist Körperkommunikation nicht immer. Doch eines ist sicher: Sie ist immer dabei und sie ist ehrlicher als das gesprochene Wort. Einer der berühmtesten Sätze in der Kommunikationstheorie stammt von Paul Watzlawik: „Wir können nicht nicht kommunizieren." Wir senden immer Botschaften aus. Vielleicht nicht immer mit Worten, aber stets durch Gesten und Mimik.

Größe und Statur

Sind große Menschen erfolgreicher als kleine? Zu diesem Schluss kommt eine Vielzahl von befragten Personen. So wurde 2002 vom Deutschen Institut für Wirtschaftsforschung (DIW) in einer Studie nachgewiesen, dass große Männer in gleichen Positionen durchschnittlich mehr verdienen als kleine. Nach dieser Studie, die unter anderem Ende April 2004 auf dem Onlineportal der Süddeutschen Zeitung veröffentlicht wurde, fand das DIW zudem heraus, dass ab einer bestimmten Größe je Zentimeter Körpergröße mit etwa 2.000 Euro mehr an Gehalt pro Jahr gerechnet werden kann. Allerdings gilt dies nur für männliche Führungskräfte, bei weiblichen Führungskräften wurde diese Beobachtung nicht gemacht. Malcolm Gladwell schildert in seinem Buch „Blink! Die Macht des Augenblicks" ähnliche Phänomene in den USA. Die Chance für Männer auf einen Job in der Führungsetage steigt mit jedem Zentimeter an Körpergröße.

Sind schlanke Menschen erfolgreicher als dicke? Wenn dem so wäre, hätte Erfolg etwas mit dem Stoffwechsel zu tun. Sicher kennen wir dicke Menschen, die träge und antriebsschwach sind, doch es gibt ebenso genügend träge schlanke Menschen. Ein Zusammenhang zwischen Körperfülle und Dynamik kann grundsätzlich nicht behauptet werden. Wir finden in jeder Gewichtsklasse energiegeladene Personen. Dennoch halten viele an ihrem Vorurteil fest, mittels der Personenwaage ein Urteil über die Leistungsfähigkeit eines Menschen abgeben zu können.

Vorurteile berufen sich auf gemachte Erfahrungen und diese Erfahrungen übertragen wir gerne auf ganze Gruppen. Mit diesem Vorgehen spart das Gehirn wichtige Energie. Als Nahrung noch knapp war, war jede Form der Energieverschwendung lebensbedrohlich. Dieses Verhalten hat sich unser Gehirn bewahrt. Personen richtig einzuschätzen ist harte Denkarbeit und Denken kostet Energie. Um die Denkressourcen zu schonen, richtet das Gedächtnis „Schubladen" ein. Diese Schubladen werden mit gemachten und übernommenen Erfahrungen gefüllt. Sobald uns eine Person mit ähnlichen Eigenschaften begegnet, wird der einmal gebildete Charaktercocktail dann auch für diesen Menschen angenommen. Die Trefferquote ist dabei jedoch unterschiedlich niedrig, weil Menschen letztendlich doch einzigartig sind. Wie fehlbar wir dabei in unserer Beurteilung sind, zeigt folgendes Beispiel:

1920 wurde in den USA Warren G. Harding als 29. Präsident der Vereinigten Staaten gewählt. Der Mann war groß gewachsen und sein Kopf, seine Gesichtszüge sowie alle anderen Körperteile waren perfekt proportioniert. Er galt als das männliche Schönheitsideal und wurde gelegentlich als „Der Römer" bezeichnet. So beschrieb der Journalist Mark Sullivan schon Ende des 19. Jahrhunderts den Zeitungsverleger einer regionalen Tageszeitung und späteren US-Präsidenten Warren G. Harding. Durch politische Seilschaften wurde er zunächst in den US-Senat gewählt und dann 1920 als Kandidat für das Amt des Präsidenten vorgeschlagen. Seine Stärke war, dass er „wie der perfekte Präsident" aussah. Die Rechnung ging auf. Das Volk schenkte ihm wohl aufgrund seiner imposanten Erscheinung das Vertrauen. Zahlreiche Historiker bezeichnen Warren G. Harding als den schlechtesten US-Präsidenten aller Zeiten.

Solche Beispiele werfen Fragen auf: Kann uns also nur die Erscheinung einer Person einschüchtern? Sind Menschen in hohen Positionen gleichzeitig auch intelligenter als der sogenannte Otto Normalverbraucher? Gibt es nachvollziehbare Gründe dafür, erfolgreichen Menschen gegenüber lieber still als selbstbewusst zu begegnen? Hat Kompetenzangst wirklich eine Existenzberechtigung?

Ob ein Charakter das Aussehen prägt oder das Aussehen den Charakter, ist in letzter Konsequenz wohl noch nicht ausreichend beforscht worden. Es ist aber vorstellbar, dass sich Menschen mit einem sichtbaren „Handicap" oder einem nicht „normgerechten" Äußeren genau deswegen zurückziehen. Damit werden diese Menschen immer empfindlicher und in Folge dessen angreifbarer.

Doch nicht nur den weniger hübschen Menschen ergeht es so. Schöne Menschen bekommen ebenfalls vorschnell Charaktereigenschaften angeheftet. Beauty und Brain passen für viele nicht zusammen. So wird die hübsche Blondine oft als Dummchen abgestempelt und der smarte junge Mann ist ohnehin ein Playboy. Dieses Merkmal erhält er, ohne gefragt worden zu sein, ob er diese Rolle überhaupt spielen möchte. Die Gesellschaft reduziert uns nur zu häufig auf unser Äußeres und irrt sich viel zu oft damit.

Nick Vujicic wurde 1982 in Melbourne ohne Arme und Beine geboren. Lediglich ein Fußansatz, er nennt ihn Hühnerbein, hilft ihm beim Blättern in Büchern oder beim Telefonieren. Nick Vujicic hat als Kind sehr unter seiner Behinderung gelitten, bis er sich eines Tages mit ihr abgefunden und sie als Herausforderung begriffen hat. Heute füllt er als Motivationsredner ganze Stadien. Er ist witzig, voller Selbstironie und besitzt einen unglaublichen Lebenswillen. Es ist die innere Einstellung, die uns zur wahren Größe verhilft.

Viele lassen sich jedoch von Vorurteilen leiten. Aufgrund dessen verändern wir unser Verhalten in Anwesenheit dieser Personen. So werden einige aggressiver oder unterwürfiger, als sie es eigentlich sind. Ebenso irreleitend ist der Glaube daran, wie wir von unseren Mitmenschen gesehen werden. So meinen wir unter Umständen Angriffe zu hören, die nie ausgesprochen wurden.

Wir sollten uns aber nicht von Vorurteilen leiten lassen, es gibt schon genügend Warren Hardings in unserer Welt. Schönheitsideale sind stets Zeitzeugen und sie ändern sich laufend. Denken wir nur an die fülligen Frauen, die Peter Paul Rubens auf seinen Gemälden verewigte. Damals gehörten sie wohl zu den Topmodels. Bestimmt gingen die Damen in jener Zeit selbstbewusster mit ihrem Gewicht um, als es viele in der heutigen Zeit tun. Size-Zero-Maße wollte im Barock wohl kaum jemand sehen.

Schlagfertigkeit bedarf der gleichen Augenhöhe – und die bestimmen Sie! Sie bestimmen, ob sie herauf- oder herabschauen oder ob Sie weder das eine noch das andere tun. Betrachten Sie den Menschen, der Ihnen gegenübersteht, und betrachten Sie seinen Charakter. Charakter ist das, was uns Menschen so einzigartig macht. Wer ausschließlich kleinwüchsige Vorfahren hat, kann von einer Körpergröße jenseits der 180 cm nur träumen. Doch wenn einer dieser Vorfahren Napoleon Bonaparte war, werden wohl auch die Großen neidisch sein. Letztendlich ist weder das eine noch das andere ein persönlicher Verdienst. Wir können nichts für unsere Vorfahren und auch nichts für unsere körperliche Größe.

Bei Übergewicht könnte man es vielleicht anders sehen. Hier haben es viele selbst in der Hand, wie viele Kilogramm die Waage anzeigen darf. Wer sein Idealgewicht nicht erreicht, gilt daher bei einigen schnell als willensschwach und Schwäche assoziieren wir oft mit Trägheit. Nach Angaben des statistischen Bundesamts waren 2010 in Deutschland 50 Prozent aller Menschen zu dick. Mit zunehmendem Alter steigt auch der Anteil an übergewichtigen Menschen, so sind beim Renteneintritt mittlerweile über 70 Prozent davon betroffen. Bedeutet das, dass wir mit zunehmendem Alter träger und „schwächer" werden? Wohl kaum. Es gibt genügend wohlbeleibte, aber recht agile Rentner, die das Gegenteil beweisen.

Schauen Sie auf die inneren und nicht auf die äußeren Werte von Menschen. Lassen Sie sich nicht von einer imposanten Erscheinung einschüchtern, dafür gibt es keinen Grund. Lassen Sie sich aber auch selbst nicht auf „körperliche Unvollkommenheit" reduzieren. Ihre Figur ist Ihre private Angelegenheit, machen Sie das gegebenenfalls klar.

Gesichtsformen und Vorurteile

Vermutlich kennen Sie das markante Kinn von Michael Schumacher. Es verleiht ihm ein energisches und erfolgsorientiertes Aussehen. Seine erreichten Triumphe beweisen diese Ansicht. Doch gibt es hier tatsächlich einen Zusammenhang?

Wir sehen einen Menschen auf der Straße und glauben meist zu wissen, ob diese Person gut oder böse, ob sie uns freundlich oder feindlich gesonnen ist, ob sie zu den Gewinnern oder den Verlierern im Leben zählt. Ist das wirklich so einfach?

Wenn das Erkennen von „Gut" und „Böse" mittels der Betrachtung von Gesichtern so einfach wäre, hätte die Polizei wesentlich weniger zu tun. Bei der Verbrechensaufklärung verlässt sich aber niemand auf das Aussehen, es zählen Fakten und Beweise. Diese Kriterien vergessen wir jedoch in der Regel, wenn wir selbst Menschen beurteilen, dann ist meist keine Beweissicherung nötig. Es gibt keine Verhandlung, keine Verteidigung und keinen Richter. Aber es gibt ein Urteil: das Vorurteil. Hierfür reicht uns das, was wir sehen. Doch hilft uns das tatsächlich weiter?

Für die Schlagfertigkeit ist es hilfreich, etwas über das Gesichterlesen zu erfahren. Mit vorschnellen und falschen Deutungen bremsen wir uns nämlich nur unnötig aus oder wir denken in die falsche Richtung. So ist bei den meisten die Scheu, jemandem mit einem groben oder sehr autoritären Gesichtsausdruck Paroli zu bieten, ungleich höher, als wenn der Gegner weiche, harmlose und vielleicht sogar „ängstliche" Gesichtszüge aufweist. Es stellt sich daher die berechtigte Frage: Wie viel können wir tatsächlich in einem Gesicht lesen?

Malcolm Gladwell beschreibt in seinem Buch „blink! Die Macht des Moments" ein Experiment, das Wissenschaftler in Schottland durchgeführt haben. Psychologen der Universität Glasgow wollten wissen, wie gut unsere Fähigkeit im Gesichterlesen ist. Sie haben 1.000 Leser des „New Scientist"-Magazins gebeten, ihnen Passbilder mit einer Bewertung ihrer Charaktereigenschaften zukommen zu lassen. Dabei sollten die Einsender selbst angeben, wie humorvoll, glücklich, religiös und vertrauenswürdig sie sich einschätzen. Aus den Einsendungen haben die Forscher dann, nach den Geschlechtern getrennt, vier Kunstgesichter geschaffen. Dazu haben Sie die Bilder der einzelnen Charaktergruppen zu einem neuen Gesicht verschmolzen, in dem bestimmte Gesichtsmerkmale übernommen wurden. Anschließend haben über 6.500 Leser diesen Kunstgesichtern die genannten vier Eigenschaften zugeordnet. Über 70 Prozent haben bei den weiblichen Gesichtern das Glück erkannt. Fast drei Viertel der Befragten haben mit der Einschätzung, wie religiös diese Person sei, richtig gelegen. Nur den Humor haben die Leser nicht entdeckt. Bei den männlichen Gesichtern fand man keine klare Übereinstimmung. Anscheinend lassen sich männliche Gesichter schlechter lesen als weibliche.

Diese Studie belegt, wie schwierig es ist, Charaktereigenschaften aus Gesichtern abzulesen. Persönliches Glück und Religiosität wurden nur in weiblichen Gesichtern erkannt. Glückliche Menschen lächeln mehr. Der Grad der Vertrauenswürdigkeit wurde hingegen bei keinem Gesicht gesehen. Es gibt daher keinen Grund, nur aufgrund der

44

Gesichtsform übertrieben hohen oder auch minderen Respekt vor einer Person zu haben.

Hinzu kommt, dass bestimmte Gesichtsmerkmale der jeweils aktuellen Mode unterworfen sind. Deutlich wird dies beispielsweise beim Bräunungsgrad der Haut. In unseren westlichen Breitengraden verbinden wir im 21. Jahrhundert mit einem gebräunten Gesicht Sportlichkeit, Dynamik und vielleicht auch eine gewisse positive Lässigkeit. Wenn die jeweilige Person zudem auch schlank und in der männlichen Variante muskulös ist, dann steht unser Urteil fest. Diese Person steht auf der Sonnenseite des Lebens, diese Person ist sexy und erfolgreich.

Dabei ist für die Bräune keinerlei Anstrengung notwendig. Regelmäßiges Sonnenbaden, verbunden mit Spaß am Strand oder Faulenzen auf der Luftmatratze verhilft einem zum gewünschten Aussehen, sofern die Hautpigmente mitspielen. Selbst im Winter beschränken sich die körperlichen Mühen auf das Einwerfen von Münzen im Solarium. Werden Sie dadurch aber auch erfolgreicher? Eines ist gewiss: Sie werden mit der Zeit faltiger. Doch nur wenige verbinden Sportlichkeit oder Dynamik mit Falten. 100 Jahre zuvor galt ein gebräuntes Gesicht als wenig reizvoll. Die Damen zu Beginn des 20. Jahrhunderts pflegten die vornehme Blässe. Gebräunte Gesichter waren ein Zeichen der Zugehörigkeit zur Unterschicht.

Bleiben wir bei den eben erwähnten Falten. Bei älteren Menschen verbinden wir deren Vorkommen im Gesicht gerne mit Weisheit und Lebenserfahrung. In erster Linie ist es jedoch Flüssigkeitsmangel und vielleicht, wie oben schon erwähnt, zu viel Sonneneinstrahlung. Wir glauben daran, dass jemand intelligent ist, wenn er Falten auf der Stirn trägt und somit eine klassische „Denkerstirn“ hat. Wenn dieser Zusammenhang tatsächlich zutreffen würde, macht Botox dumm. Doch auch die Denkerstirn hat mehr mit mangeln-

der Feuchtigkeit der Haut als mit einer Aktivität des Gehirns
darunter zu tun. Das vorspringende Kinn beschreibt Alfred
Bierach in seinem Buch „In Gesichtern lesen" übrigens
als einen Defekt im Kiefergelenk. Kaum zu glauben, dass
dieser Defekt zugleich für ein energisches Auftreten und
Selbstbewusstsein sorgt. Doch genau das assoziieren viele
mit diesem Gesichtsmerkmal.

Wer sich allerdings im Leben immer durchbeißen
musste, entwickelt entsprechend harte Züge. Dem Träger
eines „verbissenen" Gesichts schreiben wir daher gerne
Durchsetzungsvermögen zu. Doch bedeutet das noch lange
nicht, dass sich jeder durchsetzungs- und willensstarke
Mensch im Leben durchbeißen musste. Vielleicht hat der
eine oder andere eine Methode gefunden, die einen weniger verhärmt aussehen lässt. Gewiss formt uns unsere Lebenserfahrung, dennoch sollten wir keine zu frühen
Rückschlüsse von Gesichtsformen auf den Charakter ziehen.
Schauen Sie sich Fotos von Bill Gates (Gründer der Firma
Microsoft), Larry Page und Sergey Brin (die zwei Gründer
von Google) oder Mark Zuckerberg (Begründer von face-
book) an. Alle sind in nur wenigen Jahren Milliardäre geworden und keiner sieht hart und verbissen, wie ein Gladiator
aus dem alten Rom, aus.

Betrachten Sie Ihren Gesprächspartner stets wertfrei und
beurteilen Sie ihn nach dem, wie er zu Ihnen spricht und was
er zu Ihnen sagt. Bestimmt lassen sich einzelne Charakterzüge
in der Mimik und den Nuancen eines Gesichts ablesen,
doch sollten wir uns davon nicht zu sehr beeindrucken lassen. Kein Mensch hat das Recht, uns zu beleidigen oder
durch unpassende Äußerungen zu brüskieren. Ihre schlagfertige Reaktion auf Verbalangriffe sollte also nicht von
Gesichtsfalten, Bräunungsgrad oder Liftingeingriffen beeinflusst werden. Allein die Botschaft, die diese Person aussen-
det, stellt die Grundlage für unsere Antwort dar.

Bewegung

Ein Mensch zeichnet sich jedoch nicht nur durch sein Gesicht, seine Körpergröße und sein Gewicht aus. Ein weiterer wichtiger Faktor ist die Art seiner Bewegung. Es gibt eine Menge unterschiedlicher Varianten der Fort-, aber auch der Körperbewegung. Im Gegensatz zum Aussehen ist die Körperbewegung jedoch ein fast allgemeingültiges Kommunikationsinstrument. Wir können aufgrund der Bewegung häufig schon erste Rückschlüsse auf den Charakter und Erfolg dieser Person ziehen. Wir lesen daraus das Selbstbewusstsein ab und liegen damit häufig richtig.

Erfolgreiche Menschen gehen aufrecht. Nun gut, das tun die meisten, aber erfolgreiche Menschen haben keine hängenden Schultern, keinen krummen Rücken und erst recht keinen hängenden Kopf. Sie blicken nach vorn und haben einen tatkräftigen Schritt. Sie schlurfen nicht und demonstrieren mit ihrer Art zu gehen weder Lustlosigkeit noch Müdigkeit. Erfolgreiche Menschen gehen dynamisch und zielorientiert.

Betrachten Sie einen Spitzenpolitiker am Rednerpult. Schalten Sie den Ton Ihres Fernsehgeräts aus und beobachten Sie nur seine Gesten. Da wird gezeigt, geklopft und gestikuliert. Wenn der Politiker eine wichtige These formuliert, so haut er sie mit der Faust bildlich in den Boden. Wir sollen glauben, er pflockt seine Meinung wie ein Monument ein. Wir können uns keinen Staatsvertreter vorstellen, der wie ein Mehlsack in sich zusammengesunken auf der Bühne steht. So ein Redner überzeugt nicht. Ein Redner muss vor Kraft strotzen.

Vielleicht sind auch das gewisse Vorurteile. Vielleicht ist ein kämpferisch wirkender Politiker tatsächlich sanft wie ein Lamm und verstellt sich bloß. Doch es kommt nur auf die Außenwirkung an und geschulte Rhetoriker wissen das. Wir wollen uns durchsetzen, wir wollen Paroli bieten. Wir wollen unsere Position festigen und stabilisieren. Wir wollen stark und vielleicht auch kämpferisch erscheinen. In jedem Fall soll unser Gegner sehen, dass wir uns erfolgreich zu wehren verstehen. Mit hängenden Schultern geht das nicht.

Wer schlagfertig antworten will, muss daher auch seine Körpersprache trainieren und im Griff haben. Wenn Sie angegriffen werden und dabei bisher zusammengezuckt sind, sollten Sie genau an diesem Punkt arbeiten. Nur so können Sie eine solche unerwünschte Reaktion in Zukunft verhindern. Machen Sie sich bewusst, dass Sie anders reagieren dürfen. Die beste Antwort nützt wenig, wenn Ihre Körpersprache etwas anderes aussagt. Wir eignen uns Wissen und Reaktionen nur durch das Lernen und Üben an. Wer also in Zukunft bei Angriffen nicht mehr zusammenzucken will, muss seine neue, erwünschte Reaktion immer wieder anwenden und sie zur Gewohnheit machen. Intelligent und schlagfertig zu antworten soll zur Gewohnheit werden.

Werden Sie sich Ihrer Körpersprache bewusst. Schauen Sie sich Videos von Ihnen an, am besten jene, die heimlich aufgezeichnet wurden. Beurteilen Sie als Außenstehender, wie Sie „diese Person" einschätzen, seien Sie dabei objektiv und nicht negativ. Ahmen Sie dann zur Übung dynamische Personen nach, auch wenn es anfangs unbeholfen und peinlich wirkt.

Beginnen Sie Ihren Tag standfest! Suchen Sie bewusst einen festen Standpunkt während Ihrer Morgentoilette. Beide Füße stehen dabei vollständig auf dem Boden. Stehen Sie nicht auf den Zehen und wippen Sie nicht auf den Fersen. Machen Sie sich dabei klar, dass es nur wenig gibt, das Sie umhauen könnte. Diese Haltung sollten Sie auch im Gespräch pflegen. Versuchen Sie die Kraft zu spüren, die zwischen Ihnen und der Erde existiert. „Mit beiden Beinen fest im Leben stehen" ist ein geflügeltes Wort für selbstbewusste Menschen – und jede Metapher hat, wie auch diese, ihren Ursprung.

Schauen Sie sich die Körperhaltung von erfolgreichen Menschen an. Beurteilen Sie selbst und bewusst, was nun gut und was weniger stark wirkt. Betrachten Sie die Gesten, wenn erfolgreiche Politiker oder Wirtschaftsgrößen reden. Analysieren Sie den Stand und den Gang dieser Personen.

Unsere Stimmung beeinflusst unsere Körpersprache, aber auch die Körpersprache beeinflusst unsere Stimmung. Ein künstliches, aufgesetztes Lächeln hilft gegen schlechte Laune. Lächeln Sie und Ihr Gehirn glaubt nach wenigen Minuten, dass es Ihnen gut geht. Dann schüttet es Glückshormone aus und Sie werden zunehmend heiterer. Ein echtes Lächeln fällt Ihnen dann gar nicht mehr schwer. Bewusst selbstbewusst durch die Welt zu gehen macht selbstbewusst.

Bewusster Körpereinsatz

Ob wir es nun wollen oder auch nicht, wir lassen uns von der Erscheinung unseres Gesprächspartners manipulieren. Wir gehen mit optischen Softies anders um als mit Menschen, die ein hartes Gesicht haben. Narben, die von einer Messerstecherei stammen könnten, verunsichern uns mehr als die Reste einer Tagescreme am Nasenflügel. Wir öffnen häufig beim ersten Anblick eines Menschen schon einmal prophylaktisch eine bestimmte Schublade.

Wenn wir uns jedoch so leicht von Äußerlichkeiten beeinflussen lassen, lassen sich auch unsere Gesprächspartner davon beeindrucken. Sie sollten sich natürlich keine Narbe zufügen, um selbstbewusst und stark zu wirken, aber Sie können auf bestimmte Signale, die Sie aussenden, bewusst achten. Viele Körpersignale verstehen wir, ohne dass sie uns jemand erklärt. Viele Körpersignale können Sie auch beeinflussen, je nachdem, wie überzeugt Sie von sich sind. Sobald Sie lächelnd auf andere Menschen zugehen, werden Sie ein Lächeln ernten. Die Wartedauer lässt sich von einem freundlichen Gesicht nicht beeinflussen, aber die Bedienung am Ende der Warteschlange ist liebenswürdiger. Sobald Sie mit einem geraden Gang gehen, werden die meisten Ihnen mehr Respekt zollen. Versuchen Sie es! Gehen Sie aufrecht und dynamisch mit einem feinen Lächeln auf die Menschen zu und nehmen Sie Ihre Wirkung wahr.

Kopf hoch!

Es gab Zeiten, da ging es um Leben und Tod. Mit Keulen, Schwertern und Knüppeln hauten die Menschen aufeinander ein. Dabei galt es, die wichtigsten Organe und das Genick zu schützen. Tat man dies nicht, folgte in aller Regel der tödliche Schlag. Später hat sich diese Geste (das Zeigen des Genicks als verwundbarer Stelle) als Zeichen der Unterwerfung durchgesetzt. Die Untertanen neigten den Kopf, wenn der König oder ein anderer Herrscher vorbeiritt. Die Bedeutung dieses Verhaltens hat sich viele Jahrhunderte lang nicht geändert und wir verstehen es noch heute.

Wer den Kopf „hängen" lässt, unterwirft sich seinem Kontrahenten. Der Kontrahent ist jedoch selten ein Monarch oder Diktator, der mit einem Fingerschnips über Ihr Leben entscheiden könnte. Also: Kopf hoch, denn Sie können ihn nicht verlieren.

Zu hoch sollten Sie den Kopf allerdings auch nicht heben, denn dann wirkt die Geste arrogant. Bleiben Sie in der goldenen Mitte, schauen Sie fest und geradeaus, am besten in die Augen Ihres Gesprächspartners. Sie können auch auf die Nasenwurzel zwischen den Augen Ihres Partners gucken, das wirkt aus seiner Sicht ebenfalls selbstbewusst. Das ist jedoch alles leichter geschrieben als getan. Daher ist es ratsam, den Blickkontakt zu trainieren. Jede Veränderung benötigt Zeit und unsere körperlichen Reaktionen auf bestimmte Dinge sind im Unterbewusstsein gespeichert. Für eine solche Programmänderung ist etwas mehr Anstrengung notwendig als die bloße Äußerung des Wunsches danach. Üben Sie die bewusste Begegnung. Schauen Sie Ihren Mitmenschen bei jeder Gelegenheit und in jedem Gespräch in die Augen. Machen Sie keinen Unterschied zwischen Alter, Geschlecht oder der Position Ihres Gegenübers. Gewöhnen Sie sich dieses Verhalten einfach nur an, dann können Sie es auch bei einem verbalen Angriff sicher und souverän anwenden.

Das Gleiche gilt für die Schultern und das Rückgrat: Befreien Sie sich aus der schützenden embryonalen Haltung. Stellen Sie sich vor den Spiegel, heben Sie bewusst die Schultern und drücken Sie diese ein wenig nach hinten. Richten Sie Ihr Rückgrat gerade und schon hebt sich der Kopf von selbst ein Stück. Üben Sie das bewusst bei der Begegnung mit anderen Menschen und nehmen Sie deren Reaktion wahr – ebenfalls bewusst.

Sei kein Eichhörnchen!

Ein versteifter Nacken demonstriert die Sorge vor einem Angriff. Wir konzentrieren unsere Energie auf das, was wohl kommen mag. Ein Eichhörnchen, das von einem Ast auf den nächsten springt, versteift ebenfalls seine Halsmuskulatur. Damit kann es die gewünschte Flugbahn treffgenau einschlagen. Wir demonstrieren daher mit einem versteiften Nacken unsere Sprungbereitschaft. Unser Gesprächspartner wird das unbewusst erkennen. Hat dieser Mensch Sie schon häufiger verbal angegriffen, so wittert er gleich die nächste

Chance, einen weiteren Schlag auf Ihre Kosten zu platzieren. Erwarten Sie kein Mitleid.

Verkrampfungen befallen uns aber nicht nur in der Nackengegend. Beobachten Sie einmal ein Kleinkind im Hochstuhl. Sobald der Löffel mit dem ungeliebten Brei auf das Kind zukommt, presst es den Mund zu, dreht den Kopf zur Seite und verkrampft den Oberkörper sowie den Hals. Es würde wohl auch gerne fliehen, wenn es denn könnte. Eine weitere Möglichkeit, der verschmähten Nahrung zu entkommen, wäre lautes Geschrei. Das ist, aus der Sicht des Kindes, eine Kampfhandlung.

Dieses Verhalten behalten wir unser ganzes Leben lang bei und bilden es über die Jahre bis hin zur Perfektion aus. Kinder verkrampfen sich bei Unterlegenheit und stampfen mit dem Fuß auf, weil die Energie bzw. die Wut irgendwohin muss. Menschen mit Lampenfieber werden starr vor Angst, wenn ein Auftritt ansteht, und ängstliche Patienten verkrampfen sich, wenn der Arzt mit der riesigen Spritze kommt. Wir verkrampfen uns bei jeder unangenehmen Gelegenheit. Wir erkennen das auch bei anderen Menschen, manchmal bewusst, meistens jedoch unbewusst. Wir sehen die Angst und die demonstrierte Unterlegenheit. Angreifer erkennen in diesem Verhalten eine sichere Siegersituation. Sie wissen, dass ein Verbalangriff risikolos verlaufen wird. Sicherheit macht mutig. Daher gilt es, die beim Angreifer geglaubte Unbesiegbarkeit mit einem unverkrampften und selbstsicheren Auftreten zu durchbrechen. Wie? Durch bewusste Körperwahrnehmung und regelmäßiges Üben.

Signale, die Stärke demonstrieren

Die geballte Faust ist eine typische Drohgebärde, aber ebenso auch eine Siegergeste. Die letztgültige Bedeutung der

Geste erschließt sich im Zusammenhang mit der jeweiligen Situation. Viele erinnern sich noch an die Becker-Faust auf dem Tennisplatz, wenn der Satz- oder auch Matchball erfolgreich umgesetzt wurde. Die Faust ist das Sinnbild des Starken. Nicht umsonst greifen Staaten und Revolutionäre zu diesem Symbol.

Eine geballte Faust alleine reicht allerdings nicht aus. Schauen Sie sich die Körperhaltung der Gewinner oder auch der aggressiven Angreifer an. Sie recken und sie strecken sich, sie reißen die Arme nach oben und blähen ihren Brustkorb auf. Sie machen sich größer, als sie eigentlich sind. Dieses Verhalten können wir auch im Tierreich beobachten. Dort ist es ein typisches Imponier- oder auch Drohgehabe. Das andere Geschlecht soll beeindruckt und mögliche Gegner eingeschüchtert werden. Der Mensch verfolgt ähnliche Ziele. Viele der animalischen Gene sind uns erhalten geblieben und steuern nach wie vor unser tägliches Verhalten.

Im verbalen Zweikampf spielt daher auch die Körperhaltung eine große Rolle. Nun werden wir die ausgesendeten Signale nicht immer bewusst wahrnehmen, doch wir bemerken und wir spüren sie stets. Unser Unterbewusstsein nimmt solche Zeichen auf und versteht sie in der Regel auch. Wenn das gesprochene Wort von der Körpersprache abweicht, wird diese Diskrepanz erkannt und es bleibt der Eindruck einer wenig überzeugenden Darstellung übrig.

Es wirkt sehr aufgesetzt, wenn eine Person vom Typ eines Mr. Bean das coole Verhalten eines John Wayne nachahmt. Auch andere Männer wirken nicht starker, wenn sie mit nach vorn gestreckter Schulter und nach außen gedrückten Ellenbogen über die Straße gehen, so als würden sie zwei unsichtbare Teppichrollen tragen. Ein aufgesetztes Verhalten wirkt eher lächerlich.

Es ist wichtig, authentisch zu bleiben. Eine gerade, aufrechte Körperhaltung, ein fester Stand und ein ebenso fester

Blick reichen häufig völlig aus. Eine intensiv demonstrierte Stärke ist nicht nötig. Wer dann noch mit fester Stimme Paroli bietet, überzeugt seine Zuschauer und Angreifer.

Machen Sie sich Ihre Gesten und Ihr Auftreten bewusst. Üben Sie es vor dem Spiegel oder mithilfe einer Videokamera. Bedenken Sie dabei eines: Eine Verhaltensänderung findet zuerst im Kopf statt! Nur wenn Sie selbst von Ihrem Image überzeugt sind, wird sich Ihr Auftritt entsprechend authentisch verändern. Wenn Sie sich in Gedanken damit abgefunden haben, ein Verlierer zu sein, werden Sie unterbewusst immer wieder diese Rolle spielen. Sie müssen davon überzeugt sein, zu den Siegern zu gehören. Das macht auch Samy Molcho, der Meister der Pantomime und Professor der Körpersprache, in seinen Büchern sehr deutlich.

Unser Körper besitzt übrigens eine Zweibahnstraße: Unsere mentale Einstellung beeinflusst unsere Körperhaltung, das ist mittlerweile bekannt. Wenn die Gemütssonne mal nicht scheint, erkennen das unsere Mitmenschen meist sehr leicht. Wir werden dann auch häufig darauf angesprochen. Doch ebenso kann unsere Körperhaltung unser Gehirn und somit unsere Einstellung beeinflussen.

Wie zuvor bereits erwähnt, kann auf diese Weise die persönliche Stimmung in vielen Fällen durch ein künstliches Lächeln verbessert werden. Wer an trüben Tagen seine Lippen zu einem Lächeln formt, signalisiert seinem Gehirn gute Laune. Die graue Masse im Gehirn ist kurzfristig etwas überfragt, denn eigentlich fühlt man sich ja mies, doch da die Muskeln den Reiz auslösen, durch den das „Glückshormon" ausgeschüttet wird, kommt es auch dazu. Das Gehirn produziert Dopamin und schon bald wird aus ihrer künstlich guten Laune eine echte gute Laune. Probieren Sie das beim nächsten Seelenkater doch einfach mal aus!

Damit lässt sich auch das Auftreten ein Stück weit beeinflussen. Wenn mal wieder die Sorgen vor einem dummen

Spruch so groß sind, dass sie uns die Schultern bis zu den Knien drücken möchten, dann schütteln Sie diese für einen kurzen Moment von sich ab. Gehen Sie jetzt erst recht und bewusst aufrecht. Versetzen Sie sich in einen Moment Ihres Lebens, in dem Sie zu den Siegern zählten. Das kann der Tag sein, an dem Sie wegen einer sportlichen Leistung geehrt wurden, oder ein Tag, an dem Sie besonderes Lob erhalten haben. Fühlen Sie sich in diese Situation ein und Sie werden nach kurzer Zeit wieder den Stolz von damals spüren. Ihr Gang und Ihr Auftreten verändern sich dadurch von ganz alleine. Das funktioniert nicht nur bei dummen Sprüchen oder Chef-Häme, sondern auch bei anderen Angelegenheiten, denen wir lieber aus dem Weg gehen möchten. Sie werden lernen mit solchen Situationen sicherer umzugehen.

Wer sich diese guten und starken Erinnerungen stets ins Bewusstsein ruft, wird schon nach kurzer Zeit selbstbewusster auftreten. Durch kleine oder auch größere Rückschläge sollte sich niemand entmutigen lassen. Die gehören zum Lernprozess dazu. Bevor wir laufen konnten, sind wir auch zig Mal auf den Popo gefallen und dennoch immer wieder aufgestanden.

Wer selbstbewusst auftritt, ist in Stresssituationen viel entspannter, und das ist eine wichtige Voraussetzung dafür, flotte und witzige schlagfertige Antworten zu formulieren.

Paraverbale Kommunikation

Wenn wir mit anderen Menschen reden, so hören wir die gesprochenen Worte. Wir nennen das „kommunizieren". Allerdings nehmen wir im persönlichen Gespräch auch die Körperhaltung wahr. Auch das ist, wie im Kapitel zuvor besprochen, Kommunikation. Es gibt aber noch einen dritten

Kanal, über den wir uns verständigen. Das ist der gewählte Klang der Stimme oder auch die Lautstärke. Selbst über das Redetempo und die Sprachmelodie erkennen wir manchmal die Gemütslage unseres Gesprächspartners. So ist es beispielsweise nicht glaubwürdig, wenn jemand eine Liebeserklärung mit einem aggressiven Ton schreit. Wir sind sogar dazu in der Lage, die Gemütslage von Gesprächspartnern aufgrund des gewählten Tonfalls beurteilen zu können. Dabei müssen wir die Sprache eines solchen Dialogs nicht einmal verstehen. Der Klang der Sprache ist die paraverbale Kommunikation.

Was ein Romanautor in seinen Werken erläutern muss, bekommen wir im Leben und in Filmen gleich mit – die Stimmung anhand der Stimme. Mit dem Klang in unserer Stimme beeinflussen wir unsere Mitmenschen. Eine Stimme verrät viel über die momentane Laune des Sprechers, sie signalisiert Nervosität, Ängstlichkeit, Wut oder auch Mut. Allerdings kann die Stimmlage trainiert werden. Wir können einen bestimmten Ton absichtlich einsetzen, um zu versuchen ein definiertes Ziel zu erreichen. Ebenso ist es eine Sache des Trainings, die paraverbale Sprache bei einem Gesprächspartner in entscheidenden Momenten bewusst zu überhören. Es ist nicht immer ratsam, sich von aggressiven Tönen beeinflussen zu lassen. Wer nicht auf den Ton reagiert, wird zudem viel gelassener antworten.

Lautstärke

Wer schreit, hat recht! – Ein nicht ganz ernst gemeinter Kommentar über Menschen, die meinen, ihre Meinung mit der Lautstärke und nicht mittels Argumenten durchsetzen zu wollen. Diese Personen versuchen andere mit dem Einsatz einer verbalen Brechstange zu überzeugen. Dabei vermittelt eine hohe Lautstärke in erster Linie Aggression. Leider provoziert sie auch selbige und daher schreit der Gesprächspartner meist zurück. Wer in einer Beziehung lebt und auch schon weniger harmonische Stunden mitbekommen hat, kennt solche Situationen vielleicht.

Wer flüstert, wird hingegen kaum wahrgenommen. Meist sprechen die grauen Mäuschen, die keiner wirklich sieht, so leise. Sie wollen reden, haben aber nichts zu sagen. Wer sich mit leiser Stimme durchsetzen will, benötigt hierfür entsprechendes Charisma. Marlon Brando hat mit genau dieser Eigenschaft seiner Filmfigur, „dem Paten", die Macht verliehen. Mit leiser, aber markanter Stimme machte er deutlich, keinen Widerspruch zu dulden. Doch die Stimme des Paten war fest und nicht zittrig, wie beim Mäuschen.

Konzentrieren Sie sich auf Ihre Stimme, besonders dann, wenn Sie nervös sind. Reden Sie bewusst „normal" und im Zweifel eher zu leise als zu laut. Atmen Sie tief ein, das beruhigt und sorgt für genügend Luft, damit Sie Ihren Satz zu Ende bekommen. Bei zu wenig Luft bricht die Sprache ab und Sie müssen mitten im Satz eine ungewollte Pause einlegen. Trainieren Sie das bewusste Atmen. Versuchen Sie die Luft bis in die untersten Lungenflügel zu pumpen, um sie dann langsam und anhaltend als ein „F" wieder herauszupressen. Je häufiger Sie sich mit dem Atmen beschäftigen, desto leichter fällt es Ihnen, in entscheidenden Momenten nicht aus der Puste zu kommen. Sie geben Ihrer Stimme eine klare und feste Lautstärke und behalten die Tonhöhe bei.

Tempo

Nervosität erzeugt Stress, Stress verursacht den Wunsch zu fliehen und wer flieht, wird schneller. Das passiert auch mit der Stimme. Schnellsprecher vermitteln, wenn das angezogene Tempo nicht gerade ein Markenzeichen wie bei

Dieter Thomas Heck ist, Nervosität. Diese Hektik überträgt sich unter Umständen auch auf die Zuhörer. Denken Sie beispielsweise an den französischen Schauspieler Louis de Funès, seine überreizten Bewegungen, gepaart mit seinem Sprechtempo erregten Lacher, aber auch Fluchtwünsche beim Publikum. „Der macht mich nervös" ist eine Aussage, die ich mehrmals gehört habe. Wenn uns unser Gegenüber durch ein zu schnelles Tempo nicht selbst nervös macht, so verstehen wir zumindest, dass es nervös ist. Ihr Angreifer kann das auch, er bemerkt es sofort, wenn Sie unsicherer und schneller werden. Denn was im Film meist gewünscht ist, bedeutet im Dialog das Offenbaren einer Schwäche und die Bestätigung eines Treffers. Damit motivieren wir letztendlich unser Gegenüber weitere Angriffe zu tätigen.

Was kann man nun tun? Arbeiten Sie gegen Ihre Nervosität. Atmen Sie, bevor Sie etwas sagen, zunächst tief ein. Auch wenn dabei Zeit für eine schlagfertige Antwort verloren geht, sollten Sie diesen Preis zahlen. Sie haben beim Einatmen die Zeit, sich selbst zur Ruhe zu ermahnen und bewusst Ihr Redetempo zu drosseln. Denken Sie beim Reden an etwas Positives, vielleicht an den gelungenen Konter, den Sie nun gleich kundtun werden. Üben Sie auch diese Situationen, am besten indem Sie sich absichtlich in solche Situationen bringen. Möglich ist natürlich auch das Durchführen von Rollenspielen mit Ihren Freunden. Ihr Gehirn wird jede Situation, ob sie echt oder gestellt ist, als Erfahrung abspeichern und Sie mit immer besseren Antworten beschenken.

Melodie

Mein Musiklehrer sagte einmal zu mir: „Jeder kann singen." Wahrscheinlich war das motivierend gemeint, denn bei manchen Menschen klingt es fürchterlich, wenn sie genau das tun. Doch es ist ein Unterschied, ob ich vor mich hin singe oder ob ich nach Noten singen soll. Zu „singen" und einen Ton zu treffen sind zunächst zwei Paar Schuhe. Reden ist letztendlich auch Singen, denn jede spannende Rede hat eine Melodie – wodurch mein Musiklehrer mit seiner nett gemeinten Motivation wiederum recht hat.

Vergleichen Sie eine knochentrockene Rede mit einer erfrischend guten Rede. Im ersten Fall wird die Stimme kaum gehoben oder gesenkt, alles klingt monoton und die Zuhörer flüchten spätestens nach 10 Minuten in die Welt der Fantasie, sodass sie gar nichts mehr mitbekommen. Der spannende Redner erzählt hingegen eine Geschichte. Er betont Worte und spricht höher oder tiefer, je nachdem, was er gerade vermitteln möchte. Wer spannend redet, singt. Er redet in mehreren Tonhöhen, vielleicht sogar in verschiedenen Oktaven. Da es zu seinem Text keine Noten gibt, kommt auch keiner auf die Idee zu behaupten, er würde „schief" reden.

Nun müssen wir nicht immer eine lange Rede schwingen, wenn wir etwas zu sagen haben. Auch einzelne Sätze prägen sich mit einer passenden Sprachmelodie leichter ein und klingen interessanter. Das gilt besonders bei schlagfertigen Antworten. Wenn Sie Ihrem Gesprächspartner zunächst recht geben und dies auch gut betonen, steigt seine Erwartungshaltung. Er wird zunächst überrascht sein, sich aber auch fragen, was nun kommen mag. Die Spannung steigt ein wenig. Eine steigende Spannung löst sich am besten in einem befreienden Lachen auf und für das Lachen sorgt Ihre überraschende Antwort. Das ist wie bei einem Witz. „Kennen Sie den?" ... Jetzt stellen Sie sich einmal vor, diese drei Worte würden nicht mit Freude, sondern mit Langeweile in der Stimme präsentiert werden. Erwarten Sie dann noch einen humoristischen Knaller?

Betonung der richtigen Wörter

Die Stimmmelodie erlaubt es uns, bestimmte Wörter herauszuarbeiten und diese besser zu betonen, um dem Satz auf diese Weise eine gewollte Denkrichtung zu geben. Erst durch die Sprachmelodie, die Betonung bestimmter Worte, erhält ein Satz die gewünschte Bedeutung. Das ist das Problem bei geschriebenen Sätzen. Der Leser kann den Autor sehr leicht missverstehen, wenn er beim Lesen den Satz anders betont, als es der Schreiber meinte.

Nehmen wir an, Kathrin geht zu ihrer kleinen Schwester Maria, um von einem Gespräch zu berichten, das sie eben zwischen ihren Eltern belauscht hat. Sie sagt: „Du, morgen fahren wir nach Frankfurt." Was könnte Sie damit meinen? *„Morgen* fahren wir nach Frankfurt." Das könnte nun eine Richtigstellung sein, weil Maria vielleicht meinte, dass sie erst eine Woche später fahren würden. „Morgen *fahren* wir nach Frankfurt." Danach könnte klar sein, dass sie mit dem Auto oder der Bahn fahren, aber nicht fliegen werden. „Morgen fahren wir nach *Frankfurt."* Diesmal liegt die Betonung auf Frankfurt. Vielleicht gehen sie shoppen und freuen sich darauf, in die Stadt zu kommen.

Bei schlagfertigen Antworten ist die richtige Betonung ebenfalls wichtig. Durch die passende, in Einzelfällen auch übertriebene Betonung bestimmter Wörter lenken Sie Ihre Zuhörer und Ihren Gesprächspartner zu dem von Ihnen anvisierten Punkt. Das ist beispielsweise dann wertvoll, wenn Sie Sätze absichtlich falsch verstehen wollen. Auch Ironie kann so verstärkt werden und selbst schwache Antworten erhalten durch die Betonung der richtigen Worte mehr Stärke.

Georg trifft auf dem Hof seinen Kollegen Bernhard. „Na, Georg, warst du beim Friseur? Na, den Prozess gewinnst du." „Du hast da bestimmt eine Menge Erfahrung, wenn ich mir dein Haupthaar so ansehe!"

Damit Sie einen verbalen Zweikampf für sich entscheiden, ist es notwendig, dass Ihr Gesprächspartner auch alles versteht. Es wäre schon blöd, wenn eine gute Antwort im Genuschel untergeht. Daher ist eine verständliche und klare Stimme recht hilfreich. Eine gute Übung, um dies zu erreichen, wird an Schulen für angehende Schauspieler gelehrt. Die Schüler sprechen mit einem Korken zwischen den Zähnen Zungenbrecher. Das Ziel dieser Übung ist es, dass die gesprochenen Worte auch in den letzten Theaterreihen laut und deutlich vom Publikum verstanden werden. Einen nuschelnden Schauspieler möchte niemand auf der Bühne haben, es sei denn, die Rolle verlangt es so.

Das Gleiche gilt für die Unterhaltung mit Ihren Mitmenschen. Reden Sie deutlich, dadurch vermeiden Sie lästiges Nachfragen. Sollten Sie von einer genialen schlagfertigen Antwort die Hälfte verschlucken, so wird Ihr Gesprächspartner mit ziemlicher Sicherheit nachfragen. Dann müssten Sie Ihre Antwort wiederholen. Doch die Pointe eines Witzes geht damit verloren und Ihre Antwort wird langweilig.

Üben Sie mit einem Korken zwischen den Zähnen das deutliche Sprechen von Zungenbrechern. Sie kennen bestimmt noch einige aus Ihrer Kindheit. Sprechen Sie langsam. Gerade bei Zungenbrechern neigen wir dazu, beim Sprechen immer schneller zu werden. Bei dieser Übung geht es aber nicht um Geschwindigkeit, sondern um eine deutliche Aussprache.

„Ähh ..." und andere Pausenfüller

Jemand kann noch so kompetent in seinem Fach sein, er verliert diesen Status, wenn er sein Wissen nicht deutlich kundtun kann. Pausenfüller werden gerne als ein Zeichen von Nervosität, Unwissenheit oder Überforderung verstanden. Was auch immer wir von den langgezogenen „Ähhs" halten, es ist vermutlich nichts Gutes.

Besonders bei einer schlagfertigen Antwort geht der Schuss nach hinten los, wenn Sie die Antwort in drei oder mehr Anläufen mitteilen wollen.

„Mensch Meier, Ihre Hosen haben Sie aber auch aus dem Altkleidersack, oder?" „Ähhh ... ja, ... ähhh ... woher wissen Sie das, ähhh ..., habe ich sie Ihnen vor der Nase weggeschnappt?"

Sprechen Sie lieber langsamer, dafür aber ohne Pausenfüller. Wer langsam redet, gibt seinem Gehirn mehr Zeit, die richtigen Worte zu finden. Vielleicht kommt der Satz zu Beginn noch etwas zäher, aber dafür ist er flüssig. Das Reden ohne „Ähhs" muss ebenfalls trainiert werden. Hierfür bedarf es großer Konzentration. Erwischen Sie sich regelmäßig dabei, wenn Sie wieder ein „Ähh" oder einen anderen Pausenfüller gebrauchen, und konzentrieren Sie sich dann auf den flüssigen Satz. In den meisten Fällen ist der Pausenfüller nur eine Angewohnheit, die sich aber auch wieder abgewöhnen lässt. Leider kommt uns das bewusste Abgewöhnen eines Verhaltens immer schwerer vor als das unbewusste Angewöhnen, obwohl der Aufwand für das Gehirn gleich groß ist.

Das Kommunikationstriumvirat

Wie groß ist nun der Anteil der verbalen, der nonverbalen und der paraverbalen Kommunikation einer Botschaft? Die Theoriebücher sind voll mit Beispielen und selten deckungsgleich. Eine wichtige Untersuchung hat Albert Mehrabian bereits 1971 in den USA durchgeführt. Er kam dabei zu folgendem Ergebnis: 55 Prozent der Information werden durch Gestik und Mimik übertragen, 38 Prozent des Gesagten werden über die Stimme mitgeteilt und etwa 7 Prozent des Inhalts werden verbal vermittelt.

Gemäß dieser Erkenntnis müssten Sie von jedem Menschen auf der Welt mindestens 93 Prozent dessen verstehen, was er Ihnen mitteilen möchte. Schließlich sind die nonverbale und die paraverbale Sprache schon fast Weltsprachen. Wir wissen, dass dies nicht der Fall ist. Warum Mehrabian zu diesen Ergebnissen kam, wird klarer, wenn die Untersuchung dahinter genauer betrachtet wird. Der Forscher ließ einzelne Aussagen oder Worte vorlesen. Die Teilnehmer sollten diese gemäß der Kategorien „positiv", „negativ" oder „neutral" einstufen. Hieraus entstand die Überzeugung, dass ein Gesicht oder die Stimme überzeugender ist als das Wort allein. Wenn jemand in einem Schlafzimmerton von Motivation und Engagement redet, so glaubt ihm kaum jemand ein Wort. Veranschaulicht diese Person hingegen mit Geist und Körper ihre Aussage, versteht sie es zu begeistern, weil sie selbst begeistert ist.

Die Erkenntnisse von Mehrabian wurden jahrzehntelang falsch interpretiert. Doch eines macht die Untersuchung von Mehrabian immer noch deutlich: Die nonverbale und die paraverbale Körpersprache sind wichtige Überzeugungsinstrumente. Sie müssen stimmig zu den Worten passen. Ein Motivationstrainer muss seine Power mit dem ganzen Körper auf seine Zuhörer übertragen. Schlagfertige Antworten werden massiv von der Gestik, der Mimik und der Tonart getragen. Erst wenn Ihr Triumvirat perfekt verknüpft ist, bieten Sie überzeugend Paroli!

4. Kommunikation

Wie ich in den Wald hineinrufe, so schallt es heraus. Nun haben wir es bei der menschlichen Kommunikation nicht mit einem Wald zu tun, auch wenn wir manchmal glauben, einem Holzkopf gegenüberzustehen. Der Echoeffekt vom Waldrand funktioniert jedoch auch bei uns Menschen. Allerdings ist der Schall, der zurückkommt, nicht mehr mit unserem Ruf identisch. Wir erhalten Reaktionen als Resonanz, viele dieser Reaktionen sind, ebenso wie das Echo, vorhersehbar. Wir können sie regelrecht provozieren, denn die meisten Menschen reagieren fast immer gleich auf bestimmte Situationen. Dieses Wissen können wir für unsere Antworten nutzen. Allerdings sollte es uns auch die Verantwortung mitgeben, wertschätzend mit dem Gesprächspartner umzugehen und so unnötige Konflikte zu vermeiden.

Streit nützt keinem etwas. Ein einmal gesetzter Angriffsschlag kommt eines Tages mit sehr hoher Wahrscheinlichkeit zurück, in welcher Form auch immer. Selten offen und ehrlich, meist eher versteckt, hintenrum und manchmal auch subtil. Der Chef, der seine Assistentin anbrüllt, bekommt vielleicht ein wichtiges Schreiben nicht auf den Tisch gelegt, weil es aus „Versehen" im Schredder gelandet ist. Der boshafte Kollege wartet vergeblich auf ein dringendes Angebot. Auch andere Informationen werden nur noch tröpfchenweise und sehr gefiltert an ihn weitergegeben. Möglichkeiten, sich zu rächen, gibt es unendlich viele und nur selten kann tatsächlich ein Schuldiger ausfindig gemacht werden. Ein Umstand, der den Unternehmen in Deutschland, Österreich und der Schweiz jedes Jahr in Summe Hunderte von Milliarden Euro kostet, wie die Unternehmensberatung Gallup in ihrer alljährlichen Studie regelmäßig feststellt. Ein kleiner Trost mag dabei nur sein, dass dies in den meisten anderen Industrienationen auch zu beobachten ist.

Mobbing in Betrieben ist ein Zeichen einer schlechten Unternehmenskultur. In Unternehmen, in denen Mobbing an der Tagesordnung ist, liegt häufig eine Führungsschwäche vor. Mitarbeiter müssen nicht nur geführt, sie müssen auch geschützt werden. Nicht jeder Mitarbeiter ist in der Lage, sich gegen Angriffe von Kollegen oder gar Vorgesetzten zu wehren – und genau hier sind dann die Kollegen und andere Vorgesetzte gefragt. Schließlich reden wir von einem Team und in nahezu jeder Stellenanzeige ist Teamfähigkeit eine der wichtigen Eigenschaften, die ein neuer Mitarbeiter mitzubringen hat. Die Forderung nach dieser Fähigkeit scheint in einigen Fällen aber nur bis zur Vertragsunterzeichnung zu gelten. Wo ist die Teamfähigkeit in Betrieben, in denen Mitarbeiter aufgrund von ständiger Angriffskommunikation krank werden? Es braucht definitiv mehr Solidarität und Rückgrat gegenüber Störenfrieden.

Entscheidend bei Mobbing in Betrieben ist aber auch die Sichtweise der Mitarbeiter. Auf wirklich gemobbte Mitarbeiter kommen genügend, die sich gemobbt fühlen. Da wird die schlechte Laune des Chefs persönlich genommen und die respektvolle Distanz der neuen Kollegin fälschlicherweise als arrogant interpretiert. Je intensiver nach Beweisen gesucht wird, ein Mobbingopfer zu sein, desto wahrscheinlicher ist der Erfolg bei dieser Suche. Doch auch hier ist Ehrlichkeit gefordert und bevor sich jemand selbst als Opfer abstempelt, muss ebenfalls Rückgrat bewiesen und ein offenes Gespräch gesucht werden. Diese Pflicht hat jeder seiner eigenen Gesundheit, aber auch dem Betriebsklima gegenüber.

Das Gespräch ist in beiden Fällen – beim echten und beim gefühlten Mobbing – ein wichtiges Instrument. In beiden Fällen lässt sich entweder ein Missverständnis aufklären oder der Gegner wird mit seiner Art konfrontiert und dann kann auch hier gegengesteuert und nach einer konstruktiven Lösung gesucht werden.

Nun leben wir nicht ausschließlich am und für den Arbeitsplatz. Möglichkeiten, in seinem privaten Umfeld Opfer von Anfeindungen zu werden, gibt es genügend. Vereinsmitglieder, Nachbarn oder vielleicht ehemals gute Freunde können einem das Leben ganz schön schwer machen, wenn sie das wollen. Was für das menschliche Verhalten am Arbeitsplatz gilt, hat auch nach Feierabend Gültigkeit. Gerade auf der privaten Ebene sollte alles daran gesetzt werden, Konflikte zu vermeiden oder sie zu bereinigen. Missverständnisse oder Meinungsverschiedenheiten können mitunter über Nacht zu echten Problemen heranwachsen. Es ist ärgerlich, wenn aufgrund von Zurückhaltung Risse in einer ehemals guten Gemeinschaft entstehen, und es ist gleichsam fahrlässig, wenn nicht versucht wird diese Risse zu kitten. Im privaten Bereich gibt es aber keinen Chef, der die Vermittlerrolle übernimmt, hier ist Selbstverantwortung gefragt. Es lohnt sich nur selten, wegen eines Vorgartenzwergs in einen Nachbarschaftskrieg zu ziehen.

Bücher über Glück und Zufriedenheit scheinen aktuell wahrlich zu boomen. Doch Zufriedenheit ist kein Gut, auf das ich kostenlosen Anspruch habe. Jeder, der zufrieden sein möchte, muss seinen Beitrag dafür leisten. Das gilt sowohl im Betrieb als auch im privaten Umfeld. Der zu zahlende Beitrag lautet: „Zufriedenheit zulassen, auch das Gute sehen und bei Problemen ein Gespräch suchen, um sie lösen zu können." Wer sich vor diesen Schritten scheut, kann mit

Büchern über Glück und Zufriedenheit eine Schrankwand zum Einsturz bringen, er wird sein Ziel wohl dennoch nie erreichen. Das schafft man stets nur mit der Kombination aus Wollen und Tun!

Reden fürs Hirn

Kommunikation ist das ideale Gedächtnistraining. Mit jeder Unterhaltung verbessern wir unsere Sprachkompetenz und bauen Wortfindungsprobleme ab. Das Schreiben im Chat, in sozialen Netzwerken oder auch das flotte Tippen einer SMS kann dies niemals ersetzen. Während einer Unterhaltung wird gemeinsam gelacht. Das ist im Chat kaum möglich. Lachen ist das beste Mittel, um sich wohlzufühlen. Am Computer, im Chat sind wir aber alleine. Alleine zu lachen steckt nicht an und macht auch keinen Spaß. Der Chatpartner lacht nicht mit und ein gesetztes Smiley im Text kann das nicht ersetzen. Wir sehen kein fröhliches Auge und keine Lachfalten.

In einer direkten Unterhaltung haben wir auch Verantwortung. Wir müssen die richtigen Worte wählen und sie in der richtigen Tonlage aussprechen. Wir erkennen sofort die Wirkung unserer Aussage. Wir können dann bei Missverständnissen entweder sofort gegensteuern oder wissen, welche Art beim Gesprächspartner gut angekommen ist. Wir lernen laufend in einer direkten Unterhaltung. Nur wer lernt und direkt ein Feedback über seine Kommunikation erhält, kann sich verändern und verbessern. Die Reaktionen in einem Chat bleiben aber meistens aus. Der Chatpartner schweigt oder bricht die „Unterhaltung" ab. Die Gründe hierfür bleiben uns meistens verborgen. Der Lerneffekt liegt bei null.

Nur wer kommuniziert, wird seine Schlagfertigkeit erhalten und ausbauen können. Nur der Aufenthalt unter Menschen nährt die Eloquenz. Hier lernen wir es, schlagfertig zu reagieren, nebenher und mit Spaß.

Botschaften gezielt versenden

Kommunikation ist wichtig, aber auch missverständlich. Es ist nicht immer selbstverständlich, dass unser Gesprächspartner genau das versteht, was wir mitteilen wollten. Sehr schnell treten Missverständnisse auf und nicht selten sind sie dann der Keim für einen Streit oder einen Konflikt.

So erzeugt es schon gravierende Unterschiede in der Reaktion meines Gesprächspartners, ob ich meine Wünsche in der „Ich-Form" oder der „Du-Form" formuliere. Das „*Du*" ist ein verbaler ausgestreckter Zeigefinger. Wir zeigen quasi auf den anderen und kritisieren oder beschuldigen ihn. Beachten Sie einmal genau den Wortlaut, den wir im Zusammenhang mit der „Du-Form" wählen: „Du hast aber ...", „Du aber auch ...", „Du musst ...", und so weiter. Wir teilen dem anderen also mit, was dieser falsch gemacht hat. Doch damit sagen wir letztendlich nur eines: „Ich bin besser!" Wir kennen diese Form der Kritik aus unserer Kindheit. Damals waren es die Eltern, die uns in der „Du-Form" nicht nur Benehmen beigebracht haben, sondern uns auch unterschwellig mitteilten, wie unvollkommen wir noch sind. Was wir als Kind hingenommen haben, macht uns als Erwachsener Probleme. Nun glauben wir vollkommen zu sein oder zumindest die Ebenbürtigkeit im Vergleich mit unserem Gesprächspartner zu haben. Wir benötigen keinen mehr, der uns tadelt oder korrigiert. Doch ein Vorwurf in der „Du-Form" macht genau das und die meisten reagieren darauf empfindlich.

Eine Botschaft in der „Du-Form" löst in der Regel eine Verteidigung in Form eines Gegenangriffs aus. Natürlich ist dieser dann auch in der „Du-Form" formuliert. Es folgen oft Sätze wie: „Du doch auch …", „Das musst du gerade sagen", oder auch „Du hast aber …". Damit kritisiert der Angesprochene seinen Gesprächspartner ebenfalls. Es ist fast sicher, dass auf diesen Gegenangriff der nächste Angriff folgen wird.

Die bessere Variante ist es, in der „Ich-Form" zu sprechen. Die sogenannten Ich-Botschaften vermitteln in der Regel weniger Kritik, sondern beschreiben eher die persönlichen Gefühle. Ich äußere meine Meinung. Natürlich kann mein Gesprächspartner einen anderen Standpunkt haben, doch dann reden und streiten wir über Anschauungen und fühlen uns nicht persönlich angegriffen. „Du musst doch verstehen …" klingt viel aggressiver als „Ich bin der Meinung …".

Ein Beispiel aus der Praxis: In einem Seminar lernte ich eine Unternehmerin aus einem kleinen Betrieb kennen. Sie hatte so ihre Schwierigkeiten mit den Angestellten. Wie in vielen Betrieben zeigte sich auch in diesem Betrieb das Problem des schmutzigen Geschirrs. Niemand war dafür zuständig, was eine allgemeine Spülflucht auf die Tagesordnung rief. Daher schaffte die Geschäftsleitung eine Spülmaschine an, mit der die teure Arbeitszeit und die nervenden Diskussionen gespart werden sollten. Nun zeigte sich ein anderes Problem: Jeder Mitarbeiter stellte seine Tasse wahllos in der Küche ab, offenbar war keiner dazu in der Lage, das schmutzige Geschirr in die Spülmaschine einzuräumen. Diese Arbeit entfiel in aller Regel nach Feierabend auf die Chefin.

Dieses wenig soziale Verhalten nervte sie. Mit vielen Ermahnungen in der *Du*-Form kam sie aber nicht weiter. Sie musste die Aufforderung wöchentlich wiederholen, ohne dass sich dadurch etwas wesentlich geändert hätte. Ferner spürte sie auch den Stress, der sich zwischen ihr und den entsprechenden Mitarbeitern aufbaute. Nach dem Seminar änderte sie ihre Strategie. Sie sprach jeden Mitarbeiter persönlich in der **Ich**-Form an und zog das konsequent durch. Zum Beispiel: „Gestern habe ich mal wieder die Spülmaschine eingeräumt. Das ist mir auch unangenehm, immer das schmutzige Geschirr von anderen wegräumen zu müssen. Auf deinem Teller lagen noch Apfelreste." Der Mitarbeiterin fielen nur kleinlaute Entschuldigungen ein, was jedoch viel wichtiger war: Über diesen Weg löste sie ihr Problem, bei gleichzeitiger Vermeidung von Konflikten.

Im Rahmen intelligenter Schlagfertigkeit haben wir die Verantwortung, Konflikte zu vermeiden. Wenn uns jemand angreift, können wir zurückschlagen oder wertschätzend reagieren. Der Gegenschlag wird mit der Zeit Probleme schaffen, nur mit einem wertschätzenden Umgang werden wir auf Dauer ein zufriedenes Klima für alle schaffen können – auch für uns selbst. Wer in einem Team lebt oder arbeitet, ist für die Stimmung in der Gruppe mitverantwortlich. Übereinstimmung muss erarbeitet werden, von jedem. Jeder ist Wächter, aber auch Nutznießer von Eintracht und Frieden in seinem persönlichen Mikrokosmos, Worte sind das Werkzeug dafür. Nun erzürnt sich der eine oder andere vielleicht, warum wir für den Frieden sorgen müssen, während die Aggressoren im Umfeld selbiges nur verpesten. Das ist zumindest einer jener Einwände gegen diese Strategie, der mir häufiger in Seminaren genannt wird. Doch das tolle an uns Menschen ist die Vorbildfunktion. Wenn wir dafür sorgen, dass keine Aggressionen entstehen, so beeindruckt das den Aggressor durchaus. Viele beginnen ihr Verhalten zu überdenken, zumal Sie durch intelligente schlagfertige Antworten dem Aggressor jedes Mal den verbalen Sieg abnehmen. Ihr Angreifer merkt irgendwann, dass seine Art und seine Angriffe ins Leere gehen. Das will er nicht und daher wird er seine Strategie auch ändern.

Der Siegeszug sachlicher Formulierungen

Mit jedem gesprochenen Satz übertragen wir Gefühle, unsere eigenen Gefühle. Wir senden Ärger und Freude, ohne es ausdrücklich zu erwähnen. „Räum dein Zimmer auf" ist beispielsweise selten mit einem überschwänglichen Glücksgefühl verbunden. Das angesprochene Kind weiß sehr wohl, wie sein Vater oder seine Mutter sich fühlt, wenn es diesen Satz hört. Mimik, Gestik und Tonfall bestimmen die Bedeutung einer Botschaft – damit kommt der nonverbale Bereich der Kommunikation ins Spiel.

Es ist sehr wahrscheinlich, dass ein solches Gespräch auf der emotionalen Ebene verläuft, gerade weil die nonverbale Kommunikation einen so mächtigen Anteil daran hat. Aber auch die eigenen Gefühle und der eigene Stress beeinflussen die Wahrnehmung. Wer gerade Ärger erlebt hat, wird auf eine Äußerung wahrscheinlich anders reagieren, als wenn diese Person soeben eine Komödie gesehen hat. Kommunikationsexperten sind sich darin einig, dass eine Unterhaltung zu 80 Prozent aus Gefühlen besteht und die Gesprächspartner nur zu 20 Prozent tatsächlich auf die sachlichen Inhalte eingehen. So kann ein Gespräch plötzlich aus dem Ruder laufen, nur weil ein Gesprächspartner eine Äußerung in den falschen Hals bekommen hat.

Spielen wir einmal gedanklich die folgende Geschichte durch: Ein Ehemann kommt nach einem anstrengenden Tag müde nach Hause. Er öffnet die Tür zum Wohnzimmer und sagt kurz angebunden: „Hallo, ich bin da", und stöhnt dann: „War das ein Tag. Machst du etwas zu essen?" Seine

Frau sitzt mit dem Rücken zur Tür und überarbeitet gerade ein wichtiges Manuskript. Sie hat heute überraschend die Aufgabe bekommen, eine bedeutende Kundenpräsentation am nächsten Tag zu übernehmen. Sie ist gestresst.

Wie, vermuten Sie, wird die Reaktion der Frau ausfallen und wie interpretiert sie die Aussage ihres Mannes? Sie könnte sich denken: „Er ist müde und hungrig", oder auch: „Glaubt der denn, er ist der Einzige, der hier arbeitet?!", vielleicht sogar: „Ja, bin ich denn sein Dienstmädchen?!" Je nach persönlicher Stimmung wird sie seine Botschaft unterschiedlich aufnehmen. Nehmen wir an, ihre Reaktion wird in einem weder liebevollen noch aggressiven Ton gesprochen und lautet wie folgt: „Ich kann jetzt nicht. Mach dir selbst was zu essen."

Nun hat er mehrere Möglichkeiten, diesen Satz zu verstehen. Eine Version könnte sein: „Ich kann jetzt nicht, ich muss eine wichtige Aufgabe erledigen." Eine weitere wäre: „Ich habe keine Lust, dich zu bedienen", oder vielleicht auch: „Ich bin nicht deine Magd!"

Für welche Reaktionen sich unser Pärchen entscheidet, hängt vom Verhältnis zwischen einander, von der persönlichen Stimmung und auch von der Erfahrung ab. Viele nehmen solche Sätze als Angriff wahr. Es muss nur eine Nuance in der Betonung falsch gesetzt sein und der Streit geht los. Die Chance, dass dieses Pärchen einen stressigen Abend erleben wird, ist daher sehr wahrscheinlich. Es sei denn, einer der beiden zieht die Notbremse und bringt das Gespräch auf eine sachliche Ebene. Dazu muss einer der beiden beginnen nur die gesprochenen Worte zu hören und die Emotionen außen vor zu lassen.

Wenn wir ein Gespräch ohne Emotionen, also rein sachlich, führen und auch so verstehen, gibt es keinen Streit. Er ist hungrig, sie hat keine Zeit – das sind zwei Fakten. Wie persönlich wir die Worte des anderen aufnehmen, liegt an uns selbst. Doch die meisten nehmen die Aussagen ihrer Gesprächspartner persönlich und reagieren somit emotional.

Reaktionen nützen

Für schlagfertige Antworten können wir diesen Aspekt sehr gut nutzen: Suchen Sie im Gespräch die rein sachliche Ebene. Lassen Sie alle Emotionen außen vor, auch jene, die in einem Angriff enthalten sind. Damit verfügen Sie über ein gut funktionierendes Instrument, mit dem Sie Ihren Gegner verwirren können. Sie reagieren anders als von ihm erwartet. Das macht Sie für ihn unberechenbar. Viele der im zweiten Teil vorgestellten Techniken beziehen sich auf genau diese vorhersehbaren Reaktionen unserer Mitmenschen. Dazu möchte ich Ihnen von zwei Beispielen erzählen.

Paul hält eine Präsentation, doch durch diverse Störungen verliert er immer wieder den Faden. Die Inhalte sind übermittelt, aber die Darstellung war nicht gut. Sein Chef hat den Drang, ihn mit Häme zu übergießen, und sagt: „Also, so eine tolle Darstellung habe ich schon lange nicht mehr gehört." Rein sachlich betrachtet hat er wohl in der Vergangenheit schlechtere Präsentationen erlebt. Daher kann Paul mit einem Lächeln antworten: „Vielen Dank, Chef. Also, ich war mit mir heute nicht zufrieden, aber schön, dass Sie es anders sehen."

Einige würden diesen Satz wohl ebenfalls als hämisch bezeichnen, das müssen wir aber nicht. Vielleicht ist es Selbstironie, vielleicht aber auch tatsächlich die Meinung von Paul. Vielleicht wird sich der Chef „dumm angemacht" fühlen, doch wie sollte er jetzt reagieren? Die Antwort von

Paul war ja wertschätzend. Vielleicht zucken auch einige zusammen, wenn sie das lesen, und behaupten, dass man mit seinem Chef nicht so reden darf. Da stellt sich aber nun die Frage, ob ein Chef hämisch mit seinem Mitarbeiter reden darf?! Eine Führungskraft muss ein Team zusammenhalten und sollte es nicht spalten. Paul hat seinem Chef eine Brücke gebaut – von der Häme zur Sachlichkeit. Es ist die Entscheidung seines Chefs, ob er die Größe hat, über diese Brücke zu gehen, oder sie zum Einsturz bringt.

Katja, sie ist ein wenig übergewichtig, kommt beim sportlichen Frederic vorbei. Frederic lehnt lässig an einem Baum und meint abschätzend: „Beweg dich mal, tut deiner Figur ganz gut." Statt nun rot anzulaufen und sich über die Frechheit zu ärgern, kann Katja auch nur den sachlichen Teil der Botschaft verstehen: Bewegung ist gut für die Figur. Ihre Antwort: „Stimmt."

Besser mono als multi

Der Mensch ist multitaskingfähig – allerdings nur mit Einschränkungen. Wir können zwar mehrere Dinge gleichzeitig erledigen, allerdings können wir nur 100 Prozent unserer Konzentration verteilen und diese nicht vermehren. Das bedeutet, dass ich meinem Telefonpartner, wenn ich während des Telefonats im Internet recherchiere, nicht mehr richtig zuhören kann. Nuancen oder auch größere Teile des Telefonats entziehen sich dann meiner Aufmerksamkeit.

So kann es geschehen, dass auch einer guten Köchin während eines Anrufs das Essen anbrennt oder das zu beaufsichtigende Kind die Tischdecke samt Geschirr vom Tisch zieht, während die kochenden Nudeln beobachtet werden.

Es kann geschehen, dass das Nudelwasser überkocht, während die Überreste der guten Teller zusammengefegt werden. Als Nächstes verbreitet sich das Kochwasser auf dem heißen Herd und das Kind freut sich über den Dampf in der Küche. In solchen Momenten wissen wir, dass echtes Multitasking nur selten funktioniert.

Konzentration bedeutet Fokussierung. Wir können das mit einer Gießkanne vergleichen: Multitasking entspricht dem Gießen mit einem Gießaufsatz. Sie treffen damit nicht die Pflanze, die das Wasser am nötigsten braucht, sondern sie verteilen das Wasser großflächig auf alles, was im Wirkungskreis dieser Gießkanne liegt. Entfernen Sie hingegen den Aufsatz, so treffen Sie ausschließlich die Pflanze, die Sie auch gießen möchten. Sie konzentrieren den Gießstrahl auf einen bestimmten Punkt. Wenn wir mit Menschen sprechen, sollten wir das ohne „Aufsatz" machen. Wir sollten uns ganz und gar auf diese eine Person konzentrieren, der Nutzen dessen ist enorm. Sie erhalten in der gleichen Zeit viel mehr wichtige Informationen. Sie kommen schneller auf den Punkt und lösen somit auch schneller ein Problem.

Für die Schlagfertigkeit und den Selbstschutz hat diese Fokussierung ebenfalls einen enormen Nutzen. Sie können exakt kontern oder nehmen einen vermeintlichen Angriff erst gar nicht an. Einige Techniken des Konterns bauen darauf auf, die „Schwachstelle" im Angriff des Gegners zu erkennen und zu entlarven. Aber dafür müssen Sie diese erst einmal hören. Konzentration vermag aber noch mehr, denn sie schützt uns vor unbedarften Äußerungen. Bevor wir reagieren, haben wir die Wahl, uns kurz zu fragen, ob uns die Aussage des Gegenübers überhaupt eine Äußerung wert ist. Ebenso stellt sich die Frage, ob es ein Angriff war und dieser auch tatsächlich uns galt. Wenn wir plötzlich und unvorbereitet blöd von der Seite angesprochen werden, löst das häufig einen Verteidigungsreiz aus. Diesen Reiz erst gar nicht zuzulassen, sondern konzentriert über die eigene Reaktion nachzudenken ist in vielen Fällen ein sehr effektiver Selbstschutz.

*Gabi aus der Personalabteilung hat ein Verhältnis mit
dem Chefbuchhalter Konrad. Das Verhältnis ist noch jung
und vor allem geheim. So hofft sie es zumindest. Doch in
den letzten beiden Tagen gab es immer wieder Getuschel
in der Kaffeeküche, wenn sie dazukam. Daher macht sie
sich Gedanken, ob etwas von ihrem Geheimnis durchgesickert sein könnte. Gabi ist gerade auf dem Weg in die
Buchhaltung, dienstlich. Dabei kommt sie an Michaela und
Lars vorbei, die einen kurzen Plausch am Kopierer halten.
Als sie an den Kollegen vorbei ist, hört sie Lars sagen: „Nun,
da ... (nuschel) geht sie wieder zu ihrem Lover.“ Gabi dreht
sich um und brüllt: „Das geht euch gar nichts an!“ Lars
schaut sie irritiert an und meint dann: „Nun ja, immerhin
ist sie meine Schwester.“*

Mangelnde Konzentration und steigende Angst geben
uns viel zu schnell das Gefühl, im Mittelpunkt zu stehen.
Hätte sich Gabi darauf konzentriert und verlassen, dass ihr
Verhältnis mit Konrad nach wie vor unbekannt ist, hätte
sie dem Dialog zwischen Michaela und Lars wohl gar nicht
erst diese Bedeutung gegeben. Selbst wenn sie Worte vernommen hätte, hätte sie wohl souveräner reagiert und sich
nicht provozieren lassen. Um gezielt Paroli zu bieten, ist die
Konzentration auf das Gesagte von enormer Bedeutung.
Nur wenn wir die Aussage richtig verstanden haben, gibt
uns dies die Gelegenheit, eine pfiffige Antwort zu geben.

Häufig kommen Angriffe jedoch aus dem Hinterhalt und
darauf sind wir selten vorbereitet. Hier kommt die Erfahrung
ins Spiel: Wer sich intensiv mit seinen Reaktionsmöglichkeiten
auseinandersetzt, wird besonders in diesen Fällen eine
Verbesserung seiner Gelassenheit erleben. Bevor über eine

gute schlagfertige Antwort nachgedacht wird, sollte man sich immer an die alte Regel halten, die besagt, dass Reden zwar Silber ist, doch Schweigen immer noch auf Goldniveau liegt. Der Selbstschutz ist von größerer Bedeutung als die schnelle, aber angreifbare Reaktion. Daher konzentrieren Sie sich zunächst auf Ihre innere Ruhe. Wer diese beibehält, gerät nicht in Stress und nicht in Zorn – das sind zwei grundlegende Faktoren für souveränes Auftreten und schlagfertige Antworten.

Wenn man etwas nicht genau verstanden hat, sollte geschwiegen werden. Schweigen wäre in Gabis Fall angebracht gewesen. Leider ertragen viele den Gedanken nicht, vielleicht doch gemeint gewesen zu sein. Sie hören das Gras wachsen und die Flöhe husten, aber nicht, was andere wirklich sagen. Wir neigen sogar dazu, Worte und Sätze falsch zu verstehen, weil wir dazu tendieren, sie auf uns zu beziehen. Weil viele das Schweigen nicht ertragen, probieren sie eine andere Möglichkeit und fragen nach. „Wer geht dann wieder zu seinem Liebsten?“, könnte eine Frage von Gabi lauten. Lars, der Wert auf ein intimes Familienleben legt und nur Michaela vertraut, würde dann wohl antworten: „Ich glaube, das geht dich gar nichts an (du neugierige Kuh).“ Damit hätte sich Gabi ebenfalls freiwillig in einen Fettnapf gelegt. Außerdem würde Lars ihr nun wohl die imaginäre Medaille der Tratsche des Monats verleihen.

Schlagfertige Antworten haben mit Verantwortung zu tun – anderen, aber besonders auch sich selbst gegenüber.

Wenn die Situation klar ist und es sich um einen echten Angriff handelt, dann ist ebenfalls Konzentration vonnöten. Mit ihr hören wir den ganzen Satz und nicht nur den gemeinen Teil darin. Damit haben Sie mehr Möglichkeiten für eine schlagfertige Antwort.

Nehmen wir an, die Kollegen Sabine und Eric sitzen in einer Sitzung mit anderen Kollegen. Sabine hat in ihrer Präsentation einen Fehler gemacht. Er hätte verziehen werden können, doch Eric fühlt sich dazu berufen, diesen entsprechend bissig zu kommentieren: „Heute stand in der Zeitung, dass sie in Amerika die Todesstrafe für schlechte Vorbereitungen fordern." Sabine lächelt ihn an und sagt: „Interessant. Welche Zeitung liest du eigentlich?"

Das ist nicht sonderlich witzig, aber es ist eine gute Reaktion. Sabine demonstriert, dass ihr der zugeworfene Schuh nicht passt. Sie hätte auf die „schlechte Vorbereitung" reagieren sollen, da sie aber den ganzen Satz gehört und analysiert hat, zieht sie eine Nebeninformation für ihre Antwort heran. Hier gäbe es eine Menge Reaktionen, doch sie wählt den wertschätzenden Weg. Antworten wie „Interessant, du kannst lesen?!" stellen einen Gegenangriff dar und anwesende Zuschauer könnten diese Beleidigung negativ bewerten.

5. Humor

Warum lachen oder schmunzeln wir eigentlich über einen Witz? Was macht einen Witz erst witzig und was hat das mit Schlagfertigkeit zu tun? Zunächst der letzte Punkt: Gute schlagfertige Antworten finden wir amüsant und lachen darüber und weil wir lachen, entspannen wir uns. Lachende Menschen können nicht zeitgleich sauer sein. Mit Humor nehmen wir Angriffe viel lockerer auf und haben daher die Möglichkeit, lockerer zu reagieren. Wie bereits erwähnt, kann ein Angriff Stress erzeugen. Dadurch wird unser Denkapparat bei seiner Arbeit behindert und uns fällt kein Konter mehr ein. Humorvolle Menschen lassen sich hingegen viel schlechter die Laune verderben. Kein Stress – keine Denkblockade. Zum Humor gehört die Selbstironie. Sich selbst einmal nicht so wichtig zu nehmen und über sich selber lachen zu können wirkt ungemein entspannend.

Wer Humor besitzt, dem fällt leichter ein witziger Konter ein. Humorvolle Menschen unterhalten ihre Mitmenschen und sie sind daher meist recht beliebt. Darum widme ich mich der Frage danach, wie humorvolle Aussagen aufgebaut sind.

Ein schlagfertiger Dialog hat fast immer einen hohen Unterhaltungswert. Humorvolle Moderatoren oder Komödianten benutzen gerne Wortwitze für ihre Arbeit und legen damit den Grundstein ihres Erfolgs. Eine gute schlagfertige Antwort ist ebenso aufgebaut wie ein guter Witz. Die Antwort ist nicht konstruiert, sondern spontan. Damit sind wir wieder beim ersten Teil der Ausgangsfrage gelandet:

Was macht eine schlagfertige Antwort oder einen Witz überhaupt witzig?

Eine kleine Kostprobe zu Beginn: „Was liegt am Strand und hat einen Sprachfehler? – Eine Nuschel!" Zugegeben, der Witz ist doof und dennoch lachen die meisten. Dennoch? Vielleicht gerade weil der Witz doof ist. Wir sind uns bestimmt darüber einig, dass es keine „Nuschel" gibt. Der humorlose Besserwisser korrigiert uns jetzt mit dem Zeigefinger hinsichtlich des unsinnigen Wortgebildes und betont, dass es doch eigentlich „Muschel" heißen muss. Also versuchen wir es damit: „Was liegt am Strand und hat einen Sprachfehler? – Eine Muschel!" Nun ist alles richtig geschrieben, aber der Witz ist weg. Außerdem würde der Besserwisser nun monieren, dass Muscheln grundsätzlich keinen Sprachfehler haben, da sie nicht sprechen können. Nicht sprechen zu können ist eigentlich schon ein Sprachfehler. Der Besserwisser wird diese Logik wohl kaum verstehen. Starten wir einen neuen Versuch, bei dem die Korrekturen der Humorlosen berücksichtigt sind: „Was liegt am Strand? – Eine Muschel!" Nun, jetzt ist der Besserwisser zufrieden, wird aber immer noch nicht lachen. Das hat er dann allerdings mit allen anderen gemeinsam.

Der Witz ergibt sich durch den Erfolg der eigenen Gehirnarbeit. Wir hören das Wort „Nuschel" und wissen natürlich auch ohne den Rechthaber, dass es dieses Wort in diesem Zusammenhang nicht gibt. Aber wir knüpfen eine Verbindung, von „nuschelnden Menschen" und „Muscheln". Erst die Verbindung die wir in Gedanken schaffen, die Überraschung, wie zwei sich doch vollkommen fremde Begriffe miteinander verknüpfen lassen, entlockt uns das mehr oder weniger zarte Schmunzeln. Die empfundene Freude ist die Belohnung für erfolgreiches Denken. Übrigens, was Sie jetzt in langen Erklärungen gelesen haben, macht Ihr Gehirn in wenigen Zehntelsekunden. Toll, oder?

Ein guter Witz muss es dem Hörer erlauben, die Pointe selbst zu erstellen oder zu entdecken. Ein Witz ist eine kleine Geschichte mit einer Lücke zum Ende hin. Wer seinem Publikum diese kleine Lücke nimmt, nimmt dem Witz das Leben. „Was liegt am Strand und nuschelt?" „Wie bitte? Keine Ahnung, Karl-Heinz oder wer?" In dieser Frage ist nichts Witziges mehr versteckt und es ist auch nichts mehr zu retten. Der Witz wurde gekillt. Übrigens: „Was liegt am Strand, ist erkältet und hat einen Sprachfehler? – Eine Niesnuschel!"

Beobachten Sie einmal Kinder beim Puzzeln. Das Spiel ist für Erwachsene nicht schwer, aber Kinder stehen durchaus vor einer Herausforderung. 50 Teile richtig zusammenzusetzen ist für ein im Wachstum befindliches Gehirn eine anstrengende Leistung. Betrachten Sie Kinderaugen und wie viel Freude darin zum Ausdruck kommt, wenn es ihnen gelingt, zwei Teile richtig zu kombinieren. Sie lachen dabei, obwohl es gar nicht lustig ist. Kinder freuen sich über ihren kleinen Erfolg, sie verspüren ein Glücksgefühl. Bei Erfolg schüttet das Gehirn zur Belohnung das Hormon Dopamin aus, unsere körpereigene Glücksdroge. Sie macht uns froh. Ähnliches passiert auch bei Witzen: Der Zuhörer fügt etwas zusammen, weil der gute Witz einem dafür die Gelegenheit bietet. Dabei sind es aber keine Puzzleteile, sondern andere Verbindungen, die kombiniert werden. Je überraschender diese Verbindungen sind, desto besser finden wir den Witz. Wir lachen weniger über die skurrile Geschichte als vielmehr über den eigenen Erfolg.

Witzige schlagfertige Antworten überlassen es dem Hörer, die Schlussfolgerung zu ziehen. Das fehlende Puzzleteil muss dabei die Überraschung sein.

„Sag mal, du kannst mir nicht 500 Euro leihen?!" – „Stimmt."

Die Antwort besteht nur aus einem Wort, und das kam

unerwartet. Der Zuhörer denkt jetzt erst richtig über den ersten Satz nach. Vielen fällt nun das fahrlässig benutzte Wort „nicht" auf und erkennen damit, dass die Antwort aus einer eigentlichen Frage eine Aussage gemacht hat. Diese Vorgehensweise haben wir im vorherigen Kapitel zur Konzentration besprochen. Nur das gute und vollständige Zuhören ermöglicht uns diese Reaktionsgelegenheit. Das Wissen darüber, anders reagieren zu dürfen, und das Hören des ganzen Satzes machen diese Antwort möglich. Andere hätten sich vielleicht entschuldigt, selbst kein Geld zu haben, oder sich lang und breit gerechtfertigt.

Offenes Ende

Der alte Jagdherr geht nach der Pirsch ins Wirtshaus und trifft dort den Dorfdoktor.

„Wissen Sie schon, was ich heute erlegt habe?"

„Ja, ja", winkt der Arzt ab, „war schon bei mir in Behandlung."

Auch in dieser Geschichte hat der Zuhörer die „Aufgabe", die Erzählung für sich zu vervollständigen und das Missverständnis der Beteiligten zu entlarven. Das letzte Puzzleteil fehlt und soll selbst eingefügt werden. Einige finden keine Pointe bei Witzen, das liegt daran, dass sie entweder Schwierigkeiten damit haben, die Geschichte wie gewünscht zu beenden, oder aber der Körper schüttet das Erfolgshormon nicht aus.

Hans trägt immer recht altmodische Hosen. Eines Tages kommt er in die Teeküche und dort steht Daniel. Daniel schaut sich mitleidig die Beinkleider an und meint zu Hans: „Deine Klamotten holst du wohl auch aus der Altkleiderkammer!"

Das ist ein typischer Angriff unter sich liebenden Kollegen. Hans hätte gleich mehrere Möglichkeiten zu reagieren. Die erste Version könnte lauten: *„Nein, die sind vom Herrenausstatter."* – Das wäre zwar eine Antwort, aber keine schlagfertige. Der Witz bzw. das Originelle fehlt, außerdem bekommt der Zuhörer keine Bastelaufgabe. Es ist eine Rechtfertigung und die ist nicht nur überflüssig, sondern auch unlustig. Eine weitere mögliche Reaktion wäre vielleicht folgende: *„Ja, stimmt, die haben so eine nette Bedienung."* Das ist schon origineller, damit dreht Hans die Geschichte um. Er gibt Daniel recht und nennt dabei ein vollkommen anderes Motiv als erwartet. Der Zuhörer bekommt eine Aufgabe, denn nun hat er die Aufgabe, sich vorzustellen, wie Hans nur wegen der Bedienung in die Altkleiderkammer geht. Eine dritte Möglichkeit wäre: *„Habe ich dir die Hose etwa vor der Nase weggeschnappt?"* – Damit macht Hans unzweifelhaft deutlich, dass Daniel „auch" in der Altkleiderkammer einkaufen geht. Er benennt es aber nicht, diesen klar zu ziehenden Rückschluss darf der Zuhörer vollbringen. Die „Feststellung", dass Daniel ebenfalls in der Altkleiderkammer einkaufen geht, kann Hans auch mit einem entsprechenden Hinweis deutlich machen, weil er gut zugehört hat: *„Wieso ‚auch'? Bist du öfters da als ich?"*

Manchmal reicht nur die Korrektur eines Wortes und die Geschichte nimmt eine andere Wendung. Diether Krebs und Iris Berben haben in der Serie „Sketchup" den folgenden Witz verfilmt: Sie, nicht sonderlich hübsch, steht träumerisch am Fenster und sagt zu ihrem Mann, der die Zeitung liest: „Als ich heute morgen auf dem Balkon stand, graute der Morgen." Er lässt die Zeitung sinken, schaut sie an und korrigiert: *„Dem* Morgen, Schatz." Die Zutaten dieser Pointe: gutes Zuhören, schnelle Wortfindung und eine perfekte Assoziation.

Jürgen von der Lippe wurde in einer Talkshow einmal gefragt:

„Als du das letzte Mal bei uns warst, hast du anschließend eine Kehlkopfentzündung bekommen. Woran lag das?"

Jürgen von der Lippe: „Am Kehlkopf!"

Manchmal ist es auch witzig, wenn man etwas wortwörtlich nimmt. Die Antwort von Jürgen von der Lippe ist überraschend, weil die meisten auf diese Frage eine lange Erklärung über das Zustandekommen des Krankheitsverlaufs erwartet haben. Wortwörtliche Aufnahmen finden wir sowohl bei Witzen als auch in der Schlagfertigkeit. Dabei ist die Trennung zwischen Witz und schlagfertiger Antwort ohnehin nicht eindeutig und wahrscheinlich entstehen viele Witze auch dadurch, dass ursprünglich jemand eine schlagfertige Antwort gegeben hat.

Die Mutter sagt vorwurfsvoll zu ihrem Sohn, der am Vorabend auf einer Party war: „Du bist nach 4 Uhr nach Hause gekommen. Muss das immer so spät sein?"

„Komisch", sagt dieser, „wenn du um 5 Uhr aufstehen musst, beklagst du dich, dass es viel zu früh ist."

Damit bringt der Sohn das von der Mutter angeführte Missverhältnis bezüglich ihres Zeitverständnisses zum Ausdruck. Er spricht es aber nicht direkt an, von der Unlogik der Mutter erfährt der Hörer erst jetzt. Ist das nun ein Witz oder eine schlagfertige Antwort? Wenn es tatsächlich passiert ist, lachen wir über die Schlagfertigkeit des Sohnes. Später erzählt die Mutter diese Geschichte ihren Freundinnen, um die Intelligenz ihres Sohnes hervorzuheben, nun lachen wir schon über einen Witz. Die Antwort des

Sohnes zeigt neben einer hohen Denkgeschwindigkeit auch noch Wertschätzung.

Auch Herr Gerber hat seine Frau richtig verstanden – zu richtig: Herr Gerber kommt nach durchzechter Nacht früh morgens nach Hause.

„Ich bin sprachlos", sagt seine Frau mit einem verständnislosen Kopfschütteln.

„Halte das durch, Liebling!"

Herr Gerber hat ebenfalls die Erwartung des Hörers und natürlich die seiner Frau nicht erfüllt. Seine Antwort passt nicht zum ersten Gefühl, das eine solche Szene in uns auslöst. Er hat sie mit ihren eigenen Worten geschlagen. Er hat gut zugehört und sie beim Wort genommen. Erst mit seiner Antwort fängt der Zuhörer an, den Kreis zu schließen. Viele finden das witzig, Frau Gerber wahrscheinlich nicht. Das ist auch das einzige Problem dieser Antwort, Herr Gerber ist wohl nicht besonders freundlich und kann daher hier nur als Negativbeispiel dienen.

Ein anderes Beispiel, wie Sie Ihren Gesprächspartner beim Wort nehmen können: *Karl und Egon, zwei Jäger, sitzen auf der Kanzel. Der Rehbock kommt.*

„So", sagt Karl, „der Bursche kann sein Testament machen!" Der Schuss kracht und der Bock springt in die Büsche.

Egon: „Jetzt läuft er wahrscheinlich zum Notar."

Das ist eine schlagfertige Reaktion, obwohl es keinen Angriff gab. Es ist Eloquenz, Schlagfertigkeit als Unterhaltung. Auch bei diesem Witz sind die Grundlagen die wortwörtliche Aufnahme des Gesagten sowie die logische assoziative Weiterleitung. Erinnern sich noch an Gabi und Frederic?

Gabi ist etwas übergewichtig und geht an Frederic vorbei. Dieser fühlt sich gezwungen, seinen Kommentar über ihr Gewicht abzugeben. Sein Angriff: „Beweg dich mal, tut deiner Figur ganz gut." Gabi könnte seine Aussage wortwörtlich nehmen. Ihre Reaktion: „Was mach ich denn gerade?"

Übertrieben schlagfertig

Auch Übertreibungen sind etwas, das sowohl im Witz als auch bei der Schlagfertigkeit zu finden sind. Wir lachen über Übertreibungen, das kann die übertriebene Mimik eines Komikers oder auch ein übertriebenes, unrealistisches Ende einer Kurzgeschichte sein.

Der Stationsarzt zur jungen Krankenschwester: „Haben Sie dem Patienten auf Zimmer 12 das Blut abgenommen?"

„Ja, aber mehr als sechs Liter habe ich nicht aus ihm herausbekommen ..."

Wir wissen (oder hoffen?), dass eine Krankenschwester nicht zu einer solchen Maßnahme greift. Daher finden wir solche Übertreibungen und auch die übertrieben zur Schau gestellte Naivität der Krankenschwester witzig. Zumindest so lange, wie wir nicht selbst davon betroffen sind. Ein gutes Beispiel für eine schlagfertige Übertreibung ist auch die folgende Geschichte:

Bastian, der 17-jährige Sohn einer Bekannten, ist mit seinen ausgetretenen Schuhen unterwegs gewesen. Seine Mutter bekommt jedes Mal die Krise, wenn sie seine Latschen sieht. So auch heute.

„Mensch, Bastian, kauf dir mal neue Schuhe. Deine sind ja schon uralt."

86

„*Ja, du hast wohl recht. Gestern rief deswegen schon das Neandertal-Museum an. Aber ich warte noch etwas, das treibt den Preis nach oben.*"

Mehr zum Thema „Übertreibungen" behandeln wir im zweiten Teil noch ausführlicher.

Falsch verstanden

Ein weiteres Kapitel der Schlagfertigkeit ist das absichtliche Falsch-Verstehen eines Angriffs. Ob wir etwas verstehen, ist unsere Entscheidung und natürlich liegt es auch in unserem Ermessen, wie und was wir verstehen. Ältere Damen aus Hollywood sollen diese Technik angeblich sehr gut beherrschen. Anders ist folgende bei Maximilian Weller gefundene Anekdote nicht erklärbar (oder war es doch ein erfundener Witz?).

In Hollywood begegneten sich zwei überreife weibliche Filmstars. Maliziös meinte die eine: „Ich erinnere mich noch an Ihre Erfolge aus dem Beginn des Farbfilms in den 50er-Jahren. Allerdings habe ich damals keinen Ihrer Filme gesehen – ich war noch im Kindergarten." „Ach, ich wusste gar nicht, dass Sie vor Ihren Filmversuchen als Kindergärtnerin gearbeitet haben."

Solche Antworten kann jeder geben. Die Diva hat die Sache mit dem Kindergarten uminterpretiert und die angenommene Meinung korrigiert, aus dem vermuteten Kind wurde die Kindergärtnerin.

Kommen wir zurück zu den Gerbers. Sie erinnern sich vermutlich noch, er kam am Vorabend etwas spät (oder eben

*früh am Morgen) nach Hause. Frau Gerber war entspre-
chend sauer. Der eine Leser oder die andere Leserin kann es
vielleicht nachvollziehen. Der Streit geht weiter. Am nächsten Morgen macht sie ihrem Mann eine Szene. Er hört sich
ihre Gardinenpredigt ruhig an und schaut ihr dabei in die
Augen. Das scheint sie zu irritieren. So sagt sie letztendlich,
als ihr die Vorwürfe ausgehen: „Du hast wirklich noch den
Mut, mir ins Gesicht zu sehen?"*

Er, trocken: „Man gewöhnt sich an alles."

Auch das meinte Frau Gerber wohl anders. Es ist nicht die
Entscheidung von Herrn Gerber, welche Assoziationen bei
ihm ausgelöst werden. Das macht sein Unterbewusstsein,
aber es liegt in seiner Verantwortung, nicht jeden spontanen
Gedanken auszusprechen. Wie gesagt, Herr Gerber dient
hier als Negativbeispiel.

Witze leben häufig von der Dummheit oder Naivität der
Menschen. Wir kennen Blondinenwitze, Ostfriesenwitze,
Mantafahrerwitze und andere im Fokus des Spotts stehende
Gruppen. Wir finden es lustig, wenn sich jemand „dumm"
anstellt oder so dargestellt wird. Diese „Dummheit" kann
aber auch absichtlich und gespielt sein. In schlagfertigen
Antworten nimmt man eine Sache manchmal zu genau oder
versteht sie auch zu falsch. Die Antwort verblüfft und vielleicht verwirrt sie den Zuhörer.

*Frau Korden will nach Bangkok. Die Dame im Reisebüro
fragt sie:*

„Möchten Sie über Athen oder Bukarest fliegen?"

Frau Korden: „Nur über Ostern."

Wenn das eine wahre Geschichte wäre, hätte Frau Korden
wohl unmissverständlich klar gemacht, dass ihr die Flugroute

egal ist oder sie so ganz und gar keine Ahnung davon hat, was Athen und Bukarest überhaupt sind. Ob Frau Korden absichtlich oder aus Versehen schlagfertig war, erfahren wir nur, wenn wir Frau Korden kennenlernen. Aber eines ist gewiss: Auch von den schnell als dumm und naiv verschrienen Mitmenschen können wir lernen.

Das bewusste Falsch-Verstehen wird ebenfalls im zweiten Teil dieses Buchs ausführlicher behandelt.

Eine kleine Geschichte möchte ich Ihnen noch von den Gerbers erzählen: Herr Gerber hat ein schlechtes Gewissen bekommen und sich für seine Frau eine Überraschung einfallen lassen. Beim Abendbrot schaut er sie an und sagt: „Schatz, ich mache dich zur glücklichsten Frau auf der ganzen Welt.“

Daraufhin sie: „Ich werde dich vermissen!“

Manches kommt anders

„Chef, darf ich heute zwei Stunden früher Schluss machen? Meine Frau will mit mir einkaufen gehen.“

„Kommt ja überhaupt nicht in Frage, Schulze!“

„Vielen Dank, Chef, ich wusste, Sie würden mich nicht im Stich lassen.“

Diese kleine Geschichte irritiert uns ebenfalls in unserer Erwartungshaltung. Eigentlich rechnet man nach so einer Bitte mit der Enttäuschung des Angestellten. Die abgelehnte Freizeit ist selten ein Grund für Freude. Durch die Antwort des Angestellten erhalten wir einen Grund dafür, warum dieser nicht enttäuscht ist. Allerdings nicht in klaren Worten, auch hier reimen wir uns selbst den Rest zusammen.

In der Schlagfertigkeit funktioniert auch das überraschende Ende sehr gut. *Herr Berger arbeitet in der Abteilung für Herrenoberbekleidung. Eben berät er einen Kunden, der sich für einen Mantel interessiert: „Dieser Mantel ist wirklich ideal. Sie können ihn bei jedem Wetter tragen.“*

„Ach“, sagt der Kunde verschmitzt, „auch an einem heißen Sommertag?“

„Natürlich“, erwidert Herr Berger souverän, „da können Sie ihn bequem über dem Arm tragen.“

Unlogik

Ein Jäger und seine junge Frau sind auf der Jagd. Der Mann zielt auf eine fliegende Ente, schießt und trifft. Die Ente fällt. „Prima Schuss!“, meint er. Mitleidig erwidert die junge Frau: „Der Schuss war unnötig. Das arme Tier hätte den Sturz aus dieser Höhe sowieso nicht überlebt.“

Das überraschende Ende liegt in der Unlogik, weniger Kritische sprechen vielleicht auch von Dummheit. Doch das Prinzip des Witzes ist erhalten geblieben: Das Ende ist anders als erwartet und der Hörer baut das letzte Puzzleteil selbst ein. Für die Schlagfertigkeit ergeben sich gleich zwei Möglichkeiten, wir können die unlogischen Elemente des Angriffs entlarven oder selbst unlogisch antworten. Natürlich besteht die Gefahr, dass der Zuhörer unsere eigene Unlogik entlarvt, doch bei einer schlagfertigen Antwort ist das gegnerische Gehirn meist nicht in der Lage, dies in der Kürze der zur Verfügung stehenden Zeit zu leisten.

Kollege Schalhuber regt sich über einen Fehler von Herrn Prinz auf. „So ein Mist. Wie konnte das nur passieren?! Sie sind ja ein vollkommener Depp!“

Herr Prinz hat die Antwort in das Gegenteil gekehrt. Im Kapitel Antonyme habe ich bereits über diese Technik geschrieben. Aus „vollkommen" hat er „unvollkommen" gemacht und den Deppen gleich halbiert. Dass die Antwort von Herrn Prinz dabei unlogisch ist, wird uns erst nach genauem Nachdenken bewusst. Doch so viel Zeit wird Herr Schalhuber nicht haben und da er sich aufregt, hat er wohl auch nicht die dafür notwendigen freien Gehirnkapazitäten. Herr Schalhuber hat die Reaktion von Herrn Prinz weder erwartet noch provoziert, sie hat ihn schlichtweg überrascht. Das lenkt auch unser logisches Denken ab. Versuchen Sie es doch einfach einmal selbst!

Erinnern Sie sich noch an Erika? Sie hat Stress mit Herbert (siehe Seite 16), weil dieser sich ständig darüber lustig macht, dass Erika bei jeder Gelegenheit rot anläuft. Jetzt hat Erika einen neuen Freund. Kurz vor der Frühstückspause hat er angerufen und mit ihr ein wenig am Telefon gesäuselt. Als Erika auflegt, freut sich Herbert wieder wie ein Schneekönig. „Du wirst ja schon wieder rot!", lacht er. Diesmal lässt sich Erika nicht beirren. „Mensch, Herbert, denk nach! Soll ich vielleicht grün werden?"

Humor lernen

Nach so vielen Witzen und Analysen derselbigen stellt sich doch die Frage, ob Humor eine Begabung ist oder ob er gelernt werden kann. Wie bereits festgestellt, sind Witze nach einem System aufgebaut und wir wissen, weil man es uns während der Schulzeit beigebracht hat, dass Systeme erlernbar sind. Demzufolge ist Humor ebenfalls erlernbar. Sie benötigen nur noch die Befähigung, diese „Systeme" beim Erzählen und Hören anzuwenden. Aber reicht das?

Humor ist eine Lebenseinstellung. Es ist die Fähigkeit, gewisse Dinge nicht so genau zu nehmen und Regeln auch einmal bewusst zu lockern. Der Rheinländer spricht dann davon, „Fünfe gerade sein zu lassen", und meint damit, Fehler auch mal zu übersehen und nicht überzubewerten. Humor ist Toleranz – sich selbst, aber auch anderen gegenüber. Toleranz meint die Breite der Sichtweise. Wer Scheuklappen trägt, sieht Dinge zwangsläufig enger. Doch wir haben alle die Möglichkeit, uns der Scheuklappen zu entledigen. Das mag dem einen oder anderen ungewohnt vorkommen, doch es ist machbar.

Humorvolle Menschen sind meist toleranter. Sie sind großzügiger in der Bewertung von Dingen, da sie das Leben selten mit Scheuklappen betrachten. Sie sehen auch die anderen Dinge um sich und wissen, dass Ärger im Verhältnis zum Leben doch nur einen sehr geringen Stellenwert haben kann. Humor kann man aber nicht nach Schulmanier lernen. Kurse, bei denen Humor quasi von der grünen Tafel abgelesen wird, werden nur geringen Erfolg haben. Humor lernt der Mensch durch Vorbilder und Anwendung, in Gesprächen und in Taten. Humor ist eine Lebensphilosophie, die besagt, wie schwer oder leicht wir das Leben nehmen. Wer sich im Kino über das groteske Unglück des Hauptdarstellers erheitert, sollte es auch tun, falls ihm nach der Vorstellung Ähnliches widerfährt. Wer darüber lacht, weil jemand ungeschickt in den Gartenteich gefallen ist, sollte es verstehen, wenn andere über ihn lachen, während er die Seerosen aus seinem nassen T-Shirt zieht. Darin beweist sich wahrer Humor: sich selbst nicht zu wichtig zu nehmen.

Mit versteckter Kamera aufgezeichnete Streiche demonstrieren, wie Menschen reagieren, wenn ihnen etwas Ungewöhnliches oder auch Unvorstellbares passiert. Einige sind wütend, andere fassungslos und die dritte Gruppe amüsiert sich. Die jeweilige Reaktion ist uns selbst überlassen, wir werden zu keiner Aktion oder auch Reaktion gedrängt. In den meisten Fällen reagieren wir aber so, wie wir es vor vielen Jahren gelernt beziehungsweise wie wir es von unseren Eltern abgeguckt haben. Das ist grundsätzlich nicht schlecht, aber auch nicht zwangsläufig gut. Wer zukünftig gelassener auf unabänderbare Dinge reagieren möchte, kann das tun – und wird davon auch profitieren.

Nehmen wir an, der neunjährige Sohn von gegenüber schreibt das Wort „Sau" auf die schmutzige Motorhaube Ihres Autos. Der humorvolle und tolerante Mensch lacht und wäscht vielleicht seinen Wagen, weil er den Wink mit dem Zaunpfahl verstanden hat. Ein anderer lacht und lässt das Auto so, wie es ist, weil er sich nicht von der Meinung anderer drängen lassen will. Der Dritte sieht aber diesen unglaublich riesigen Kratzer von zwei Nanometern Breite im Lack, den der zarte Finger des neunjährigen Jungen hinterlassen hat, und schimpft über die unerzogene Jugend sowie den Nachbarn im Besonderen.

Betrachten wir diese Situation in einzelnen Teilschritten: Der „Bengel" sah den Schmutz auf der Motorhaube. Wenn im Frühjahr die Pollen fliegen, ist es über Nacht schnell geschehen, dass das Auto schmutzig aussieht. Es juckt ihn, denn die staubbedeckte Motorhaube eignet sich hervorragend als „Tafel". Er könnte nun seinen Namen oder Schillers Glocke schreiben, doch so viel Zeit bleibt ihm nicht. Er sieht Schmutz und assoziiert damit etwas Dreckiges. Ihm fällt das Wort „Sau" ein. Diese Wortverbindung hat er vielleicht selbst häufig genug von seinen Eltern zu hören bekommen, wenn diese sein Zimmer inspiziert haben. Doch das

Wort hat auch einen enormen Vorteil: Es ist kurz und prägnant! Natürlich weiß der Junge, dass er etwas Verbotenes tut, daher muss es ja schnell gehen. Hand aufs Herz, wer hat dieses oder ein ähnliches Wort noch nicht auf fremde Fahrzeuge geschrieben oder zumindest einen enormen inneren Drang dazu verspürt? Der humorvolle Mensch erinnert sich vielleicht an seine Kinderstreiche. Er nimmt es nicht so ernst, denn er kann ja ohnehin nichts rückgängig machen. Der Intolerante sieht hingegen nur die Sachbeschädigung: Durch das bewusste und absichtliche Verstreichen der Pollen entstehen Mikrorisse im Lack. Pollen sind vielleicht sogar so hart wie Sand, schließlich sehen diese Körner auch schon so ähnlich aus. Außerdem geht es ums Prinzip! Das unerzogene Kind hat nichts an seinem Wagen verloren. Mit einem kleinen Streich auf der Motorhaube fängt es an und führt dann immer weiter, aber das Ende einer solchen Einstellung ist nicht abzusehen, nur eines ist klar, es wird bestimmt fürchterlich sein!

Ein kleiner Toleranzvergleich: Bei einer Autobahnbaustelle fliegen immer Staub und Dreck umher. Wer nun mit 100 km/h diesen Bereich passiert, schmirgelt mit dem von seinem Vorfahrer aufgewirbelten Staub wesentlich stärker an seinem Lack, als es der Junge mit seinem kleinen Finger zu tun vermag, von den im Staub enthaltenen kleinen Steinchen mal ganz abgesehen. Hier beschwert sich kaum einer über die Sachbeschädigung, nicht einmal darüber, dass die zulässige Höchstgeschwindigkeit aller Wahrscheinlichkeit nach übertreten wurde. Es gibt Dinge, die wir nicht ändern können. Das zu akzeptieren und der Situation ein Lächeln abzugewinnen ist der Beginn von Humor. Humor hat nur bedingt damit zu tun, ob jemand gut Witze erzählen kann. Humor ist der Umgang mit Situationen, insbesondere mit schwierigen.

Gott gebe mir die Gelassenheit,
Dinge hinzunehmen, die ich nicht ändern kann,
den Mut, Dinge zu ändern, die ich ändern kann,
und die Weisheit,
das eine vom anderen zu unterscheiden.
(QUELLE UNBEKANNT)

Anmerkung: Diese Textpassage wird das Gelassenheits- oder auch Oetinger-Gebet genannt. Einige behaupten, dass der Prälat und Theosoph Friedrich Christoph Oetinger (1702–1782) der Urheber dieser Worte sein soll, einen Beweis dafür gibt es aber nicht.

Humor vs. Stress

Humor und negativer Stress sind wie Feuer und Wasser. Sie können sich nicht leiden und versuchen daher sich gegenseitig zu vertreiben. Wer bei diesem Ringkampf gewinnt, entscheidet der Schiedsrichter, also wir selbst. Entweder lachen wir über eine Situation oder wir ärgern uns darüber. Beides gleichzeitig geht nicht, zumindest nicht ernsthaft.

Wer unter negativem Stress leidet, dem fällt es meist schwer, die heitere Seite des Lebens zu sehen. Wenn die Uhr drohend die verstreichenden Sekunden anzeigt, die nutzlos in der Warteschlange vor der Kasse verrinnen, der findet es nicht lustig, wenn die Dame ganz vorn den Kassenbon von 18,76 Euro passend in bar bezahlen möchte. Die kommunikativ ausgeschmückte Sucherei nach dem letzten 5-Cent-Stück, das gestern doch noch in der Manteltasche war, lässt den Blutdruck des unter Zeitdruck stehenden Kunden auf einen Wert von über 180 ansteigen. Wer dagegen in der gleichen Schlange ansteht, gut gelaunt den Tag begonnen hat und ihn auch so zu beenden gedenkt, betrachtet die gleiche Situation viel entspannter. Die Uhr als Zeitanzeiger wird vom gut gelaunten Menschen kaum beachtet und das Leben ist auch in einer Warteschlange einfach nur schön. Dieser Mensch amüsiert sich möglicherweise über die Dame und ihre Sucherei. Er betrachtet die gesamte Situation und fühlt sich vielleicht in einen Sketch von Loriot hineinversetzt. Das Leben kann so unterhaltsam sein! Wenn es nach ihm ginge, kann die Sucherei nach dem Kleingeld noch eine Weile weitergehen, denn die besten Szenen schreibt das Leben.

Das alles klingt sehr einfach. Natürlich ist es unsere Entscheidung, das Gute oder das Schlechte einer Situation zu betrachten. Natürlich liegt es in unserem Ermessen, ob wir unseren Blick an den Sekundenzeiger heften oder live eine Sitcom erleben. Es liegt an unserer Einstellung, ob wir uns über laute und spielende Kinder freuen oder ihr Verhalten unerträglich finden. Die Wahrnehmung von fast allem, das bewertet werden kann, liegt in unserer Entscheidung. Wir entscheiden, wie wir mit Stress umgehen, und tun es doch nicht. Stress verändert nichts an unserem Umfeld, er verändert nur uns selbst und dennoch lassen wir zu, dass der Stress unser Leben mitbestimmt.

Das liegt daran, dass wir nicht wirklich frei entscheiden. Bei jeder Stresssituation verändert sich unser Hormonspiegel, es wird unter anderem Adrenalin ausgeschüttet und Dopamin gedrosselt. Allein diese zwei Hormone haben einen gravierenden Einfluss auf unseren Gemütszustand. So wird der Pendler, der jeden Morgen und jeden Abend über eine Stunde in Staus und im Schleichverkehr zubringt, unmittelbar nach der Ankunft in der Arbeit oder auch zu Hause selten wirklich glücklich und entspannt sein. Erleichterung darüber, diese Tortur überstanden zu haben, trifft die Beschreibung des Gemütszustands schon besser. Natürlich kann man stressige Situationen weglachen, doch dafür muss man sich sehr gut darauf konzentrieren bzw. das Leben darauf ausrichten. Wenn der Chef einen schon zum Frühstück zusammenfaltet, die Kunden und Kollegen an diesem Tag irgendwie blöd drauf sind, die Straßenbahn Verspätung hatte und der Regenschirm an diesem nassen und windigen Herbsttag trocken im geheizten heimischen Flur steht, ist nur noch ein Hardcore-Clown in der Lage, diesem Tag etwas Heiteres abzugewinnen. Viele kleine Stressmomente nagen an unserem Nervenkostüm und dementsprechend fühlen wir uns an solchen Tagen dann auch. Der Kollege, der jeden Morgen den Dauerstress im zähen Berufsverkehr erlebt, ist wahrscheinlich leichter reizbar als die Kollegin, die nur 10 Minuten mit dem Fahrrad durch den Park zur Arbeit fährt. Eine einzelne Situation ist selten der Auslöser für einen Wutausbruch, diesem sind häufig viele kleine ärgerliche Situationen vorausgegangen. Angriffe dieser Personen sind daher selten wirklich böse gemeint, sie sind nur gestresst. Manchmal darf man auch mit Verständnis auf sie reagieren.

Kai war für Gespräche in einer anderen Abteilung. Von dort sollte er einen Ordner für seinen Kollegen Sebastian mitbringen. Nach der Konferenz hat man noch miteinander geredet und vor lauter Plauderei hat er die gewünschten Unterlagen vergessen. Sebastian platzt aus dem Hemd: „Mensch, Kai", schreit er, „wie kann man nur so vergesslich sein!?" Kai weiß, dass Sebastian jeden Tag über eine Stunde Fahrzeit zur Firma hat und dabei regelmäßig durch eine Großbaustelle fahren muss: „Reg dich nicht auf. Du bist heute Morgen wohl wieder im Stau gestanden, nicht wahr!"

Doch viel zu oft treffen wir Entscheidungen, ohne tatsächlich über Ursachen nachzudenken. Daher fühlen wir uns schneller angegriffen, als dass wir Verständnis für andere haben. Nachdenken kostet Zeit und Energie und unser Körper ist nicht unbedingt gewillt dahingehend zu investieren. Wir reagieren häufig nur instinktiv. Ein großer Teil unserer Entscheidungen entspringt unserem reichen Schatz an Erfahrungen. Diese Erfahrungen haben sich im Lauf der Zeit in unserem Unterbewusstsein fest eingenistet. Wir erleben Situationen und wir erkennen Wiederholungen. Wir erinnern uns unbewusst an gleiche und ähnliche Fälle und reagieren daher ähnlich, so wie wir es gelernt haben. Wenn der Lausbub von gegenüber das Wort „Sau" auf das Auto schreibt, bringt uns das Unterbewusstsein die Erfahrung von damals, als wir noch Streiche spielten, wieder in Erinnerung. Die erlebte Reaktion unseres Erwachsenenumfelds war wahrscheinlich nicht sehr freundlich, meistens wurden wir geschimpft. Diese Erfahrung ist in unserem Unterbewusstsein abgespeichert. Vielleicht können wir uns nicht bewusst daran erinnern, doch die Reaktionen auf unsere damaligen Streiche haben im Unterbewusstsein überlebt. Heute reagieren wir instinktiv, wie damals der Vater, der Onkel oder der Nachbar von gegenüber. Wir ahmen die Reaktionen nach, die wir selbst in unserer Kindheit erfahren haben. Diese Entscheidung geht für das Gehirn schneller und ist energiesparender, als in Ruhe das Vergehen zu analysieren. Wir hinterfragen nicht, ob dieser Streich wirklich schlimm war oder warum der Kollege so gereizt ist. In unserem Körper geschieht aber noch mehr: Wir haben gelernt uns über solche Dinge zu ärgern. Wer schimpft, gerät in Stress, denn Schimpferei macht nicht glücklich, keinen der Beteiligten. Nun könnte eine Kettenreaktion ausgelöst werden und ein Wort ergibt das andere. Wir kennen solche Situationen. Wer das nicht zulassen will, muss gegen diesen Drang ankämpfen.

Zudem konstruieren wir aus unserem Erfahrungsschatz auch eine Wahrheit, die eigentlich keine ist. Wer denkt noch darüber nach, warum wir an einer roten Ampel stehen bleiben? Dieses Verhalten ist selbstverständlich für uns geworden. Wir handeln sogar nachts so, wenn die Kreuzung menschenleer ist. Wir wissen auch, dass uns der Kollege nicht leiden kann, weil er uns jeden Morgen böse anblickt und so dumm anmacht. Wir denken nicht darüber nach, wie viel Stress dieser Kollege an diesem, wie viel an jedem anderen Morgen schon erfahren hat. Viele Jahrhunderte lang waren die Menschen davon überzeugt, auf einer Scheibe zu leben. Dieser Irrglaube wurde von Generation zu Generation weitergegeben und nicht infrage gestellt. Damals war derjenige der Komiker im Dorf, der etwas von einer Kugel gefaselt hat. Und heute? Heute sehen wir es exakt umgekehrt: Nur der ewig Gestrige ist noch von der Scheibentheorie überzeugt. Wir übernehmen gerne Wahrheiten, denn das erfordert keine eigene Gehirnleistung und ist daher eine sehr praktische Angelegenheit. Doch nicht jede Wahrheit verdient diesen Namen. Unsere Geschichtsbücher sind voll von Massenbeeinflussungen. Manchmal muss der Mensch einfach Energie investieren und sich, sein Umfeld und seine Reaktionen bewusst hinterfragen.

Das gilt nicht nur für die große Politik, sondern auch für unseren Mikrokosmos. Doch leider übernehmen wir auch die „Wahrheiten", die wir uns einmal selbst gebildet haben. Personen, die wir nicht leiden können, bleiben für uns auch unsympathisch. Daher ärgern wir uns bevorzugt über diese Menschen. Wir machen uns selten die Mühe, einmal zu hinterfragen, ob unser einmal gefasstes Urteil überhaupt gerecht ist. Die Begegnung mit einer unsympathischen Person löst Stress aus. Einige schaffen es, sich derart in ihren Groll hineinzuversetzen, dass allein die Nennung des Namens eines solchen Menschen schon für schlechte Laune sorgt. Es entwickelt sich ein Automatismus, der nur schwer zu durchbrechen ist. Wer das Leben immer nur von der Schattenseite aus betrachten will, wird nur Schatten sehen. Einer negativen Situation etwas Positives abgewinnen zu können bedeutet bewusst danach zu suchen. Das muss man zunächst einmal wollen! Es gibt zum Glück genügend Möglichkeiten, unser Leben aus einer heiteren Perspektive zu sehen, lohnenswert ist es sowieso. Wer die Sonnenseite des Lebens betrachtet, bleibt gelassener. Diese Menschen erweitern ihre Toleranz und festigen ihren Humor. Natürlich hat jeder das Recht, zu wählen, ob er die Sonnen- oder die Schattenseite des Lebens sehen will, die Sonnenseite ist bloß viel schöner.

Ein sieben Jahre altes Mädchen trägt die gute teure Bleikristallschale unerlaubt ins Wohnzimmer. An der Türschwelle stolpert sie und lässt die Schale fallen. Sie zerbricht in tausend Scherben. Wie reagieren Sie spontan? Kümmern Sie sich zunächst um das Kind und sind froh darüber, dass ihm nichts geschehen ist? Oder gilt Ihr erster Gedanke der teuren Schale und Sie fragen sich, warum das Kind diese nicht einfach hätte stehen lassen können? Ihre Reaktion ist Ihre Entscheidung – mit allen Folgen.

Stellen wir uns die gleiche Situation noch einmal vor: Das Kind stolpert und lässt die Schale fallen. Mit dem rechten Arm rutscht es in eine große Scherbe. Blut spritzt im hohen Bogen aus der klaffenden Wunde. Wer denkt jetzt noch an die Schale? Die Gedanken von Mutter und Vater werden wohl erst dann zu Tante Giselas Hochzeitsgeschenk zurückkehren, wenn der Arzt im Krankenhaus Entwarnung gegeben hat. Doch grundsätzlich muss nicht erst etwas Ernsthaftes geschehen, bevor wir die Reihenfolge unserer persönlichen Präferenzen kennenlernen, oder?

Humor ist also Ansichtssache und kann daher als solcher erlernt werden. Humorvolle Menschen haben gelernt das Leben zunächst von der positiven Seite zu betrachten. Viele haben damit allerdings schon sehr früh angefangen und wurden wahrscheinlich auch von ihrem Umfeld geprägt. Einige haben sich die Gelassenheit aufgrund eines Schicksalsschlags in Form eines Unfalls, des Verlusts eines geliebten Menschen oder einer schweren Krankheit angeeignet. Humor ist die Eigenschaft, sich bewusst über Dinge, die schön sind, zu freuen und sie nicht als selbstverständlich anzunehmen. Humor ist die Eigenschaft, Dinge, die schlecht laufen, mal von der positiven Seite zu betrachten. Humor ist aber auch die Eigenschaft, schlechte Dinge nach Möglichkeit zu akzeptieren. Humor ermöglicht es uns, bestimmte Dinge lockerer zu betrachten. Unsere Sichtweise auf Dinge ist unsere persönliche Entscheidung. Wenn Sie auf einem Aussichtsturm stehen, können Sie die Aussicht genießen oder Sorge haben, dass der Turm in sich zusammenfällt. Egal für welche Sichtweise Sie sich entscheiden, die Welt und der Turm lassen sich davon nicht beeindrucken.

Schicksalsschläge, gleich welcher Art, lassen sich mit Humor leichter bewältigen. Wie würden Sie über einen Menschen denken, der seinen Partner und zwei Kinder bei einem Unfall verloren hat? Dieser Mensch müsste wohl, nach Ansicht der meisten, ein Leben lang trauern, in sich zusammenfallen und zerbrechen. Wie würden Sie es beurteilen, wenn dieser Mensch statt schwarzer nur bunte Kleidung trägt und statt zu trauern, lachend und liebevoll an die Kinder und den Partner denkt? Schwarze Kleidung und eine Leichenmiene ist kein ausschließliches Zeichen ewiger Erinnerung. Wir können auch an liebe Menschen zurückdenken, wenn wir fröhliche Kleidung tragen. Wir können die Erinnerung im Herzen tragen, wenn wir gemeinsam mit anderen über lustige Erlebnisse aus der Vergangenheit lachen.

Barbara Pachl-Eberhart arbeitet als Clown. Sie hatte einen Mann, der ebenfalls Clown war, und gemeinsam hatten sie zwei kleine Kinder. Ihr Mann und die Kinder sind bei einem Verkehrsunfall ums Leben gekommen. Sie beschreibt in ihrem schicksalhaften und dennoch tröstenden Buch „Vier minus drei" ihre Situation und wie sie damit umgegangen ist. Mit Humor fällt es ihr viel leichter, auch wenn sie damit bei einigen Menschen angeeckt ist. Sie hat ein schlimmes Schicksal erlebt, aber muss sie deswegen als Überlebende dieser Familie bis an ihr eigenes Ende darunter leiden? Mit Sicherheit wird Frau Pachl-Eberhart ihre Familie nie vergessen, ganz gleich, wie sie dieses Unglück verarbeitet. Wie man mit solchen Schicksalen umgeht, darf einem niemand vorschreiben. Gesellschaftliche Zwänge tun nicht immer gut, denn am Unheil ändern sie auch nichts. Sie hat ihren Trost in der Betrachtung ihres Schicksals gefunden und nicht in der Wohlgefälligkeit anderen gegenüber.

Das Leben gestaltet sich abhängig von seiner Betrachtungsweise. Wo Sonne ist, da ist auch Schatten. Selbst an einem regnerischen Tag scheint die Sonne hinter den Wolken. Humor ist nichts anderes, als die Sonnenseite des Lebens zu betrachten, denn dunkel ist es noch lange genug.

Umgang mit Kontrolletis

Es gibt Menschen, die haben alles in ihrem Leben unter Kontrolle. Ihre Hände sind voll mit Fäden, an denen sie nach Belieben ziehen. Kein Faden wird abgegeben, aber neue gerne hinzugenommen. Diese Menschen finden wir sowohl hinter Haus- als auch Bürotüren. Es sind „Kontrolletis", sie wollen stets wissen, welches Familienmitglied sich wann und wo aufhält. Diese Menschen reißen alle Entscheidungen an sich. In Unternehmen sind es die „Alles-hört-auf-mein-

Kommando"-Personen. Mit Führung und Fürsorge hat das wenig zu tun, sie trauen anderen entweder nichts zu oder haben Verlustängste, wenn ihnen eine Information entgeht. Sie sind die Meuchelmörder der unternehmerischen Flexibilität.

Diese Menschen stellen nicht nur den verstopften Flaschenhals im Informationsfluss dar, aufgrund des selbst verursachten Stresses bilden sie auch eine Verengung um die eigenen Herzkranzgefäße. Plötzlich wird es schwarz vor den eigenen Augen und die „Allesmacher" wachen auf der Intensivstation auf. Eine Unzahl an Schläuchen und Drähten erzählt stumm, wie es ohne sie weitergeht. Der Ausfall einer solchen „Führungskraft" verursacht maximal ein kleines Rucken im Mikrokosmos des Unternehmens. Nach wenigen Wochen oder Monaten ist die Person gänzlich ersetzt und es läuft unter einer offenen Führung vielleicht sogar besser denn je. Der Flaschenhals sitzt derweil in der Reha und denkt über seine Wichtigkeit nach. Unsere Gesellschaft verhält sich wie unser Körper, offene Stellen heilen in der Regel schneller, als wir es glauben wollen.

Ich will mit diesem Buch den Flaschenhals nicht ändern, diesem Ziel haben sich andere Werke verschrieben. Wir wollen hier lediglich den Umgang mit dieser Spezies betrachten. Es ist schwer, diese Personen zu ändern, dafür ist Einsicht notwendig – und die können wir selten mit Druck erreichen. Für uns ist es wichtig, den Flaschenhals richtig zu analysieren. Wer in einem solchen Maß ständig unter Druck läuft bzw. arbeitet, wird Probleme damit haben, mal zu lachen oder das Leben entspannt zu sehen. Natürlich können Sie mit einem flotten Spruch bei einer passenden Gelegenheit kontern. Doch keineswegs sollten wir uns die Angriffe eines solchen Menschen zu Herzen nehmen. Ähnliches gilt übrigens für Egoisten und Egozentriker, denn auch dieser Personenkreis ist derart mit sich selbst beschäftigt, dass die

Toleranz dieser Menschen entsprechend eng definiert ist. Es ist nicht besonders sinnvoll, sich über diese Personen aufzuregen. Sie sind selbst die Opfer, die die Sache mit dem sozialen Miteinander noch nicht richtig verstanden haben. Bleiben Sie gelassen, wenn Sie von diesen Personen angegriffen werden. Zeigen Sie Coolness und wie wenig beeindruckt Sie sind, damit kontern Sie am besten.

Selbstironie

Wer sich ab und an weniger wichtig nimmt und auch mal das Risiko eingeht, die Familie oder das Unternehmen alleine zu lassen, wird überrascht sein, wie gut das funktioniert. Wer das Leben nicht so bierernst nimmt, geht gelassener mit stressigen Situationen um, das gilt letztlich auch für den Umgang mit verbalen Angriffen. Die beste Waffe gegen einen Angriff ist immer noch das Lachen. Entweder Sie lachen einen wirklich dummen Angreifer aus oder Sie lachen mit ihm über einen originellen Spruch. Im zweiten Fall beweisen Sie Selbstironie. Wer es schafft, über einen Angriff zu lachen, solidarisiert sich mit dem Sprücheklopfer. Plötzlich unterscheidet keiner mehr zwischen dem Gegner und dem Konkurrenten. Falls Ihr Angreifer tatsächlich negative Motive für seinen Angriff hat, so demontieren Sie diesen auf sehr elegante Weise.

Mit Lachern gewinnen Sie auch das anwesende Publikum. Lachen ist übrigens eine Art Rudelverhalten. Wenn jemand in einer Gruppe lacht, so lachen die anderen mit. Je größer das Publikum ist, desto eher können Sie mit dieser Reaktion rechnen. Sitcoms leben von diesem Gruppenverhalten. Aus diesem Grund sind Lacher in die Sendungen eingebaut. Man gibt uns damit vor, wann wir zu lachen haben, und wir tun es auch. Comedyserien empfinden wir als unterhaltsamer, wenn wir einen Vorlacher haben.

Auch in Bezug auf die Schlagfertigkeit funktioniert das. Jemand macht in der etwas größeren Gruppe einen dummen Witz auf Ihre Kosten. Alle Gruppenmitglieder stehen rangmäßig gleich – das ist wichtig, denn bei anwesenden Vorgesetzten ist häufig die Kompetenzangst größer als das Rudelverhalten. Gehen wir nun davon aus, dass alle in der Gruppe über diesen Witz lachen, das wäre zumindest am wahrscheinlichsten. Warum der Einzelne lacht, wird er später vielleicht nicht einmal mehr erklären können. Die Gruppe und das Gruppenlachen stecken an. Lachen in der Gruppe ist wie ein Steppenbrand, der sich rasend schnell ausbreitet. Der Angegriffene spielt in diesem Zusammenhang eine besondere Rolle: Entweder soll er aus der Gruppe ausgeschlossen werden oder er erfährt eine besondere Behandlung. Was sich liebt, das neckt sich – dieses Sprichwort gilt auch bei Angriffen. Das sind dann auch keine Bosheiten, sondern Neckereien, die aber leider nicht immer als solche zu identifizieren sind. In jedem Fall steht der Angegriffene über oder unter der Gruppe und ist nicht mit ihr auf einer Augenhöhe. Lacht der Angesprochene nun mit den anderen, so gehört er sofort wieder zur Gruppe. Vielleicht wird von ihm auch ein gelungener und witziger Konter platziert und damit wendet sich der Spieß. Nun lacht das Publikum mit dem Angegriffenen und der Verursacher wird für einen kurzen Moment ausgeschlossen.

Der Lacher demonstriert der Gruppe, dass der Angegriffene „nicht getroffen" wurde. Humor verhält sich wie Teflon, Angriffe perlen daran einfach ab. Sie können nur angegriffen werden, wenn Sie den Treffer als solchen bestätigen. Das machen wir nicht mit Worten, sondern mit unserem Verhalten, der nonverbalen Sprache. Wir zeigen die Treffer mit der Mimik, der Gestik und vielleicht auch mit der Art und Weise, wie wir reden. Mithilfe der nonverbalen Sprache können wir auch den Fehlschlag des Angriffs deutlich machen. Mit einem Lacher zeigen Sie Stärke, denn um einen Angriff an sich abprallen zu lassen, ist eine gehörige Portion Humor und Gelassenheit notwendig.

Wer über sich selbst lachen kann, dem fällt es ungleich leichter, sich eine Teflonschicht zuzulegen. Ich erinnere mich an eine Arbeitskollegin, die wohl nur aus Teflon bestand. Sie sollte in einer Konferenz den Kaffee servieren. Als sie mit dem schweren Tablett hereinkam, rutschte eine Tasse hinunter und zerbrach an der Tischkante. Der Inhalt verteilte sich auf dem lichtgrauen Konferenztisch. Anstatt starr dazustehen und zu stammeln, hat sie erst einmal herzhaft aufgelacht und dann die Pfütze entfernt. Sie hat sich über ihr Ungeschick amüsiert und sich vielleicht darüber gefreut, niemanden ernsthaft getroffen zu haben. Als sie die Ersatztasse servierte, lachte sie immer noch. Die meisten Konferenzteilnehmer lachten nach einer kurzen Schockstarre übrigens mit ihr. Jeder Tadel seitens des Abteilungsleiters wäre in diesem Moment unsinnig gewesen. Jeder hat gemerkt, dass eine Zurechtweisung gar nichts gebracht hätte, ja sogar unangemessen gewesen wäre. Der Kritiker wäre in diesem Moment kleinlich und humorlos erschienen. Auch nach der Konferenz wurde nicht darüber gesprochen, allerdings hat diese Kollegin auch nie wieder Kaffee servieren dürfen – oder müssen?!

Doch wie funktioniert das, die Dinge leichter zu sehen? Schließlich haben wir keinen Wechselschalter im Kopf, der entsprechend unseren Wünschen das richtige Programm ablaufen lässt. Oder vielleicht doch? Es ist wie mit dem Aussichtsturm, eine Sichtänderung erfolgt nur dann, wenn wir die Sicht ändern wollen. Schauen wir herunter und misstrauen dem Mauerwerk oder schauen wir in die Ferne und genießen die Landschaft? Als passendes Beispiel möchte ich Ihnen noch eine kleine Geschichte erzählen, die ich heute erlebt habe. Ich habe mich nach längerer Zeit mal wieder aufgerafft, um joggen zu gehen. Vor ein paar Jahren bin ich recht viel gelaufen, daher ist meine Kondition noch in einem guten Bereich. Heute im Wald, nachdem der Schweinehund überlistet war, fing auf dem ersten Kilometer mein Rücken an zu schmerzen. Diese Beschwerden wurden nach weiteren Metern von stechenden Schmerzen im linken Schienbein abgelöst. Es fiel mir schwer weiterzulaufen. Falls Sie nun glauben, der Autor dieses Buchs ist ein Greis, so darf ich Sie enttäuschen. Ich habe mir schließlich vorgenommen an etwas anderes zu denken als an den Schmerz. Ich habe meinen inneren Standpunkt und damit meine „Sicht" geändert. Meine Gedanken schweiften um andere Themen. Es kam Kilometer 3, die Markierung für Kilometer 4 habe ich schon nicht mehr bewusst gesehen. Am Ziel war ich frisch genug, um noch eine weitere kleine Runde dranzuhängen. Schmerzen? Nein, die waren weg. Sie waren sogar so weit weg, dass ich am Ziel gar nicht mehr an diese Situation dachte. Erst beim Duschen fiel mir wieder ein, dass ich den Dauerlauf eigentlich hätte abbrechen wollen.

Zugegeben, mit dem Humor ist es etwas komplizierter. Sich nur Humor vorzunehmen ist zu wenig. Die Betrachtungsweise muss ehrlich sein. Nur zu denken: „Ha, ha, das ist lustig, wenn mich der Kollege Idiot nennt", ist nicht ausreichend. Wenn der Kollege wirklich etwas Witziges gesagt hat, dann darf natürlich mitgelacht werden.

Peter hat mit Anfang dreißig schon ziemlich wenige Haare. Die verbliebenen bilden einen schönen Kranz um eine noch schönere Glatze. Heute kommt Peter mit seinem neuen Cabrio angefahren. Timo sieht den flotten Flitzer und ist kurz davor, vor Neid zu platzen. „Hey, Peter", ruft er ihm zu, „du fährst jetzt oben ohne? Da passt der Wagen ja zu deiner Frisur!"

Nun könnte Peter mehrere Standpunkte vertreten, wenn er den blöden Spruch bezüglich seiner Glatze hört. Es könnte ihn ärgern. Aber er hört auch den Neid heraus, und das könnte ihn freuen. Freude entspannt und Peter kann gelassener nachdenken und schneller reagieren. Er schnappt sich eine Assoziation und antwortet: *„Wenn das Autodach sich nach dem Fahrerkopf richten würde, hättest du ein Verdeck aus Stroh!"* Natürlich könnte Peter auch einfach über den Angriff lachen. Es wird nicht der erste Scherz bezüglich seines kahlen Kopfs sein und bestimmt ist es auch nicht der letzte. Doch auch für die Möglichkeit des Mitlachens muss er schlagfertig sein. Er muss den Ärger schlagfertig ausblenden oder ihn besser erst gar nicht entstehen lassen. Nur dann hat er den Kopf für einen Lacher frei. Wenn ihm das auf Dauer gelingt, dann entwickelt er einen guten Humor.

6. Backstage – Puppenspieler im Hintergrund

Stellen Sie sich eine Marionette vor. Fäden an den Händen, Füßen und am Kopf steuern die Puppe. Sie nickt, wenn es derjenige will, der die Fäden in den Händen hält. Sie läuft, bleibt stehen und setzt sich – genauso, wie es dem Puppenspieler einfällt. So ähnlich verhält sich unser Bewusstsein zum Unterbewusstsein. Das Unterbewusstsein ist unser Puppenspieler. Hier wird bestimmt, wie wir ticken, was wir machen und sogar was wir wollen. Hier liegen die Entscheidungen, wie wir reagieren. Dabei ist es unerheblich, ob wir im Supermarkt etwas intuitiv in den Einkaufswagen legen oder spontan auf einen Angriff reagieren. Das Unterbewusstsein ist der Regisseur des Bewusstseins und damit unser wahrer Wille. So abstrakt oder vielleicht auch erschreckend sich das anhört, evolutionär betrachtet ist das ein Garant für den Menschen, um zu überleben. Wir sparen über diese Arbeitsteilung viel Kraft. Immerhin verbrennen die grauen Zellen über 20 Prozent der zugeführten Energie. Wenn wir bei jeder kleinsten Entscheidung intensiv nachdenken müssten, käme die Energiezufuhr nicht mehr mit. Der Puppenspieler in unserem Backstagebereich ist schneller und arbeitet effizienter, als es das Bewusstsein kann. Wenn Sie auf eine Kreuzung zufahren und plötzlich ein Fahrzeug von links kommt und Ihnen die Vorfahrt nimmt, stehen Sie schon mit beiden Füßen auf der Bremse – ehe Ihr Bewusstsein die Situation analysiert hat. Das Unterbewusstsein beherrscht unsere Reflexe und Instinkte. Somit können wir auch die Laune unseres Gesprächspartners recht schnell und häufig sehr genau bestimmen, ohne lange darüber „nachzudenken". Der Regisseur im Hintergrund ist lebenswichtig und nimmt uns eine Menge Arbeit ab. Gut, dass wir ihn haben! Leider ist dieser Regisseur ziemlich beratungsresistent, was Veränderungen angeht. Er ist stur und passt sich nur widerwillig neuen Situationen an. Wir brauchen sehr gute Gründe, um das Unterbewusstsein zu Umgestaltungen zu bringen. Hier hinkt der Vergleich mit der Marionette, denn in unserem Fall kann sich die Puppe gegen den Puppenspieler durchsetzen, wofür ein fester und ehrlicher Wille, etwas zu verändern, notwendig ist. Das ist Autosuggestion, sie funktioniert nicht nur bei Diäten oder abendlichen Jogginrunden, sondern auch bei Verhaltensänderungen wie zum Beispiel der Schlagfertigkeit. Wer es wirklich will, wird es annehmen und umsetzen können.

Wut

Je mehr wir uns ärgern, desto eher sind wir dazu bereit, etwas zu ändern. Wut kann die Motivation fördern. Insbesondere dann, wenn wir uns stark über uns selbst ärgern, sind wir dazu bereit, eine Veränderung zuzulassen. Je stärker wir eine Veränderung wollen, desto eher ist unser Gehirn dazu bereit, diese Neuerung auch mitzutragen. Das ist das Gute an der Wut, denn richtig eingesetzt ist sie der Treibstoff im Veränderungsprozess.

Das Schlechte an der Wut sind mögliche Gesundheitsschäden. Wut, Ärger oder auch Angst setzen das Stresshormon Adrenalin frei. Diese Reaktion haben wir von unseren Urvätern geerbt. Sie stammt aus der Zeit, als wir in Höhlen lebten und uns mit Zeitgenossen wie dem Säbelzahntiger herumärgern mussten. Die Begegnung mit einer solchen Katze war nicht gerade ungefährlich. Hätte unser Urvater starr vor Schreck vor diesem Tier gestanden, hätte unsere eigene Ankunft auf der Erde wohl nie stattgefunden. In einer solchen Situation war sofortiges Handeln gefragt. Dafür benötigte der Urvater alle Kräfte, die irgendwie mobilisiert werden konnten. So war Stärke in den Armen für einen ersten Schlag oder Stärke in den Beinen für eine erfolgreiche Flucht wichtiger als die Überlegung nach einem neuen Rezept für Säbelzahntigerfilet. Dem Gehirn wurde im Fall einer Gefahr einfach die Energiezufuhr gedrosselt, wodurch der Urvater in solchen Momenten dumm, aber kräftig war.

Adrenalin setzt Zucker- und Fettreserven frei und liefert diese kurzfristig gewonnene Energie an die Muskeln. Zudem blockiert es große Teile des Gehirns und wir vergessen zu denken. Das sind die Folgen des bekannten Adrenalinstoßes. Bei so einem Kick, wie in Gegenwart des Säbelzahntigers oder beim Bungee-Jumping, ist der Adrenalinstoß spürbar. Menschen, die mit einem Gummiseil an den Beinen von einer Brücke springen, denken nichts. Das Gehirn ist wie gelähmt. Ähnlich ergeht es Prüflingen, die ein Blackout erleben. Bei kleineren Stressmomenten, wenn wir uns beispielsweise ärgern oder wütend sind, geschieht das Gleiche, aber wir nehmen es nicht als Kick wahr. Leider blockiert so ein Adrenalinausstoß große Funktionsteile des Gehirns. Alle für den Moment unwesentlichen Gehirnfunktionen werden vollkommen oder zumindest teilweise ausgeschaltet. Aber nicht nur das Denkvermögen ist für eine Weile gestört, auch wichtige Körperfunktionen, die für den kurzen Augenblick nicht notwendig sind, werden ebenfalls nicht mehr vom Gehirn gesteuert. Dazu gehört unter anderem auch die Regulierung der Magensäure. Ein wichtiger Bestandteil der Magensäure ist die Salzsäure mit einem pH-Wert von 1,5 bis 1 im nüchternen Zustand. Zum Vergleich: Zitronensäure hat einen pH-Wert von 2 und Essigessenz einen Wert von 3, reines Trinkwasser liegt etwa bei 7. Je niedriger der Wert, desto aggressiver ist die Wirkung. Damit ist die Magensäure eine Flüssigkeit mit einem erheblichen Zerstörungspotenzial. Würden Sie Ihre Magensäure als Kalkentferner einsetzen, wäre am Ende mehr als nur der Kalk weg. Es ist daher dringend erforderlich, dass unsere Magensäure ständig vom Gehirn überwacht wird. Doch wenn durch unkontrollierte Wut genau das verhindert wird, kann sich die Magensäure unkontrolliert entwickeln, sie kann also auch aggressiver werden. Das muss Ihr Magen bzw. Ihre Magenschleimhaut aushalten. Sie sind dann wortwörtlich sauer! Bei einem Angriff von einem Säbelzahntiger war dieser Zustand schon nach wenigen Minuten vorbei. Entweder weil sich das Adrenalin durch die Kampfbewegung abgebaut oder das Urvieh gewonnen hat. Das Gehirn konnte im besseren Fall nach dem Kampf wieder die Kontrolle über den Körper übernehmen und eine Strategie zum Überleben entwickeln. Doch in unserer heutigen Zeit kämpfen und fliehen wir nicht mehr! Der Ärger bleibt und der saure Zustand ebenso.

Ein nicht unerheblicher Anteil aller Kranken könnte sich selbst heilen, wenn sie die Ursache für ihre Ängste und ihren Stress bekämpfen würden. Damit sind Krankheiten wie Verdauungsprobleme, Herzrhythmusstörungen, Schlaflosigkeit, bestimmte Kopfschmerzen und sogar einige Arten von Lähmungen gemeint. Davon hat schon Dale Carnegie in seinem Buch „Sorge dich nicht. Lebe!“ geschrieben. Auch wenn seit 1982 feststeht, dass das Bakterium „Helicobacter pylori“ für die meisten Magengeschwüre verantwortlich ist, so sind die Angst und der Stress noch immer nicht von der

Verursacherliste gestrichen worden. Bereits 1971 hat J.M. Weiss mit Versuchen an Ratten nachgewiesen, dass Angst krank macht. Bei Tieren, die mehrfach vergeblich versucht haben, einer angstauslösenden Situation zu entfliehen, wurden häufiger Magengeschwüre nachgewiesen als bei jenen, die solchen Situationen nie oder kaum ausgesetzt waren. Unsere Kenntnisse über psychosomatische Erkrankungen zeigen ebenfalls, welche Folgen unkontrollierte Angst, maßloser Stress oder überbordende Wut haben.

Drehen Sie den Spieß um und machen Sie für sich aus der Wut einen Antreiber für Veränderungen. Sie haben es schließlich in der Hand, denn es ist Ihre Wut. Ärgern Sie sich nicht über den Kollegen, den Chef oder wer auch immer Sie sonst noch belästigt, sondern nützen Sie die Wut als Motivator.

Wer sich ärgert, büßt für die Fehler anderer

Je mehr Biss Sie haben, etwas Neues zu lernen oder sich ein bestimmtes Verhalten anzugewöhnen, desto eher ist Ihr Gehirn auch dazu bereit, dies zu tun. Denken Sie daran, Ihr Gehirn will zunächst Energie sparen. Nur mit guten Gründen oder einem hohen Spaßfaktor können Sie die grauen Zellen für Arbeit an Neuem aktivieren. Denken Sie darüber nach, welche Gründe Sie haben. Wut kann Sie beispielsweise unterstützen, wenn Sie diese in die richtige Richtung lenken. Überlegen Sie, wie es sein wird, wenn Sie der entsprechenden Person gelassen und souverän Paroli bieten. Vielleicht ist diese Person dann sprachlos? Vielleicht lachen Sie zusammen über Ihr gemeinsames Wortgefecht. Was auch immer geschieht, Sie sind kein Verlierer. Macht dieser Gedanke Spaß? Dann denken Sie regelmäßig daran und nehmen Sie zukünftig aufkommende Wut nur noch als Feedback, das

Sie darauf hinweist, dass Sie noch ein wenig mehr an Ihrer Schlagfertigkeit feilen können.

Frank Piltner ist Maschinenbauingenieur. Seit vier Wochen hat er in der Abteilung einen neuen Kollegen, Marc Becker. Es war recht früh klar, dass sich beide nicht ausstehen können, dennoch ist Frank ein kollegiales und teamorientiertes Klima wichtig.

Heute kommt Frank in sein Büro und sieht den Kollegen Becker über Aufzeichnungen brüten. Er scheint das neue Rohrleitungssystem zu berechnen, etwas, das Frank besonders gut kann. Daher fragt er höflich an: „Kann ich Ihnen helfen, Herr Becker?“ Becker hebt den Kopf und meint nur abfällig: „Das glaube ich kaum!“ Frank zuckt zusammen und geht zu seinem Schreibtisch zurück. Er ärgert sich über sich selbst und über diese unverschämte Reaktion. Allerdings ärgert er sich schon seit Wochen und er spürt das Brennen im Magen.

Ideen, wie Frank hätte reagieren können, finden Sie am Ende des folgenden Kapitels.

Mut

Mut ist ein wichtiger Bestandteil der Schlagfertigkeit, Angst vor den Folgen einer Aussage kann stumm machen. Doch was genau ist mutig? Vor einem Löwenkäfig zu stehen und das Tier mit kleinen Steinen zu bewerfen? Wie mutig der Steinewerfer wirklich ist, erfahren wir, wenn der Löwenkäfig in seine Richtung geöffnet wird. Auf dem freien Feld zu stehen und dem Löwen tief in die Augen zu schauen wäre schon mutiger, allerdings ist das aufgrund der unkalkulierbaren Gefahr und des fehlenden Nutzens eher als übermütig zu bezeichnen, andere nennen so ein Verhalten vielleicht auch „verrückt". Einen ausgebrochenen Löwen, der eine Gefahr darstellt, wieder einzufangen oder einen angreifenden Löwen zu verjagen, das ist hingegen mutig.

Mut hat mit Nutzen zu tun. Eine Aktion, die persönliche Überwindung kostet, sollte einen Gewinn mit sich bringen. Was nützlich ist, ist individuell verschieden, das bestimmen Sie für sich selbst. So kann es für einen Tierforscher durchaus nützlich sein, den Löwen im freien Feld zu beobachten und sein Verhalten zu studieren. Auch für die Selbsterfahrung kann dieses Experiment nützlich sein, selbst wenn es vielleicht die letzte Erfahrung ist, die man macht. Doch für die meisten Menschen ist aus dieser Situation wenig Hilfreiches zu entnehmen. Bei der Schlagfertigkeit verhält es sich ähnlich, denn auch eine schlagfertige Antwort sollte persönlich nützlich sein. Dadurch fällt es uns leichter, den nötigen Mut aufzubringen, Paroli zu bieten.

Wer vor dem Löwenkäfig steht und das Tier mit Steinen bewirft, gehört zu jenen Personen, die auf der Couch sitzen und über die blöden Kollegen oder den doofen Chef meckern. Es sind die, die sich immer wieder über unangemessenes Verhalten, unfaire Häme oder unangebrachte Sprüche ärgern. Im geschützten Wohnzimmer teilen diese Menschen dann so richtig aus und echauffieren sich aufs Höchste. Der Blutdruck steigt, man nimmt sich alles Mögliche vor und weiß doch, irgendwo tief innen, dass es bei dem bloßen Vorhaben bleiben wird. Hören tut es niemand, außer vielleicht zufällig anwesende Familienangehörige. Das Ergebnis dieser Vorgehensweise bzw. Zurückhaltung ist weiterer Frust, der eigentlich unnötig ist. Nicht nur dass diese Strategie überhaupt keinen Nutzen hat, sie wird die Situation zudem auch noch verschärfen. Der Betroffene weiß sehr wohl, dass sich nichts ändern wird, aber die unangenehme Situation kommt immer wieder ins Bewusstsein. Ständig wird sie im Gehirn durchlebt und man fühlt sich dadurch immer mickriger. Dieser Zustand brennt sich tief in das Gedächtnis ein, auf „Nimmervergessen". Das ist auch das Einzige, was sich wirklich ändert: Es entsteht die Gewissheit, ständig unterlegen zu sein. Bei nächster Gelegenheit in einer ähnlichen Situation signalisiert das Gehirn von vornherein, ein Verlierer zu sein, und so verhält man sich dann auch. Das Selbstbewusstsein rutscht allmählich unter die Nulllinie.

Welche Möglichkeiten haben Sie nun? Rütteln Sie am Löwenkäfig, wenn es Ihnen wichtig ist. Durchleben Sie die Situation, wenn es für Sie von Nutzen ist, und spinnen Sie diese in Gedanken weiter. Malen Sie sich den Dialog weiter aus. Stellen Sie sich vor, wie Sie schlagfertig und souverän eine Antwort geben, die Ihnen aktuell erst eine Stunde später eingefallen ist. Malen Sie sich diesen Zustand immer und immer wieder aus. Sprechen Sie die schlagfertigen Worte laut aus und hören Sie Ihre eigene Stimme, während Sie sich mit der Situation beschäftigen. Damit drehen Sie den Spieß um. Ihr Gehirn nimmt dieses Spiel als Erfahrung wahr und Sie erhalten das Gefühl, schlagfertig reagieren zu können. Auf Dauer verhindern Sie damit die Schreckblockade. Sie verliert sich, je häufiger Sie solche Situationen durchspielen. Schlagfertigkeit wird zur Routine.

Was hält Sie davon ab, Paroli zu bieten? Was befürchten Sie? Konsequenzen? Sanktionen? Holen Sie sich ein Blatt Papier und schreiben Sie Ihre persönlichen Sorgen auf. Notieren Sie, was Sie in welcher Situation von schlagfertigen Antworten abhält. Schreiben Sie Ihre Hindernisse einzeln für jede Person auf, gegenüber der Sie schlagfertig sein wollen. Legen Sie das Buch für einen Moment zur Seite und lesen Sie erst weiter, wenn Sie Ihre Sorgen notiert haben! Legen Sie Ihre Notizen dann am besten zwischen diese Seiten oder an einen sicheren Ort, an dem Sie Ihre Aufzeichnungen garantiert wiederfinden, wenn Sie danach suchen.

Sanktionen

Der Arm der Macht ist lang. Es gibt Menschen, mit denen sollten Sie sich nicht auf ein (verbales) Gefecht einlassen, denn dann bekommen Sie kein sprichwörtliches Bein mehr auf die Erde. Diese Erfahrung machen wir in der Regel schon sehr früh, mit Eltern, Lehrern, Chefs, „wichtigen" Bekannten und anderen „einflussreichen" Personen. Diese Menschen bestrafen uns durch Liebesentzug, mit schlechten Noten, schlechter Arbeit, ständiger Häme und gemeinem Gerede. Sie drohen mit Sanktionen und behaupten, dass es uns – was man uns auch immer vorwirft – noch leidtun wird. Diese Personen drohen uns eine Strafe an, auf die wir getrost verzichten können.

Mal ganz ehrlich: Wie viele Menschen kennen Sie, die tatsächlich so sind und wirklich eine weitreichende Macht haben? Die meisten profilieren sich doch nur mit einem solchen Auftreten. Jene Personen, die echte Macht besitzen, werden selbige nicht wegen eines Wider-Spruchs ins Spiel bringen. Solche Menschen stehen da drüber. Natürlich kann ein Chef Sanktionen verhängen, wenn er das will. Wir haben allerdings immer noch die Möglichkeit, auch darauf zu reagieren. Doch in Wirklichkeit verhängen die wenigsten Personen tatsächlich eine Strafe, wenn wir uns auf einen schlagfertigen Disput einlassen. Wichtig ist dabei aber die Unterhaltung wertschätzend zu führen, Beleidigungen und Angriffe unter der Gürtellinie müssen gemieden werden. Ein schönes Beispiel beschreibt Matthias Pöhm in seinem Buch „Nicht auf den Mund gefallen": *Eine neu eingestellte Sekretärin kann die Schrift ihres Chefs nicht entziffern und sagt es ihm. Daraufhin der Chef: „Ich geben Ihnen 4 Monate Zeit, um meine Schrift lesen lernen zu können!" Die Sekretärin kontert: „Ich gebe Ihnen 2 Wochen Zeit, um so zu schreiben, dass ich es lesen kann."* Der Chef hat laut Aussage des Autors gelacht. Diese Reaktion ist nachvollziehbar, denn gute Chefs legen es nicht darauf an, unnötig Konflikte hervorzurufen. Schlagfertige Mitarbeiter sind wertvoll für Unternehmen. Mit dieser Eigenschaft können sie in Gesprächen mit Geschäftspartnern und solchen, die es noch werden wollen, gut punkten. Der Chef wird davon ausgehen, dass eine schlagfertige Sekretärin ihm lästige Anrufer vom Hals halten und sich in wichtigen Situationen erfolgreicher durchsetzen wird.

Messen Sie die Souveränität Ihres Vorgesetzten anhand seiner Reaktion auf eine schlagfertige Aussage. Können Sie Respekt vor jemandem haben, der wie ein zu strenger Lehrer mit der Verordnung einer Strafarbeit reagiert? Hat diese Person in irgendeiner Weise einen Erziehungsauftrag, der an Ihnen ausgeübt werden muss? Wie will sich jemand in ernsten Gelegenheiten durchsetzen, der es nicht versteht, Sachverhalte zu diskutieren? Diese Menschen haben kein Rückgrat und es fehlt ihnen an Durchsetzungsfähigkeit. Nur wer Angst hat, reagiert mit Strafe. Meinen Sie, dass Menschen ohne Durchsetzungsfähigkeit im Club der Mächtigen sitzen? Wer Sie wirklich schätzt, wird auch eine passende Antwort schätzen. Manchmal heißt es auch Zähne zusammenbeißen und Mund auf – wie beim Zahnarzt. Es geht vorbei, vielleicht mit Herzklopfen, doch es geht vorbei und nachher geht es einem fast immer besser – genauso ist es auch bei Wortgefechten.

Verlieren können!

„Was ist denn, wenn ich einen Konter gebe und der andere macht dennoch weiter?" Das ist eine berechtigte und häufig gehörte Frage. Was ist denn dann? Eines ist sicher, Sie haben keine Sicherheit, dass der andere nach Ihrer Antwort still ist – egal wie schlagfertig diese war. In Witzen und in Sketchen geht das, aber das Leben hat doch eigene Spielregeln. Wer Paroli bietet, kann verlieren! Das müssen Sie wissen. Aber wer kein Paroli bietet, hat schon verloren, auch das dürfen Sie wissen.

Natürlich kann es sein, dass Sie nach dem Wortgefecht sprachlos sind und den Zweikampf „verloren" haben. Doch was wäre daran so schlimm? An diesem Punkt waren Sie schon, bevor der Schlagabtausch begann, Sie können also nur noch gewinnen. Und genau das wird geschehen, je häufiger Sie üben. Stellen Sie sich Situationen, in denen Sie eine schlagfertige Antwort benötigen, vor und haben Sie Spaß beim Überlegen und Üben, in Gedankenexperimenten, aber erst recht auch im Leben. Suchen Sie Gespräche mit Kontrahenten, mit Kunden und mit allen Menschen, die Ihnen unbewusst dabei helfen können, das Gelernte in der Praxis einzusetzen. Seien Sie für jede Trainingsgelegenheit dankbar, Sie müssen Ihren Gesprächspartnern ja nicht sagen, dass Sie mit und an ihnen üben.

Respekt!

Es gibt Respektpersonen, wir kennen wohl alle welche. Dazu zählen wir Vorgesetzte, ältere Herrschaften oder auch verdiente Persönlichkeiten. Doch darf man solchen Personen nicht widersprechen? Warum nicht? Hat dieser Personenkreis zwangsweise recht? Natürlich darf man auch Mitgliedern dieser Gruppe widersprechen, solange es höflich und nicht nur des Widerspruchs wegen geschieht. Natürlich sollten wir auch Respekt vor unseren Mitmenschen haben und ihnen das zeigen, doch das gilt natürlich ebenso für uns selbst. Auch wir verdienen Respekt.

Intelligente Schlagfertigkeit ist respektvoll. Schließlich schlagen wir nicht unter der Gürtellinie zurück, sondern geben eine wertschätzende und doch passende Antwort. Respekt zwischen Menschen ist sehr wichtig, aber Respekt unterliegt keinem Naturgesetz. Denn wenn Respekt nur von unten nach oben zu zollen ist, wäre Respekt leichter als Luft. Die Achtung vor anderen Menschen unterliegt aber keiner hierarchischen Ordnung, Rücksicht sollte unabhängig vom Stand, vom Alter, vom Geschlecht und anderen Faktoren genommen werden. Nur so lässt sich ein harmonisches und wertschätzendes Miteinander erreichen. Alter oder gesellschaftlicher Stand alleine bedingt noch keine Ehrfurcht. Wir können Respekt vor der Weisheit und Respekt vor Leistungen haben, diesen Respekt kann man sich erarbeiten. Doch ist damit noch kein Freibrief ausgesprochen. Im Gegenteil, der empfangene Respekt muss auch von diesen Personen ständig legitimiert werden. Wenn sich sehr renommierte Persönlichkeiten danebenbenehmen, verlieren sie ihr hohes Ansehen recht schnell. So verliert ein Prinz, der an ein Ausstellungszelt uriniert oder Reporter verprügelt, sehr rasch sein hohes Ansehen. Auch die Karriere des Politikers, dem ein Vergehen nachgewiesen wird, gerät rasch ins Wanken. Für den Einzelnen ist es vielleicht ein Fluch, aber für die Gesellschaft ein Segen der Meinungsfreiheit.

Wahrscheinlich setzen wir Respekt häufig mit Reichtum und Einflussnahme gleich. Wir haben in vielen Fällen mehr Achtung vor dem Geld, das eine Person besitzt, als vor der Person selbst. Kindern, Armen und Randgruppen sollten wir allerdings genauso respektvoll begegnen wie den Reichen,

Mächtigen und weisen alten Menschen. Jeder Mensch hat prinzipiell Respekt verdient. Respekt ist eine Erwartung und eine Verpflichtung. Sollte sich Ihr Gesprächspartner nicht an diesen Gleichsatz halten, gibt es keinen Grund, diesem Menschen noch ehrfürchtig entgegenzutreten. Alle Menschen sind diesbezüglich gleich. Die Dame, die für eine saubere Empfangshalle sorgt, damit der Kunde sich freundlich aufgenommen fühlt, ist für einen Geschäftsabschluss ähnlich wichtig wie der Manager in der entsprechenden Verhandlung. Wenn ein Restaurant dreckig ist, kann das der beste Koch mit seinen Künsten am Herd nicht mehr wettmachen.

Nehmen Sie Ihren Notizzettel zur Hand. Sie finden ihn auf Seite 116 oder in Ihrem guten Versteck. Welche Gründe haben Sie notiert? Sind einige dieser Gründe auf den letzten Seiten entkräftet worden? Wenn nicht, dann geben Sie sich eine Antwort auf die Frage, warum Sie es anderen erlauben, Sie anzugreifen, während Sie sich selbst nicht verteidigen dürfen. Betrachten Sie sich ebenbürtig, blenden Sie Alter, Geschlecht, Status oder wirtschaftliche Abhängigkeiten aus. Verzichten Sie bei der Betrachtung darauf, gemocht zu werden. Wäre Ihre Ansicht eine andere, wenn Sie Mitglied im Club der Millionäre wären? Was wäre dann anders? Wie würde Ihr Zettel dann aussehen? Wäre er leer? Wenn dem so wäre, welche nachvollziehbaren Gründe gibt es dann, dass Sie Angriffe zulassen?

Frank Piltner will sich nicht länger über den neuen Kollegen ärgern. Er sieht es auch nicht mehr ein, weiterhin alleine durch sein Schweigen für den Abteilungsfrieden zu sorgen. Entweder der Kollege Becker ändert sein Verhalten ihm gegenüber oder es wird auf einen Konflikt hinauslaufen. Frank packt seinen Mut zusammen und kontert auf die unverschämte Antwort von Marc Becker (zur Erinnerung:

Auf das Angebot von Frank „Kann ich Ihnen helfen?" sagte Becker: „Das glaube ich kaum!", siehe Seite 114.)

Frank lächelt ihn an und meint: „Ich habe Sie jetzt nicht nach Ihrem Glauben gefragt. Aber wenn Sie schon glauben, so glauben Sie doch mal an die Stärke eines Teams."

Reiz-Reaktions-Mechanismen

Was geschieht, wenn Sie eine Münze in einen Spielautomaten einwerfen? Der Automat beginnt „zu leben", es blinkt, es klingelt und überall drehen sich Räder mit Symbolen. Was geschieht, wenn Sie an einem Ententeich in die Luft schießen? Die Enten fliegen mit viel Lärm in die Höhe. Was geschieht, wenn eine alte Dame auf dem Krankhausflur stürzt? Schwestern, Patienten und Ärzte laufen zu ihr hin und helfen ihr. Das alles sind Reaktionen, die wir durchaus nachvollziehen können. Es wird ein Reiz ausgelöst und darauf folgt eine vorhersehbare Reaktion. Was würden Sie denken, wenn der Spielautomat nicht zu arbeiten beginnt, sondern von der Wand fällt? Wie würden Sie gucken, wenn die Enten nach dem Schuss gemütlich auf dem Teich blieben? Wie sehr wären Sie empört, wenn die Ärzte, statt zu helfen, mit dem Finger auf die gestürzte Dame zeigen und dabei laut auflachen? Möglich wären auch diese Verhaltensweisen und dennoch wären wir überrascht.

Wir wissen, was geschieht, wenn bestimmte Dinge passieren oder bestimmte Umstände auftreten. Wir lernen, dass bestimmte Reaktionen auf bestimmte Reize folgen, mit denen wir auch fest rechnen. Diesen Reiz-Reaktions-Mechanismus gibt es in unendlich vielen Bereichen. Der Spielautomat ist allerdings programmiert und die Enten werden von ihren Instinkten geleitet. Aber wie ist das bei

uns Menschen? Meistens reagieren auch wir vorhersehbar, wie eine programmierte Maschine. Die Erziehung und
unser Umfeld haben uns entsprechend geprägt. Doch im
Gegensatz zur Ente oder Maschine haben wir grundsätzlich die Möglichkeit, unser eigenes Programm zu durchbrechen und zu verändern. Wir müssen es nur wollen und
dann eben tun. Sobald eine Maschine anders reagiert, als
wir es erwarten, sind wir überrascht. So ist es auch bei uns
und unseren Mitmenschen. Sobald wir auf Angriffe anders
reagieren, als es das Umfeld erwartet, wird dieses überrascht sein.

Bei verbalen Angriffen finden wir diesen Reiz-Reaktions-
Mechanismus gleich mehrfach. Zum einen ist er bei der
Reaktion des Angesprochenen zu finden. Wer immer von
sich behauptet, bei Wortwechseln sofort sprachlos zu werden, hat seine Reaktion tief im Unterbewusstsein veran-
kert. Der Betroffene tut gut daran, sich vorzunehmen mit
der Sprachlosigkeit Schluss zu machen. Auch die Wut, das
Rotwerden oder andere körperliche Reaktionen sind häufig
über viele Jahre hinweg angeeignet worden und somit au-
tomatisiert. Die hässlichere Variante des Reiz-Reaktions-
Mechanismus zeigt sich bei böswilligen Angreifern. Sie kennen die Reaktionen der von ihnen angegriffenen Personen
meistens sehr gut und aus diesem Grund greifen sie an. Sie
haben nichts zu befürchten, da in der Vergangenheit keine
Gegenwehr erfolgte. Somit kann der Angreifer bequem seine
Stärke beweisen, indem er immer wieder den Schwachen
vorführt. Hierin liegt der Hauptgrund dafür, dass solche
Angriffe nicht aufhören und sich stetig wiederholen. „Sich
Wehren bringt Ehren" – diese Weisheit trifft den Nagel in
diesem Zusammenhang auf den Kopf. Der Angreifer pro-
filiert sich vor sich selbst und vor eventuell anwesendem
Publikum. Je mehr Publikum anwesend ist, desto lieber ist
ihm die Situation. Wer hier plötzlich eine andere Reaktion

zeigt, verunsichert seinen Gegner. Wer zudem auch noch witzig reagiert, zieht das Publikum auf seine Seite, denn auch die anwesenden Dritten unterliegen dem Reiz-Reaktions-Mechanismus. Wir finden jene sympathisch, die uns zum Lachen bringen.

Ob Sie nun witzig reagieren oder nicht, ist zweitrangig. Wichtig ist, dass Sie reagieren. Manchmal muss man die Reaktion üben, denn Routine macht das Sich-Wehren einfacher. Routine eignet man sich, wie Sie nun schon wissen, durch regelmäßiges Training an, das auch gut in den eigenen vier Wänden bei einem lauten Selbstgespräch erfolgen kann. Mit zunehmender Routine ändert sich der Reiz-Reaktions-Mechanismus. Das gilt übrigens nicht nur für die gemeinen Angriffe, auch eingefahrene, aber unliebsame Verhaltensweisen oder Handlungsmuster können so durchbrochen werden. Frau Conrad ist ein gutes Beispiel dafür:

Elisabeth Conrad ist sehr hilfsbereit, das war sie schon immer. Doch in letzter Zeit hat sie das Gefühl, dass diese Hilfsbereitschaft von den Kollegen nur ausgenutzt wird. Sie kann eben schlecht „Nein" sagen und die anderen scheinen das zu wissen. Sie will sich aber auch nicht länger ausnutzen lassen und arbeitet daher an ihrer Reaktion, wenn sie jemand um einen Gefallen bittet, dem sie im Grunde nicht nachkommen will.

Heute kommt ihre Kollegin Helga ins Büro. „Ach, Elisabeth", begrüßt sie Frau Conrad, „kannst du wohl heute eine Stunde länger bleiben? Ich muss zum Arzt." Frau Conrad kommt diese Bitte sehr ungelegen, da sie selbst einen für sie wichtigen Termin hat. Sie wollte zustimmen, bekommt aber noch rechtzeitig den Bogen hin: „Heute ist schlecht, Helga. Vielleicht ein anderes Mal." Überrascht zieht Helga von dannen.

Diese Reaktion war nicht schlagfertig, doch das wäre in dieser Situation auch nicht angebracht gewesen. Frau Conrad hat aber den Reiz-Reaktions-Mechanismus durchbrochen. Wenn sie diesen Kurs beibehält, wird sie in Zukunft nur noch bei echten und wichtigen Anliegen gefragt werden.

Ruhig Blut

Das größte Hindernis, den Reiz-Reaktions-Mechanismus zu umgehen, ist das Temperament. Es bestimmt die Art und Härte unserer Antwort, ehe wir überhaupt bewusst darüber nachgedacht haben. Das zu verhindern bedarf einer ordentlichen Portion Ruhe und Gelassenheit. Doch: **Wie** bleibt man gelassen?

Käseglockenmethode

Die beste Möglichkeit, um die Ruhe selbst zu bleiben, ist jene, sich erst gar nicht aufzuregen. Doch das ist leichter gesagt als getan. Hierfür benötigen Sie eine Strategie, mit deren Hilfe Ihnen ein dickes Fell wächst. Allerdings geht das nicht von heute auf morgen. Fragen Sie einen Bären, wenn Sie mal einen treffen. Probieren Sie es also zunächst einmal mit der Käseglockenmethode, denn die kann schneller umgesetzt werden. Stellen Sie sich vor, Sie stehen unter einer Glocke aus bruchfestem Glas und andere bewerfen Sie mit Steinen. Was wird passieren? Es scheppert und die Steine prallen an der Außenwand Ihrer persönlichen Käseglocke ab. Diese Angriffe entlocken Ihnen gerade mal ein müdes oder auch munteres Lächeln, stören tun Sie diese aber nicht. Wie kommt man unter so eine Käseglocke? Sie müssen sie hochheben und sie über sich stülpen!

Das hört sich so simpel an, dass Sie es probieren sollten. Wenn vorhersehbar negative Situationen auf Sie zukommen, stülpen Sie sich in Gedanken eine Käseglocke über. Schauen Sie aus dem geschützten Raum auf Ihren Gegner und stellen Sie sich vor, wie die Angriffsworte, ähnlich wie zäher Schleim, außen an der glatten Wand herabgleiten und so den Weg zu Ihnen gar nicht mehr finden. Lächeln Sie bei diesem Gedanken, denn Lächeln entspannt. Je intensiver Sie sich diese Glocke vorstellen, desto besser wirkt sie. Sie werden damit nicht unmittelbar schlagfertig, aber die Angriffe machen Ihnen weniger aus. Sie bleiben entspannt und können dadurch eher den perfekten Konter finden. Je häufiger Sie die Käseglocke über sich stülpen, desto dicker wird Ihr Fell. Je dicker Ihr Fell wird, desto eher lassen andere die Angriffe sein. Es macht eben keinen Spaß, jemanden zu ärgern, der sich nicht ärgert. Die Wirkung der Käseglocke hängt übrigens von der Stärke Ihrer Fantasie ab. Sie müssen es sich vorstellen und sollten insbesondere darauf achten, dass Sie den Rückprall der Angriffsworte „sehen". Fantasie und Glaube können Berge versetzen, wie wir wissen. Mit diesem Vergleich sollte es daher verhältnismäßig leicht sein, eine funktionstüchtige Käseglocke zu erzeugen.

LMAA-Methode

LMAA: Lächle mehr als andere!

Fröhliche Menschen sind seltener das Ziel von Spott, besonders von bösartigem Spott. Sie sind gegen dumme Sprüche immuner als die Trübsalbläser. Lächelnde, positive Menschen nehmen möglicherweise sogar den Witz auf, der ihnen als Spott zugeworfen wurde, und spinnen ihn weiter. Sie übertreiben den Angriff oder lachen einfach nur mit. Einige ergänzen den Spott mit einem weiteren, schlagfertigen Spruch, der dann auf Kosten der Gegenpartei geht. Wie auch immer lächelnde Menschen mit einem Angriff umgehen, in den seltensten Fällen erreicht der Spötter sein geplantes Ziel, denn er trifft einfach nicht. Lächelnde Menschen haben ein dickeres Fell, an ihnen streift ein Angriff eher ab und daher bleiben sie entspannter.

Nun macht man aus einem Ackergaul kein Rennpferd und aus einem Trübsalbläser keinen glücklichen Banjospieler, … oder?! Doch, das geht tatsächlich. Bei den Pferden wird sich wohl nichts verändern, aber die eigene Laune haben wir größtenteils selbst in der Hand. Das Störungsbild krankhafter Depressionen lassen wir bei dieser Argumentation außen vor. Eine kontinuierlich schlechte Laune, die nicht durch Depressionen verursacht wird, kann häufig mit einfachen Mitteln behoben werden. Viele glauben, dass etwas Witziges geschehen muss, damit wir lächeln. Diese Menschen nehmen an, dass Heiterkeit im Gehirn entsteht. Doch wir können den Spieß auch umdrehen: Lächeln Sie, selbst wenn es nichts zu lächeln gibt! Sie werden feststellen, dass Sie nach einiger Zeit tatsächlich lächeln und Ihre Laune besser wird. Das Gehirn glaubt aufgrund der zu einem Lächeln verzogenen Lippen, dass es einem gut geht. Es fängt an aufgrund der Mimik Dopamin auszuschütten und Dopamin macht uns dann wirklich richtig froh.

Von einem Experiment, in dem genau dieser Mechanismus untersucht wurde, berichtet Malcolm Gladwell in seinem Bestseller „blink! Die Macht des Moments". Ein Team der Mannheimer Universität zeigte zwei Gruppen von Studenten einen witzigen Trickfilm. Eine Gruppe musste dabei einen Stift zwischen die Lippen nehmen. Dadurch wurde verhindert, dass diese Probanden die für das Lachen wichtigen Muskeln zusammenziehen konnten. Ein mögliches Lächeln wurde dadurch unterbunden. Die andere Gruppe musste den Stift zwischen die Schneidezähne nehmen, denn das hat genau den entgegengesetzten Effekt. Man lächelt zwangsläufig, auch wenn es nichts zu lächeln gibt. Es ist zwar ein künstliches Lächeln, doch die Mundwinkel sind zu einem Lächeln nach oben gezogen. Das Ergebnis des Experiments war, dass die Gruppe mit dem Stift zwischen den Schneidezähnen den Film wesentlich lustiger fand als die andere Gruppe. Die Tatsache, dass die erste Gruppe nicht lächeln konnte, hat wohl die Freude am Film verdorben.

Lächeln beeinflusst also unseren Hormonhaushalt, es beeinflusst aber auch unsere Mitmenschen. Wir reden lieber mit lächelnden Menschen als mit solchen, die es nicht tun. Fragen Sie einmal die Damen und Herren an einem Reklamationsschalter; aber auch „normale" Gespräche verlaufen mit lächelnden Menschen viel harmonischer. Es macht viel mehr Spaß, mit jemandem zu reden, der gut drauf ist. Selbst am Telefon sind die Menschen freundlicher, wenn sie lächeln. Nicht umsonst wird in Seminaren zum Telefontraining empfohlen, einen Spiegel vor das Telefon zu stellen, damit man sich beim Telefonieren sehen kann. Lächelnden Menschen vertrauen wir eher, daher lächelt Sie ein guter Verkäufer an. Wir mögen die Heiteren und deshalb werden sie seltener das Ziel von Angriffen.

Ein Lächeln schützt Sie also gleich doppelt: Sie verhindern damit unangemessene Angriffe und reagieren weitaus gelassener auf stressige Situationen.

Selbstbewusst

In einer Castingshow stehen junge Menschen auf der Bühne und singen vor vielen tausend Livezuschauern und unzähligen Kameras. Nichts scheint sie bremsen zu können. Andere bekommen hingegen schon alleine bei dem Gedanken daran Nervenflattern und Schweißausbrüche. Ist das Selbstbewusstsein?

Ein Verkäufer steht neben dem empfohlenen Fernsehgerät und kann auch wirklich jede Frage dazu beantworten. Durch keinen Vergleich lässt er das Gerät schlecht machen und versteht es, souverän alle Einwände zu entkräften und die Vorzüge ins rechte Licht zu rücken. Ist das auch Selbstbewusstsein?

Der neue Hausbesitzer steht vor der Leiter und weigert sich hinaufzusteigen. Seine Nachbarn grinsen, seine Bekannten lachen, doch er steht zu seiner Angst. Nichts bringt ihn die Leiter hoch und so erledigt ein anderer die Arbeit an der Dachrinne. Und das, ist das auch selbstbewusst?

In den ersten beiden Beispielen ist von Leistungen und vom Können die Rede. Im dritten Beispiel genau vom Gegenteil. Hier spielt die Angst, vielleicht sogar eine Phobie die tragende Rolle. Doch in allen Fällen sprechen wir von Selbstbewusstsein.

Selbstbewusstsein hat nichts damit zu, etwas Besonderes zu können. Es bedeutet, sich seiner Talente und Ängste, seiner Fähigkeiten und seiner Tollpatschigkeit bewusst zu sein und dazu zu stehen. Wir alle haben unsere Talente, aber wir alle können und wollen auch bestimmte Dinge **nicht**! Das macht uns grundsätzlich nicht gut oder schlecht, es macht uns menschlich. Es ist ein Ergebnis der Arbeitsteilung, die sich schon vor vielen tausend Jahren etabliert hat. Die einen jagen, die anderen sammeln und andere pflanzen Getreide an. Nur in der Gemeinschaft konnte der Mensch überleben und mit dieser Erkenntnis sollten wir auch heute arbeiten.

Selbstbewusst bedeutet sich seiner selbst bewusst zu sein. Dazu gehört das Erkennen von Stärken und Talenten, ebenso wie das der Schwächen. Wer kein Auto reparieren kann, ist kein schlechter Mensch, sondern nur ein schlechter Mechaniker. Wir müssen nicht alles können, aber wir sollten dazu stehen.

„Dazu stehen!" Das ist das Stichwort. Nehmen Sie es wörtlich und stehen Sie zu sich. Stellen Sie sich fest mit beiden Beinen, wie angewurzelt, vor dem Spiegel auf und sagen Sie sich, was Sie an sich selbst gut finden. Sagen Sie sich, dass Sie zu Ihren Schwächen stehen und betonen Sie, dass Sie im Grunde Ihres Herzens mit sich zufrieden sind. Heben Sie die Schultern und drücken Sie die Brust ein wenig heraus. Spüren Sie bewusst die Erde unter Ihren Füßen. Sie sollten so fest mit beiden Beinen vor dem Spiegel stehen, dass nichts und niemand Sie umhauen kann. „Im Leben stehen“ und „zu sich selbst stehen“ – diese Redewendungen sind nicht zufällig entstanden. Die Menschen, die diese Begriffe geprägt haben, wussten sehr wohl, welche Worte sie verwenden. Wenn Sie noch nicht sicher zu sich stehen, machen Sie diese Übung morgens und abends im Bad, dort sind Sie meistens ungestört.

Achten Sie künftig darauf, bei jeder Gelegenheit den Boden unter den Füßen zu behalten, den Kopf aufrecht zu tragen und dem Leben selbstbewusst zu begegnen.

Motivation

Was treibt Sie an? Warum wollen Sie schlagfertiger werden? Warum wollen Sie sich überhaupt wehren? Wer sich wehrt, geht immer die Gefahr ein, auf einen Stärkeren zu stoßen, und dann geht der Ärger doch erst recht los, oder etwa nicht?!

Wir wägen Risiko und Nutzen von Situationen ab. Natürlich gibt es Menschen, die sich nach dieser Risiko-Nutzen-Analyse nicht mehr trauen sich zu wehren. Allerdings hat jeder seine persönliche Schmerzgrenze, bis zu dieser halten wir den Druck, die Sticheleien und die Anmache aus, aber danach? Was passiert mit Ihnen, wenn die unsichtbare Grenze überschritten wird und der Druck unerträglich zunimmt? Einige „explodieren“ – dann platzt es sprichwörtlich aus ihnen heraus und die Worte stürzen wie ein Tsunami aus dem bis dahin so ruhigen und geduldigen Menschen – unsortiert und unzensiert. Dabei verursacht diese Flut häufig einen riesigen Schaden.

Andere ziehen sich zurück, sie fliehen vor dem Druck und manchmal auch vor einem eigentlich lieb gewonnenen Arbeitsplatz. Doch das nehmen diese Menschen wissentlich in Kauf, Hauptsache, sie müssen nicht mehr den Druck erzeugenden Kollegen begegnen. Diese Menschen fliehen vor Mobbing. Auch in Partnerschaften kann man das beobachten, bevor eine intensive Auseinandersetzung stattfindet, trennen sich einige lieber gleich vom Partner. Die Gründe dafür sind manchmal trivial und auch schon lange bekannt. Aber auch hier hat sich ein Druck in der Partnerschaft gebildet, den die Betroffenen nicht mehr aushalten wollten. Die Gefahr dabei: Wer das einmal macht, neigt dazu, dieses Verhalten zu wiederholen. Diese Personen ziehen sich immer häufiger und immer schneller zurück, aber nur sehr wenige Menschen sind für die dauerhafte Einsamkeit geschaffen. Die dritte Gruppe von Menschen wird krank. Selbst kleine Neckereien werden von diesen Menschen als Stress empfunden. Es ist jene Form von Stress, die krank macht. Magenschmerzen, ein Druck im Brustkorb oder hoher Blutdruck sind nur einige Symptome, die aufgrund von Stress entstehen können. Wenn man es sich so recht überlegt, ist keine der genannten Alternativen wirklich gut. Sich zu wehren hat demzufolge durchaus Vorteile. Doch was gewinnt derjenige auf Dauer, der sich nicht mehr jeden Spruch bieten lässt?

Nun, diese Frage können Sie wahrscheinlich selbst am besten beantworten. Machen Sie es sich zur Aufgabe, Ihre persönlichen Motive, warum Sie schlagfertiger werden wollen, immer wieder laut vorzusagen. Der Wunsch sollte zum brennenden Willen werden, dann haben Sie sehr gute Chancen, dass Ihr Unterbewusstsein die Weichen zur Umsetzung stellt. Klare Motive geben Motivation.

7. Kopfsachen

Es ist kein Vorteil, einen Kopf zu haben.
Auch Stecknadeln besitzen einen
ANTOINE DE RIVARÓL *(1753–1801)*
französischer Moralist und Übersetzer

Unser Kopf ist etwas Ungewöhnliches. Ungewöhnlich deshalb, weil es auf der ganzen Welt nichts Vergleichbares gibt. Die Krönung unseres Kopfes, quasi das i-Tüpfelchen, ist unser Gehirn, es ist einzigartig in der Evolution. Damit ist nicht das Stammhirn gemeint, das die Steuerung unserer Organe übernimmt, und auch das Kleinhirn finden wir in der Natur bei vielen Tieren. In diesen Gehirnteilen sind die Programme abgespeichert, die das Gehen und Stehen ermöglichen, und jene, die die lebensnotwendigen Körperfunktionen aufrechterhalten. Jede Stubenfliege hat so ein Gehirn in Kleinform. Hier ist unter anderem das Programm gespeichert, das es der Fliege ermöglicht, kopfüber an der Zimmerdecke zu landen. Nun, das können wir Menschen nicht, aber dafür können wir mit unserem Großhirn viel mehr als jedes andere Lebewesen auf dem Planeten. Wir lernen, wir planen und wir erinnern uns. Wir konstruieren Maschinen und manchmal auch Wahrheiten.

Angriffe, die keine sind

Wie bereits erwähnt, ist unser Gehirn eine Energieschleuder. Kein Körperteil verbraucht mehr von der zugeführten Luft und der Nahrung wie der Kopf. Denken strengt an und damit diese Anstrengung minimiert wird, hat sich die Evolution einiges einfallen lassen. Es gleicht Ereignisse mit Erkenntnissen ab und bildet daraus eine Folge. Das Blöde daran ist, dass die eingebildete Folge nicht immer mit der Wahrheit übereinstimmen muss.

Ulrike hat ein Auge auf Lars aus der EDV-Abteilung geworfen. Doch dieser bemerkt das nicht. Susanne weiß von Ulrikes Vorliebe für Lars. Daher handelt sie und verabredet sich mit ihm. Gleichzeitig sorgt Susanne auch dafür, dass Ulrike von einem geplanten Rendezvous am Dienstagabend erfährt. Ulrike ärgert sich darüber. Am Dienstagabend schaut sie daheim frustriert und alleine eine Quizshow im Fernsehen an. Am nächsten Morgen plaudert sie mit ihrem Kollegen Frank. Durch Zufall kommen sie auf die Quizshow zu sprechen. Da erzählt ihr Frank, dass er auch mit Susanne über diese Show gesprochen hat. Nun wird Ulrike hellhörig! Was war dann mit der Verabredung mit Lars? War wohl doch alles nur eine Lüge!

Sollten sich Ulrike und Susanne an diesem Tag treffen, ist eine Auseinandersetzung nicht auszuschließen. Ulrike ist stocksauer auf Susanne und selbige hat wohl ohnehin ein Problem mit ihrer Kollegin.

„Ich war gestern mit Lars zusammen", sagt Susanne hämisch zu Ulrike. Sie kontert aufgrund ihres „Wissens": „Muss wohl toll gewesen sein. Frank erzählte mir, du hast dir die Quizshow angesehen! Ich glaube dir kein Wort!"
„Nun, Lars hat sich da als Kandidat beworben, daher

Wir lassen uns schnell von Vorurteilen lenken, und das nicht immer in die richtige Richtung. Grundsätzlich unterliegen wir alle irgendwelchen Vorurteilen, die Vielfalt ist einfach zu groß.

Ulrikes Denkfehler hat sie in die unangenehme Situation gebracht. Sie wusste, dass Susanne ein erstes Date mit Lars hatte, Susanne aber zeitgleich auch die Quizshow gesehen hat. Dadurch ging sie fälschlicherweise davon aus, dass die erste Annahme nicht stimmen kann. Ulrike machte wohl den Fehler, ihre eigenen Vorlieben als allgemeingültig zu betrachten, denn sie kann sich nicht vorstellen ein erstes Date vor dem Fernseher zu verbringen. Und wenn nach ihrer Vorstellung beide Ereignisse nicht gemeinsam auftreten können, dann muss wohl das Date erfunden sein.

Ein weiterer Fehler könnte eine falsche Interpretation sein. Vielleicht war es gar kein Date. Vielleicht entwickelt sich zwischen Lars und Susanne eine Freundschaft und keine Beziehung. Auch die etwas hinterhältig anmutende Planung von Susanne kann ebenfalls nachvollziehbare und freundliche Gründe haben. Vielleicht wollte Susanne mit Lars über Ulrikes Gefühle ihm gegenüber reden und ihm einen entscheidenden Tipp geben?

Auch eine „schreckgesteuerte" Denkblockade ist denkbar. Nachdem Ulrike von dem „Date" erfahren hat, dachte sie nicht mehr rational. Damit hat sie alle weiteren Informationen ungefragt als Wahrheit übernommen. Hinzu kommt die Vorstellung von Ulrike, dass ein erstes Date nicht vor dem Fernseher stattfinden kann. In diesem Fall würde eine „unterschiedliche Wirklichkeit" vorliegen. Ulrike vergisst dabei aber, dass es grundsätzlich möglich ist, einen romantischen ersten Abend so zu verbringen, wie es Susanne wohl gemacht hat. Vielleicht hat Ulrike aber auch ihre „gefühlte Wirklichkeit" von anderen Personen übernommen. So kann sie von ihren Eltern gelernt haben, dass ein erstes Rendezvous romantisch in einem Restaurant verläuft. Dieses erlernte Wissen aus der Kindheit prägt sich dann bis ins Erwachsenenalter als die einzig wahre Möglichkeit ein. Alles, was von dieser Vorstellung abweicht, liegt gefühlt außerhalb des Denkbaren.

Ebenso könnte Ulrike einem Gruppierungsfehler unterlegen sein. Falls Sie die Meinung vertritt, dass alle Blondinen doof sind, und Susanne blond ist, dann hat sie ihr Urteil bereits gefällt. Solche Gruppierungsfehler begehen wir alle. So sind einige der Meinung, Personen aus vornehmem Haus seien intelligenter als Menschen aus der bürgerlichen Schicht. Andere wiederum sind davon überzeugt, dass die Landbevölkerung naiver ist als Stadtbewohner. Eine weitere Falle für Vorurteile sind komplizierte oder komplexe Gegebenheiten. Die doppelte Verneinung ist so ein Gebilde, das die meisten zu verwirren vermag. Wenn Susanne behauptet, nicht während der Quizshow nicht mit Lars zusammen gewesen zu sein, stellt sich die berechtigte Frage, ob sie nun mit Lars ferngesehen hat. Bevor wir dieses Rätsel lösen, haben wir lieber schnell eine Antwort – unabhängig davon, ob sie stimmt oder nicht.

Vorurteile machen dem Gehirn das Denken leicht. Es geht dabei das Risiko ein, auch falsche Rückschlüsse zu ziehen. Aus diesem Grund ist es nicht möglich, tatsächlich unbefangen zu sein. Das ist aber auch nicht das Ziel. Zu wissen, dass man sich irren kann, ist schon sehr viel wert. Dann besteht auch die Möglichkeit, andere „Wahrheiten" zuzulassen.

Stellen Sie sich vor, ein etwa zwei Meter großer Mann versperrt die Tür. Er trägt einen dichten, dunklen Vollbart, der nur einen Teil der Narbe auf seiner linken Wange verdeckt. Dunkle Augen schauen Sie fest an. Um seine breiten Schultern trägt er eine schwere schwarze Lederjacke. An den Handgelenken und am Hals erkennen Sie großflächige Tätowierungen. Sie wollen an ihm vorbei. Plötzlich hebt er die rechte Hand und – er möchte Ihre Kinokarte entwerten.

Vorurteile sind für die Schlagfertigkeit gefährlich. Wer seinen Konter auf Wissen aufbaut, das nicht existiert, riskiert eine Blamage. Wissen sollte nur dann in einen Konter eingeflochten werden, wenn dieses tatsächlich der Wahrheit entspricht. In allen anderen Fällen darf man mit einem Spruch antworten, aber nicht mit der geglaubten Wahrheit.

Kreativität

Für schlagfertige Antworten sollten Sie kreativ denken können. Nun würden Sie mich vielleicht gerne mit dem nächsten Vorurteil konfrontieren und sagen: „Ich bin nicht kreativ!"

Hier liegt meiner Meinung nach ein großer Irrtum vor, jeder Mensch ist kreativ, denn jeder Mensch träumt. Das Gehirn erzeugt im Schlaf Bilder und Geschichten. Sie gruseln uns, wenn wir einen Albtraum haben, aber sie amüsieren uns auch. Wir erleben im Schlaf wahre Abenteuer und gefährliche, aber auch witzige Szenen. Das Gehirn gaukelt uns so realistische und lebendige Szenen vor, dass wir manchmal nicht mehr zwischen Traum und Realität unterscheiden können. Wie sollte das möglich sein, wenn wir nicht kreativ wären?

Für die Schlagfertigkeit hat Kreativität eine große Bedeutung. Bei den von mir vorgestellten Techniken im zweiten Teil finden Sie verschiedene Verfahren, die Bilder für Vergleiche benutzen. Hierfür ist eine gute Portion Fantasie nötig. Diese Fantasie besitzen Sie bereits und durch die häufige Anwendung solcher Techniken steigern Sie sie. Sie sollten allerdings den Mut haben, diese Fantasie auch zuzulassen. Denken Sie kreativer, spinnen Sie Geschichten zusammen und haben Sie Spaß daran. Wenn Sie im Teil über die Techniken lesen, werden Sie etwas von Übertreibungen, Vergleichen oder Rüttelsprichworten hören. Hierfür müssen Sie über das real Gegebene hinaus denken, und das geht nur mit Fantasie.

Wer Spaß an kreativen Tätigkeiten hat, dem fällt die Suche nach Ideen oder ungewöhnlichen Antworten sehr viel leichter. Doch wer in einem überwiegend rationalen Beruf oder Alltag lebt, muss kreatives Denken erst lernen oder auch zulassen. Stress oder Angst sind keine guten Helfer, Spaß hingegen schon. Freuen Sie sich über Ihre Einfälle und Ihre Kreativität, dadurch werden Ihre Antworten immer besser.

Teil II
Die Techniken

8. Technikvielfalt

Im Sport wird es uns vorgemacht: Einen Ball treten kann jeder, die Bananenflanke richtig platzieren können hingegen nur diejenigen, die das intensiv trainiert haben. Jeder kann mit einem Boot über den See rudern. Wer aber die Grundprinzipien der Rudertechnik begreift und sie anwendet, ist schneller am anderen Ufer. Wir alle können nahezu jede Sportart ausüben, doch nur die wenigsten von uns werden dabei große Erfolge erzielen. Talent gehört zum Spitzensport dazu, aber in erster Linie ist das Verstehen der zugrunde liegenden Technik und deren ständiges Üben ausschlaggebend für den Erfolg. Der Breitensport fordert keine Spitzenleistung, die Techniken der Profis werden dennoch nachgeahmt. Bezüglich der Eloquenz ist es nicht viel anders. Jede schlagfertige Antwort weist bestimmte Muster auf. Diese zu kennen macht das Erlernen ungleich einfacher. Natürlich gibt es auch beim verbalen Schlagabtausch talentierte und weniger talentierte Redner. Doch Talent alleine nützt nichts. Es gibt genügend Fälle, die belegen, dass sowohl im Sport als auch bei der Redegewandtheit die Fleißigen besser sind als die Begabten.

Schlagfertige Antworten sind immer situationsbezogen und daher einzigartig, dennoch lassen sie sich bestimmten Kategorien zuteilen. Darüber werde ich Ihnen in diesem Kapitel berichten. Durch die Ordnung der Antwortmöglichkeiten wird deren Nachahmung leichter. Betrachten Sie die Kategorisierung allerdings nicht als

Vorgabe, das kann zum Schubladendenken verleiten und schränkt nur unnötig Ihre Kreativität und den Spaß an der Schlagfertigkeit ein. Vermischen Sie die vorgestellten Techniken, wie es Ihnen beliebt. Erstellen Sie Ihren eigenen Schlagfertigkeits-Cocktail, dann werden Sie in dieser Disziplin perfekt. Das Denken in Kategorien ist lediglich für die Erklärung wichtig, mehr nicht.

Schlagfertigkeitstechniken sind keine Naturgesetze. Anders als bei physikalischen Formeln kann es hier immer wieder zu Veränderungen kommen. Wir reden mit und von Menschen und somit immer von einem unvorhersehbaren Sonderfall. Es ist nicht vorgeschrieben, wie jemand zu reagieren hat, es kann nur beobachtet werden, dass viele gleich oder doch ähnlich reagieren. Haben Sie Geduld mit sich. Einige Techniken können Sie sofort einsetzen, bei anderen ist ein wenig mehr Übung notwendig. Lassen Sie sich von eventuellen anfänglichen Misserfolgen keinesfalls entmutigen. Machen Sie immer weiter, dann werden Sie zwangsläufig immer besser.

Halten Sie es mit der Schlagfertigkeit wie mit allen anderen Fertigkeiten: Noch ist kein Meister vom Himmel gefallen und wenn es doch einmal eines Tages geschehen sollte, so werden Sie bestimmt die passende Antwort darauf haben.

9. Keine Gnade

Einige glauben, wenn sie lange genug Angriffe ignorieren, dann gibt der Angreifer irgendwann von alleine auf, weil er die Lust daran verliert. Dieser Wunsch ist ähnlich realistisch wie die Hoffnung, die Steuererklärung erledige sich durch Liegenlassen. Menschen, die andere Menschen angreifen, machen das nicht aus Zufall, sie profitieren davon. Viele suchen in Angriffssituationen die Bestätigung, besser als der andere zu sein. Sie wollen dominieren. Die Dominanz zeigen diese Menschen auf zwei Wegen: Dem Angegriffenen demonstrieren sie ihre Überlegenheit. Sie machen sich stärker, weil sie den Gegner kleiner machen, und damit gewinnen sie im direkten Vergleich. Der Angegriffene kann aber auch nur eine Demofigur sein. Durch den Umgang mit dieser Figur demonstrieren solche Menschen dem Umfeld ihre Stärke. Sie brüllen und sie fauchen und fühlen sich hervorragend. Warum sollten sie dieses „gute" Gefühl aufgeben?

Eine weitere Gruppe belebt sich mit den Angriffen. Das ist zwar lästig, aber nicht sonderlich dramatisch. So ein Mensch sieht im wörtlichen Schlagabtausch ein Spiel, das ihn unterhalten soll. Aus den gleichen Gründen spielen wir Karten. Natürlich will man dabei gewinnen, denn der Gewinn ist der Siegerkranz. Es tut so gut, wenn der Körper bei einem Sieg das Glückshormon Dopamin ausschüttet, da fühlt sich der Angreifer richtig wohl. Dopamin ist eine körpereigene Droge, die allerdings nicht ewig im Blutkreislauf bleibt. Irgendwann ist das stimulierende Gefühl vorbei und dann will der Angreifer die nächste Dosis.

Beide Gruppen ziehen einen Nutzen aus den Angriffen. Sie fühlen sich bestätigt und dieses Gefühl wollen sie immer und immer wieder haben. Vielleicht tut es dem einen oder anderen nach einem Angriff auch leid. Vielleicht hört auch mal ein Angreifer irgendwann von alleine auf, doch wahrscheinlich ist das nicht. Die Angreifer sind süchtig nach der Belohnung. Sie laufen aber bei jeder Beutesuche auch Gefahr, selbst eine auf den Deckel zu bekommen. Das wäre schlimm, denn der nach Dominanz strebende Zeitgenosse könnte vom Thron fallen und dem „Spieler" das Glückshormon verwehrt bleiben. Daher suchen sie sich stets leichte Beute, also jemanden, der sich nicht oder nur wenig erfolgreich wehrt. Wer bei einem bestimmten Menschen einen Siegespunkt eingefahren hat, weiß um dessen Verletzbarkeit. Auf Dauer sind das daher beliebte und begehrte Opfer – zumindest so lange, bis sich das Opfer wehrt. Verzweifelte oder Mitleid erregende Appelle, zukünftig in Ruhe gelassen zu werden, bewirken beim Angreifer oft nur das Gegenteil. Er bekommt die gewünschte Bestätigung, dass mit keiner Gegenwehr zu rechnen ist. Das bedeutet für ihn Belohnung ohne Gefahr – ein wahres Geschenk! Das gibt man nicht so schnell wieder her. Diese Motive finden wir nicht nur beim Schlagabtausch zwischen einem Angreifer und seinem Opfer, auch in vielen Verhandlungen spielen die beschriebenen Gründe mit. So wird ein ausgehandelter Preisnachlass nicht nur wirtschaftlich, sondern auch mit der Ausschüttung von Dopamin belohnt.

Es gibt auch noch eine dritte Gruppe von Angreifern, deren Handlungsgründe ein wenig „schizophren" klingen. Bei ihnen liegt möglicherweise eine Verliebtheit in die angegriffene Person vor. „Was sich liebt, das neckt sich." Diesen Spruch haben diese Personen wohl zu sehr verinnerlicht.

Daher verlautbaren sie stets kleine neckische Sprüche zulasten einer bestimmten Person. Das ist ungefährlich, aber für manchen auf Dauer sehr lästig.

In allen Fällen werden die Angriffe nicht aufhören, es sei denn, der Angegriffene stoppt sie.

10. So nicht!

Um Stärke zu demonstrieren, sind einige Handlungen tabu. Die nachfolgend beschriebenen Reaktionen zeigen eine persönliche Schwäche und geben dem Angreifer damit alle Zeichen, die sich dieser wünscht. Auch eine angeschlossene schlagfertige Antwort hilft dann nur noch selten, denn diese geht meistens unter. Daher sollten Sie die nachfolgend beschriebenen Reaktionen unterlassen.

Rechtfertigungen

Sehen wir uns das Wort doch einmal genauer an: Rechtfertigen. Doch genau das können wir nicht und es lohnt sich auch nicht. Wir können kein Recht fertigen. Entweder wir haben recht oder wir haben es nicht. Wenn jemand „Recht" fertigen möchte, muss er wohl in der Regierung sein. Selbst Richter können gerade einmal Recht sprechen. Und doch neigen wir ständig dazu, Erklärungen abzugeben, die unser Recht untermauern sollen. Die will aber niemand hören.

Thomas war in der Buchhaltung. Er sollte für seine Kollegin Birte ein paar Unterlagen mitbringen, die er natürlich prompt auf dem Tisch hat liegen lassen. Birte ist daher etwas grantig.

„Weißt du, ich hatte die Sachen schon in der Hand, doch dann kam der Schmidt rein und gab mir noch eine Mappe für den Chef mit. Dann haben wir noch ein wenig geplaudert und schließlich bin ich ohne deine Unterlagen gegangen." Natürlich! Ein anderer war schuld und Thomas ist im Recht! Oder was will er sonst mit seiner Geschichte sagen?

Sebastian hat ein paar Kilos zu viel auf den Hüften. Zumindest zeigt die Waage stets das Doppelte seines Traumgewichts an und natürlich wird Sebastian ständig darauf angesprochen. Er hat schon alle Diäten ausprobiert, doch keine wirklich durchgehalten. Sobald ihn jemand auf sein Gewicht anspricht, berichtet er ausführlich von den durchgeführten Schlankheitskuren und dem hinterlistigen Jo-Jo-Effekt. Dabei klingt Sebastian stets wie jemand, der nichts durchhalten kann und keine Disziplin besitzt. Auch Ausführungen zu Schilddrüsenproblemen, viel zu schweren Knochen oder einer negativen Veranlagung machen letztendlich nur andere für seine Figur verantwortlich. Der Zuhörer will das alles aber gar nicht wissen, er hört nur, wie wenig Sebastian mit sich selbst im Reinen ist und dass er keine Verantwortung für sein Leben übernimmt.

Anstatt sich zu rechtfertigen, sollte man sich selbst recht geben. „Ja, ich bin übergewichtig, na und?" „Nun, ich bin ein Genießer, wie man sieht!" „Ja, ich esse gerne!" „Rubens liebte füllige Frauen, der hatte Ahnung!" „Die Römer mochten Füllige. Ich bin also nicht zu dick, ich bin nur 2.000 Jahre zu spät geboren!" „Mein Gewicht ist sturmerprobt. Wie sieht es mit dir bei Windstärke 10 aus?"

Übrigens, auch zu dünne Menschen rechtfertigen ihr Gewicht gerne mit Problemen der Schilddrüse, selbst wenn diese gar nicht vorliegen. Offenbar muss dieser Körperteil als Ursache für alle gewichtsbedingten Probleme herhalten.

Erklärungen

Erklärungen sind Rechtfertigungen sehr ähnlich. Da werden Zusammenhänge und Zustände erklärt, die dem Angreifer letztendlich doch nur sagen: „Ja, du hast recht mit deinem Angriff und ich bin selbst unglücklich darüber!" Der Angegriffene stellt sich als Opfer dar, und das wird ausgenützt.

Peter ist schon in frühen Jahren ergraut. Allerdings sind nur jene Haare grau, die ihm verblieben sind, und das sind nicht mehr ganz so viele. „Du solltest mal deine Glatze polieren", lacht Hermann ihn aus, der, obwohl er 5 Jahre älter ist, immer noch dichtes und dunkles Haar auf dem Kopf trägt. „Ach, hör bloß auf. Das liegt bei uns in der Familie, da haben alle früh eine Glatze bekommen."

Das ist jetzt bestimmt interessant und beeindruckt den Angreifer derart, dass dieser sich betroffen zurückziehen wird, oder er fragt interessiert nach Peters Stammbaum. Das glaubt Peter vielleicht, die Wahrheit sieht aber anders aus. Bei der nächsten Gelegenheit wird sich Hermann erneut über Peters kahlen Kopf lustig machen.

Wenn Peter schon eine Erklärung abgeben möchte, dann sollte er diese vielleicht zu seinen Gunsten gestalten: *„Ist dir eigentlich noch nicht aufgefallen, dass Primaten Fell am ganzen Körper haben?! Man hat herausgefunden, dass der Anteil der Körperbehaarung eines Lebewesens mit der Höhe seiner Intelligenz sinkt. Bei deinem Wuschelkopf würde ich mir Sorgen machen."*

Auch hier gilt: Stehen Sie zu sich! Alles andere will man nicht wissen. „Ich brauche keine Politur, ich mache das mit echtem Männerschweiß." „Ja, du hast recht, nur der Haarkranz ist noch etwas störend." „Lieber eine stumpfe Glatze als ein stumpfes Gehirn." „Ne, das geht nicht, das irritiert den Flugverkehr, wenn ich hier unten so glänze."

Auch Männer mit langen Haaren werden manchmal zum Ziel von Spöttern. Offenbar kann man es nie allen recht machen.

Entschuldigungen

Was Sie nun lesen, soll kein Aufruf zur Unhöflichkeit sein. Natürlich darf oder sollte sich der Mensch entschuldigen, sobald es einen Grund dafür gibt. Aber das ist eben nicht immer der Fall. Besonders wenn man ungerechtfertigt angegriffen wird, neigen einige dazu, sich zu entschuldigen. Dieses fast schon devote Verhalten wird den Angreifer jedoch zu noch mehr Angriffen motivieren.

Frank ist aus Versehen an das Weinglas von Erika gestoßen. Das Glas fällt, zerspringt in tausend Scherben und die rote Flüssigkeit ergießt sich auf dem Steinboden. „Oh, pardon", platzt Frank heraus, „das tut mir leid. Moment, ich mach das weg."

Mit dieser Entschuldigung hat Frank allen anderen Anwesenden den Wind aus den Segeln genommen. Alles, was Erika nun an Beschuldigungen anbringen würde, wäre zu viel. Allerdings neigen viele dazu, Vorwürfe wie „Pass doch auf" anzubringen. Jetzt liegt es an Frank, es bei dieser ersten Entschuldigung zu belassen. Jede weitere Bitte um Verzeihung macht ihn nur devoter. Allerdings sollte Frank auch nicht auf den Vorwurf von Erika reagieren. Aussagen wie zum Beispiel: „Ich habe mich doch entschuldigt, was willst du denn noch?!", würden ihn in die Position des schlechten Verlierers bringen und seine anfängliche Entschuldigung aufheben.

Saskia hat soeben eine Kundenpräsentation hinter sich gebracht. Es lief schlecht, sehr schlecht sogar. Mehrmals hat sie den Faden verloren und bei wichtigen Fragen war sie so nervös, dass ihr Kollege Julian mit der Antwort einspringen musste. Nach der Präsentation bleiben Julian und Saskia noch kurz alleine im Besprechungszimmer sitzen. „Meine Güte, Saskia. Was war das denn für eine Katastrophe?", wird sie von Julian vorwurfsvoll gefragt. „Ja, du hast recht. Danke, dass du mir geholfen hast. Beim nächsten Mal bin ich ruhiger, versprochen!"

In Fällen, in denen ein Fehler oder ein kleiner Unfall vorliegt bzw. passiert ist, ist eine Bitte um Verzeihung angebracht. Allerdings reicht eine, denn eine devote Dauerentschuldigung ist nicht notwendig.

Der Mensch entschuldigt sich aber auch für Dinge, für die er sich eigentlich nicht entschuldigen müsste. So entschuldigt er sich öfters für seine angeblichen Fehler, obwohl er nichts dafür kann.

Frau Meier arbeitet in der Buchhaltung. Ihr Abteilungsleiter hat ihr eine eilige Terminsache gegeben, an der sie gerade arbeitet. Währenddessen kommt der Geschäftsführer zu ihr und will schnellstens die aktuellen Verkaufszahlen von ihr wissen. „Entschuldigung, Herr Hessler, aber ich muss hier noch etwas für Herrn Keller erledigen", flüstert sie hinter ihrem Schreibtisch. „Das kann warten", bellt Hessler und geht hinaus.

Wofür entschuldigt sich Frau Meier hier? Dafür, dass sie nicht „Nein!" sagen kann? Sie kann doch am wenigsten etwas für das schlechte Abspracheverhältnis der beiden Herren. Doch erst mit der Entschuldigung macht sie sich zur Schuldigen und erklärt sich gleichsam dazu bereit, die Suppe der anderen auszulöffeln. Es ist vielleicht angesichts der Hierarchieebenen nicht angebracht, hier mit einem flotten Spruch zu parieren, manchmal kann das aber durchaus hilfreich sein. Etwas anderes als eine Entschuldigung sollte sie aber in jedem Fall von sich geben. „Klären Sie das bitte mit Herrn Keller oder soll ich ihn informieren?" „Die Daten benötigt Herr Keller für die morgige Präsentation. Ist er darüber informiert, dass sich hiermit mein Abgabetermin verzögert und sich somit auch seine Vorbereitungszeit verkürzt?" „Da ich die Arbeit hier nur ungern unterbrechen möchte, gehen Sie doch bitte zu Herrn Wohlkamm. Der kann Ihnen auch weiterhelfen." Einem Chef widersprechen? Bei guten Chefs geht das, denn die sehen den Gesamtnutzen und nicht nur ihre eigene Befindlichkeit.

Gegenangriffe

Die intelligente Schlagfertigkeit ist ähnlich wie eine asiatische Kampfsportart. Wir verteidigen uns, greifen aber nicht an, denn das ist in den meisten Fällen auch gar nicht nötig. Wer gut und zielsicher mit Konter reagiert, wird die Angriffe seines Gegners ohnehin schadlos überstehen. Dieser wird mit der Zeit über seine eigene Art stolpern und von alleine aufhören. Wer einen verbalen Zweikampf für sich entscheidet, wird mehr als nur einen Zweikampf gewinnen. Die rhetorische Kunst wird akzeptiert und von manchen auch gefürchtet.

Wer hingegen mit einem Gegenangriff reagiert, baut noch mehr Gewalt und Stress auf. Hier folgt die Rache früher oder später, wie Sie es auch bei den Gerbers und ihren Dialogen aus dem ersten Teil gesehen haben. Wie weit ein Gegenangriff mit der Zeit eskalieren kann, ist von vielen Umständen abhängig, doch das Resultat ist stets schlechter als eine faire Reaktion auf einen Angriff.

So kann es gehen

In einer Verhandlung kommt der Preis fast immer zur Sprache, meistens wird dieser auch kritisiert. Es ist die Aufgabe eines guten Einkäufers, die Einkaufspreise so gering wie möglich zu halten. Preisbewusste Verbraucher versuchen ebenfalls Rabatte und Nachlässe herauszuholen. Vielen Verkäufern fällt wenig Schlagfertiges auf dieses Preisspiel ein und das, obwohl sie regelmäßig in diese Situationen geraten. Sie fangen dann an den Preis zu rechtfertigen oder seine Höhe zu erklären. Doch wenn ich den Preis erst recht-fertigen muss, dann kann ich ihn auch senken.

Besser wäre es, den Preis zu begründen. Der Verkäufer sollte Argumente für den Preis bringen, die erklären, wie fest das Produkt mit der Preishöhe verbunden ist.

Herr Konrad möchte eine Eckbank in seinem Erkerzimmer haben. In herkömmlichen Möbelhäusern gibt es keine passende, daher hat er sich ein Angebot vom Schreiner Kirner machen lassen. Die Höhe des Angebots überrascht Herrn Konrad: „Ihr Preis ist viel zu hoch!"

Kirner: „Ja wissen Sie, was mich die Leute kosten, dann kommt auch noch die Steuer dazu ..."

Herr Kirner rechtfertigt seinen Preis, doch das interessiert Herrn Konrad gar nicht. Auch Herr Konrad muss seine Steuern zahlen und hart für sein Geld arbeiten. Die Antwort von Herrn Kirner lässt die Vermutung zu, dass der Handwerker Mitleid vom Kunden erwartet.

Eine andere Äußerung von Herrn Kirner könnte sein: *„Die Konkurrenz ist noch viel teurer!"* Was möchte Herr Kirner dem Kunden mit diesem Satz auf den Weg geben? Vielleicht: „Grundsätzlich ist das Produkt sowieso zu teuer, doch ich bin der Billigste unter den Abzockern"? Das sind Rechtfertigungen und Erklärungen, die keine Bedeutung für den Kunden haben. Dadurch wird eine Diskussion angeregt, bei der nicht mehr die Ware im Fokus der Verhandlung steht, sondern der Kampf um Ausdauer und verbale Stärke.

Herr Kirner hätte aber auch anders reagieren können. Zum Beispiel mit einem fairen Vergleich:

„Ihr Preis ist viel zu hoch!" Kirner: „Nun, für diese Leistung ist es den Preis wert", oder: „Was wäre für Sie ein fairer Preis, Herr Konrad, und wie würden Sie den ermitteln?" Damit wäre nun Herr Konrad gefordert, einen nachvollziehbaren und ehrlichen Preis zu nennen. Eine weitere Antwort hätte lauten können: „Betrachten Sie die Lebenszeit dieser Eckbank und vergleichen Sie den Preis mit dieser Haltbarkeit. Sie werden feststellen, wie günstig dieses Möbelstück letztendlich ist."

Was für die Einwandsbehandlung bei Verkäufern gilt, ist ein Grundsatz für jegliche Form der Schlagfertigkeit: Antworten Sie nicht mit Rechtfertigungen und Erklärungen. Damit bieten Sie Ihrem Gesprächsgegner nur weitere Angriffsflächen.

Katja hat ein paar Kilos über ihrem Normgewicht. Sie weiß das und es ärgert sie. Es ist ihre persönliche Schwachstelle. Gerne würde sie abnehmen, bekommt es aber nicht hin. Auf dem Weg in eine andere Abteilung kommt ihr Erik ent-

gegen. Er bleibt stehen, mustert sie und meint dann leicht hämisch: „Du hast aber zugenommen, kann das sein?"

Katja: „Na ja, das ist halt Kummerspeck. Wenn ich frustriert auf der Couch sitze, komme ich an den Süßigkeiten nicht vorbei."

Katja rechtfertigt sich und gibt dabei zu erkennen, unzufrieden mit sich und ihrer Figur zu sein. Für Erik bedeutet dies, dass er nun ihre Schwachstelle kennt. Damit wird er in Zukunft immer genau auf diesen wunden Punkt zielen, wenn er seine Überlegenheit Katja gegenüber demonstrieren will oder sich über dieses miese Spiel einen Gewinn in Form von Dopamin beschaffen möchte. Es ist ein leichter und ungefährlicher Erfolg für ihn. Aber auch wenn Katja gerne eine oder zwei Konfektionsgrößen weniger hätte, geht das Erik nichts an. Wenn hier jemand einen Fehler gemacht hat, dann ist das Erik. Er ist in unverschämter Weise in den persönlichen Bereich von Katja eingedrungen.

Katja muss in solchen Angriffsfällen klar zu sich und ihrer Figur stehen. Der Dialog hätte daher auch so verlaufen können:

Erik bleibt stehen, mustert sie und meint dann leicht hämisch: „Du hast aber zugenommen, kann das sein?"

Katja antwortet freudig überrascht: „Oh, das ist dir aufgefallen, das ist aber schön!", und lächelt ihn an.

Mit dieser Reaktion durchbricht Katja die Erwartung von Erik. Er wollte ihr wohl kein Kompliment machen. Nach dieser Antwort gibt es kein Dopamin-Bonbon für ihn, er geht leer aus. Eine solche Schlappe wird er sich nicht mehr holen wollen. In diesem Beispiel stecken übrigens schon zwei Techniken der Schlagfertigkeit: „Zu sich stehen" und „Bestätigen".

Stefan hält eine Präsentation vor einem Kunden und seinem Abteilungsleiter. Es gibt Tage, da geht alles schief, so auch heute. Die Präsentation läuft nicht wirklich rund. Der Kunde stellt Fragen, auf die Stefan nur unzureichend vorbereitet ist. Kurz gesagt: Er war richtig schlecht. Im Anschluss an die Präsentation kommt Stefans Abteilungsleiter Robert Claas zu ihm und ist stocksauer.

Claas: „So einen Mist habe ich lange nicht gehört!"

Stefan antwortet vielleicht mit: „Ich habe den Faden verloren", „Heute war nicht mein Tag" oder auch „Die Fragen haben mich total verwirrt".

Mit einer Erklärung versucht Stefan die Situation wohl zu retten, doch die Präsentation ist bereits gelaufen, er kann sie nicht rückwirkend gerade biegen. Er hat definitiv einen Fehler gemacht und die Sache an die Wand gefahren. Die Gründe des Fehlers erklären zu wollen bringt ihm nur weiteren Ärger ein.

Mögliche Gegenreaktionen von seinem Abteilungsleiter könnten nämlich sein: „Dann konzentrieren Sie sich gefälligst!", „Lassen Sie das andere machen, wenn Sie zu unfähig sind", oder auch „Sie hätten sich halt besser vorbereiten müssen!"

Besser wäre es gewesen, wenn er zu seinem Fehler stehen könnte, um dann einen Vorschlag zur Schadensbegrenzung zu machen. Stefan: „Ja, richtig, das habe ich total versemmelt. Haben Sie eine Idee, wie wir den Karren jetzt aus dem Dreck bekommen?" Oder auch: „Stimmt. Ich werde den Kunden anrufen und mich bei ihm für die Präsentation entschuldigen."

Eine Entschuldigung beim Kunden ist etwas anderes als die oben angesprochene Entschuldigung bei Herrn Keller. Stefan hat im Gegensatz zu Frau Meier wirklich einen Bock geschossen. Das darf und sollte gerade gerückt werden. Wenn Sie einen Fehler machen, so akzeptieren Sie das. Diesen zu erklären oder gar in Ihr Recht verwandeln zu wollen bringt Sie nur noch stärker in Bedrängnis.

Anders verhält es sich allerdings, wenn wir im Recht sind. Als Beispiel ziehe ich die gleiche Situation wie zuvor heran.

Stefan ist in einer Präsentation. Er ist super vorbereitet und könnte alle Fragen souverän beantworten. Er könnte, wenn er zu Wort käme, denn sein Abteilungsleiter reißt das Gespräch ständig an sich. Herr Claas beantwortet die Kundenfragen aber nur unzureichend. Stefan rauft sich innerlich die Haare, da er die Fehler in den Erklärungen erkennt und bemerkt, wie unsicher der Kunde wird. Alsbald erhebt sich dieser und verabschiedet sich unverbindlich. Diesmal hat der Chef die Sache vollkommen vermasselt. Auch solche Situationen geschehen. Anschließend kommt der Chef zu Stefan und sagt vorwurfsvoll: „Das war ja wohl eine ganz miese Präsentation.“

Stefan zieht sich den zugeworfenen Schuh nicht an. Er antwortet ruhig und sachlich: „Das stimmt. Die Fragen hatte ich jedoch erwartet, vielleicht sollten wir uns demnächst vor so einem wichtigen Termin kurz absprechen.“ Oder: „Da gebe ich Ihnen recht. Wir sollten uns beim nächsten Mal besser absprechen. Mit vielen seiner Einwände habe ich gerechnet.“

Stefan hat seinem Chef recht gegeben, aber deutlich gemacht, dass der Fehler nicht bei ihm liegt. Darüber hinaus hat er ein Angebot gemacht, wie solche Fehler in Zukunft vermieden werden können. Damit hat er seinem Chef eine bequeme Brücke gebaut. Konflikte zwischen den Hierarchieebenen können so vermieden werden.

Natürlich gibt es Vorgesetzte, die Kritik an ihrer Person gar nicht vertragen, aber das macht sie letztendlich nur zu

156

schlechten Vorgesetzten. Vorgesetzte haben ihre Funktionen wie alle anderen Mitarbeiter auch, sie haben ihre Aufgaben, aber haben nicht grundsätzlich recht. Auch bei Vorgesetzten müssen die Leistung und der menschliche Umgang stimmen, damit die leitende Position akzeptiert bleibt. Wer aber tagsüber nur Porzellan zerschlägt, darf sich nicht wundern, wenn er abends vor einem Scherbenhaufen steht.

Im Zweifel: klare Ansagen

Um eine Beleidigung zurückzuweisen, ist grundsätzlich keine Schlagfertigkeit notwendig. Das können Sie sachlich auch ohne einen witzigen Sponti-Spruch machen. Hier ist die Tatsache, „dass" Sie reagieren wichtiger als „wie" Sie reagieren.

„Auf diesem Niveau möchte ich keine weitere Unterhaltung führen." „Überdenken Sie Ihren Ton (oder Ihre Wortwahl) und kommen Sie dann noch einmal auf mich zu."

Vermeiden Sie bei solchen Zurechtweisungen unbedingt die beliebten Worte des Bedauerns! Folgende Variante sollten Sie daher nicht ins Spiel bringen: „Auf diesem Niveau kann ich leider keine weitere Unterhaltung mit Ihnen führen", oder: „Es tut mir leid, aber auf diesem Niveau möchte ich nicht mit Ihnen reden."

Es muss Ihnen nicht leid tun, wenn der andere Sie beleidigt hat. Ebenso sollten Sie das Wort „kann" in diesem Zusammenhang aus Ihrem Wortschatz streichen. Es drückt Ihre Wahlmöglichkeit aus. Grundsätzlich hält Sie keiner davon ab, auf diesem Niveau weiter mit der Person zu reden, „können" würden Sie es, aber Sie „wollen" es nicht! Sagen Sie das auch – klar und deutlich.

Abwägen

Wie Sie in Situationen reagieren, hängt stark von der Situation ab, denn nicht jede Technik eignet sich allumfassend. Mit einem Bekannten auf dem Fußballplatz reden wir anders als mit dem Chef im Büro – das ist Ihnen wohl nicht neu. Doch in Sitzungen und auch auf dem Fußballfeld gibt es immer wieder Situationen, in denen man schweigen darf. Reden ist nur Silber, das gilt manchmal auch bezüglich der Schlagfertigkeit.

Wie Sie in Situationen reagieren, hängt aber auch stark von Ihrem persönlichen Geschmack ab. Nicht jede Technik gefällt jedem. Wie bereits erwähnt, sollen die Techniken auch nicht isoliert voneinander betrachtet werden. Erst Vermischungen machen die Schlagfertigkeit wirklich spannend. Wägen Sie Situationen, in die Sie geraten, ab. Wägen Sie ab, ob und, wenn ja, wie Sie reagieren wollen. Machen Sie die Wahl der Technik vom Zweck abhängig. Bei einer Rede eignen sich andere Methoden als bei einem Zwiegespräch. In Verhandlungen mit Kunden reden Sie anders als in einer Diskussion mit einem politischen Gegner.

Reden ist Silber, doch manchmal kann Schweigen der Untergang sein. Wenn Sie zur Zielscheibe von Spott und Angriffen werden, müssen Sie reagieren und dagegen intervenieren. Wer das versäumt, wird von den Fangzähnen seiner Feinde zerrissen. Sie können sich aber mit einigen Techniken gut auf solche Situationen vorbereiten.

Benchmarking

Schauen Sie den Besten aufs Maul. Beobachten Sie besonders eloquente Showgrößen oder auch Spitzenpolitiker und lernen Sie von diesen Personen. Darüber hinaus geben

Ihnen Talkshows eine Menge Möglichkeiten, Reaktionen auf Angriffe oder provokante Fragen genau zu studieren. In Unterhaltungstalkshows werden wir manchmal Zeugen von witzigen und spritzigen Schlagabtauschfolgen. Hier ist Schlagfertigkeit ein Unterhaltungsinstrument. Bei politischen Talkshows lernen Sie hingegen hervorragend Angriffe abzuwehren. Schauen und hören Sie sich solche Shows gut an und überlegen Sie dabei, wie Sie in dieser Situation reagiert hätten. Versetzen Sie sich gedanklich in die Talkrunde und trainieren Sie in Echtzeit. Übernehmen Sie witzige Sprüche und benutzen Sie diese ruhig bei ähnlichen Gesprächen oder Angriffen, die Ihnen widerfahren. Mit diesem Training bauen Sie stückweise und unterhaltsam Ihre Eloquenz aus.

Benchmarking bedeutet von den Besten zu lernen. Wer der Beste ist, entscheiden Sie. Unterscheiden Sie dabei aber nicht, ob der Redner, dem Sie zuhören, ein (politischer) Freund oder Gegner ist, und urteilen Sie auch nicht nach Sympathie und Antipathie. Es kommt nur darauf an, etwas zu lernen. Ziehen Sie Ihren Nutzen aus den Sendungen. Benutzen Sie die Fernsehshows, um Ihren Wortschatz und die Verwendung desselben auszubauen und zu beschleunigen. So machen sich, ganz nebenbei, auch die Rundfunkgebühren bezahlt.

11. Schlagfertiges Schweigen

Die Einsatzmöglichkeit der Schweige-Strategie bietet sich manchmal an, ist aber dennoch eher begrenzt. So ist bei Kundengesprächen selten die Gelegenheit für ein Schweigen angebracht. Das könnte der Kunde als arrogant oder unwissend interpretieren. Bei echten Angriffen und Beleidigungen gibt es ebenfalls wenige Situationen, die mit einem Schweigen souverän gelöst werden könnten.

Bei Provokationen, dummen Sprüchen oder nicht gerechtfertigter Kritik haben wir die Möglichkeit, diese auch ohne Worte abzufangen. Wir können selbst entscheiden, was wir hören und was eben nicht. Die Grundregel der Rhetorik „Der Sender ist dafür verantwortlich, was der Empfänger versteht" können wir uns hier zunutze machen. Verstehen Sie nur das, was Sie verstehen wollen oder was für eine Deeskalation der Situation hilfreich ist.

Saskia arbeitet bei einem Möbelhaus für Mitnahmemöbel am Reklamationsschalter. Es gibt nahezu nichts, was Saskia noch nicht erlebt hat. So ging es ihr auch am Montagmorgen, als ein aufgebrachter Kunde ihr eine Handvoll Schrauben auf den Tisch knallte. Sie wusste, dass Sie gut daran tat, dem Kunden nicht jedes Wort abzunehmen.

Kunde: „Wissen Sie, wie lange ich an diesem Schrott von Schrank geschraubt habe? Und dann stelle ich fest, dass Sie

*zu blöd dafür sind, um genügend Schrauben in die Tüte zu
tun!"*

Es interessiert weder uns noch Saskia, wie lange der Kunde
an dem Schrank gebastelt hat. Wenn sie ihn danach fragen sollte, wird er ihr ohnehin nicht die Wahrheit sagen.
Seine gefühlte Zeit liegt sehr wahrscheinlich über dem re-
alen Zeitbedarf. Saskia hat in diesem Fall auch überhört,
dass sie zu blöd ist. Das könnte zwar als eine Beleidigung
aufgefasst werden, sie fühlte sich aber nicht beleidigt, immerhin hatte sie nicht die Schrauben in das Paket gepackt.
Das „Sie" bezog sich auf eine ihr unbekannte Person. Sie
hatte noch kurz überlegt, ob sich das Wort „blöd" nicht
auch auf den Kunden selbst bezieht, denn immerhin hätte er
vor dem Zusammenbau die Schrauben zählen können. Ihr
wären dazu einige böse, aber auch witzige Sprüche eingefallen, doch sie weiß, dass dies in diesem Fall wohl eher eine
kontraproduktive Aktion gewesen wäre. Daher hat sie dem
Kunden schweigend zugehört und ist freundlich geblieben.
Bestimmte Dinge zu überhören tut beiden, dem Kunden und
dem Angegriffenen, gut.

Schweigen tut auch gut, wenn die Situation nicht eindeutig ist. Denn nicht jeder gefühlte Angriff ist auch einer.

*Franziska geht über den Gang zur Kantine. An der
Eingangstür stehen zwei Kolleginnen, die anscheinend miteinander tratschen. Als Franziska in Hörweite kommt, beenden beide abrupt das Gespräch und warten offensichtlich, dass Franziska vorbeigeht. Über wen oder was haben
die beiden Damen gesprochen?*

Was glauben Sie? Viele gewinnen an Franziskas Stelle
schnell den Eindruck, die beiden hätten über einen selbst
geredet. Vielleicht lästern sie sogar, aber das wäre nur eine

der vielen Interpretationsmöglichkeiten. Ebenso ist es denkbar, dass sie persönliche Probleme diskutiert haben, die für Dritte tabu sind. Ehe sich Franziska nun aufregt, entscheidet sie sich lieber für die zweite Variante: Sie lächelt die beiden Kolleginnen an und geht zur Kantine.

Enger wird es in jenen Fällen, in denen wir direkt angesprochen werden. Beliebt sind ja zum Beispiel kleine Neckereien bezüglich körperlicher Defizite. So ist ein Mensch mit Glatze selten überrascht, wenn ein Witz über seine fehlende Haarpracht gemacht wird. Auch Dicke und Dünne sind nicht wirklich verblüfft, wenn ihre Figur zum Zentrum des Spotts wird. Es kann nerven, sicher, aber solche „Angriffe" kommen selten überraschend. Sollten Sie zu einer Zielgruppe des Spotts gehören, so hilft es, sich zunächst bewusst zu machen, dass wir alle irgendwie einer Spottfraktion angehören. Man muss nur lange genug nach der passenden suchen, fündig wird man stets. Sollten dem Glatzkopf die Worte fehlen, weil wieder mal einer „King Kongs Deoroller" zu ihm gesagt hat, dann hilft es, diese Person wissend-mitleidig anzulächeln und den Weg fortzusetzen. Wissendmitleidig? Wissend, weil Menschen ohne Haare diesen Kommentar wohl schon einige tausendmal gehört haben, mitleidig, weil dem Sprücheklopfer nichts Kreativeres eingefallen ist. So etwas kann man dem Angreifer auch sagen, aber so eine Reaktion passt dann nicht mehr in das Kapitel „Schlagfertiges Schweigen", daher komme ich später auf andere Reaktionsmöglichkeiten zurück.

Grundsätzlich entscheiden Sie, was Sie gehört haben und was nicht. Sie entscheiden, ob Sie einen Angriff gänzlich überhören oder auch nur Teile davon. Sie entscheiden, ob und wie Sie darauf reagieren – auch eine „Nicht-Reaktion" ist eine Reaktion. Es gibt genügend Fälle, in denen das die beste Reaktion ist. Wenn jemand provoziert, dann wartet er auf eine Reaktion des Angegriffenen. Hierin liegt sein Erfolg. Wenn diese Reaktion jedoch ausbleibt, wird der Angreifer enttäuscht. Er hat sein Ziel verfehlt und erhält keine Belohnung. Viele begnügen sich damit und lassen solch verbale Angriffe künftig sein. In solchen Fällen ist diese Strategie erfolgreich angewandt worden.

Bei hartnäckigeren Fällen dürfen Sie auch durchaus etwas arrogant wirken. Lächeln Sie Ihren Angreifer an! Er oder sie darf dabei wohl wissen, dass Sie ihn oder sie gehört haben, Sie sich aber nicht weiter dafür interessieren. Diese nonverbale Reaktion kann schnell erlernt werden. Achten Sie bei der Anwendung dieser Strategie aber unbedingt auf Ihre Körperhaltung (siehe Seite 49), damit Ihre Mimik und Gestik auch mit Ihrem Auftritt übereinstimmen.

12. Piktogramme – Gesten, die wir verstehen

Im ersten Teil habe ich schon ausführlich über einige wichtige Aspekte der Körpersprache geschrieben. Sie gehört zur Schlagfertigkeit dazu, weil sie die gesendete Botschaft unterstreicht. Allerdings können wir auch nur mit Körpersprache reagieren, mit Zeichen, die eindeutig sind! Nonverbale Kommunikation ist stumm und dennoch – oder gerade deswegen – eindringlich.

Piktogramme sind Symbole, die vermutlich jeder schon einmal gesehen hat, Flughäfen und Bahnhöfe sind voll damit. Es ist eine international einheitliche Zeichensprache, die fast jeder versteht. Ebenfalls eine über die Landesgrenze hinausgehende, verständliche Sprache ist jene, die über Gesten vermittelt wird. So ist der ausgestreckte Mittelfinger in den meisten Ländern den meisten Menschen bekannt. Dabei ist die Wahl dieser Geste nicht ratsam, da sie doch eher obszön als lustig wirkt, sie zielt eher unterhalb die Gürtellinie. Damit fügt sich der Mittelfingerstrecker selbst mehr Schaden als Gewinn zu und verliert durch diesen „Gruß" womöglich die eigene Souveränität. Der Angreifer weiß nun, welchen Geistes Kind der Anwender ist, und er fühlt sich überlegen, ein Umstand, den man eigentlich vermeiden wollte. Da ist der berühmte „gezeigte Vogel" noch freundlicher, allerdings ebenso wenig originell und witzig.

Sie können aber auch mit Gesten reagieren, die freundlich oder witzig sind und mit denen Ihr Gegenüber einfach nicht gerechnet hat. Ebenso können Sie mit einer Geste eine Bestätigung ausdrücken, auch das wird manchen Angreifer überraschen. So dürfen Sie der lästernden Kollegin oder dem lästernden Kollegen auch mal ein Kusshändchen zuwerfen. Wenn Sie dann dabei Ihr charmantestes Lächeln aufsetzen, geben Sie ganz deutlich zu erkennen, für wie lächerlich und intelligenzbefreit Sie den soeben gehörten Spruch halten. Wenn Sie jemand in einem Befehlston anspricht, können Sie generalstabsmäßig salutieren. Bei anderen Gelegenheiten winken Sie einem lästernden Mitmenschen lächelnd zu oder Sie winken die Bemerkung ab. Sie können die Bemerkung auch mit der Hand über die Schulter werfen. Ebenso können wir Kommentare wie ein römischer Imperator bewerten. Bei witzigen Sprüchen gibt es den Daumen nach oben und bei schlechten Sprüchen zeigen Sie mit ihrem Daumen nach unten. Selbst wenn der Spruch auf Ihre Kosten ging, können Sie ihn mit der Daumengeste gutheißen. Das beweist Selbstironie und Humor und es zeigt deutlich, dass das erhoffte Ziel verfehlt wurde. „Fangen" Sie den Spruch auf, zerknüllen Sie ihn imaginär und entsorgen Sie ihn dann im Papierkorb. Die etwas mollige Katja könnte sich bei Erics Sprüchen über ihr Gewicht zufrieden den Bauch reiben. Dabei sollte sie lächeln und könnte sich genussvoll mit der Zunge die Lippen lecken, als ob sie soeben die Delikatesse ihres Lebens verspeist hätte. Lassen Sie Ihrer Fantasie freien Lauf, Ihnen fallen bestimmt noch eine Menge anderer Gesten ein, die niveauvoll und eindeutig sind.

Sie können natürlich auch bekannte und eher langweilige Gesten verändern. So nahm meine Nachbarin einmal unwissend, aber übertrieben die Geste eines anderen Autofahrers auf: Ihr Gatte, er war schon lange im Rentenalter, fuhr durch die Stadt und sie saß auf dem Beifahrersitz. Vielleicht fuhr er so, wie wir es einem Rentner gerne unterstellen – nennen wir es „gemäßigt". Ein jüngerer Autofahrer versuchte mehrmals vergeblich an ihm vorbeizufahren, aufgrund der Verkehrslage war das jedoch unmöglich. Endlich bog mein Nachbar links ab und der junge Autofahrer nahm die Spur geradeaus. Aus lauter Wut präsentierte er den nicht so passenden Gruß, der aus einem geschlossenen Ring aus Zeigefinger und Daumen besteht. Meine Nachbarin hatte keine Ahnung, was er damit sagen wollte, doch sie erwiderte seinen Gruß und formte ebenfalls einen Ring, allerdings mit beiden Händen, wodurch er wesentlich größer ausfiel. Der Jüngling war arg überrascht, man konnte es deutlich an seiner Mimik erkennen.

Sie können mit Gesten übertreiben, Sie können Angriffe ins Lächerliche ziehen oder auch einfach nur gestikulieren, wie leicht ein Spruch an Ihnen abperlt. Denken Sie daran, die Entscheidung, wie Sie reagieren, liegt einzig und allein bei Ihnen.

13. Ich höre, was ich will

Alles hat einen Grund! Dieser Spruch hat auch bezüglich der Kommunikation Gültigkeit. Wir reden nicht, weil wir gerne Laute von uns geben, sondern weil wir etwas zu sagen haben. Zumindest glauben wir es. Wir appellieren, stellen Situationen richtig, argumentieren oder schwätzen auch nur, um einmal im Mittelpunkt zu stehen. Das Bedürfnis nach Aufmerksamkeit steht dabei fast immer im Zentrum, mal mehr, mal weniger intensiv. Kommunikation ist kein Zufall. Wir verfolgen in der Regel ein Ziel. Dabei ist uns dieses Ziel nicht immer bewusst und es wechselt von Gespräch zu Gespräch. Reden ist zudem wichtig für das soziale Miteinander. Wir brauchen den Kaffeeklatsch, das Gespräch unter Männern, den Klön oder das Quatschen unter Freunden. Manchmal wollen wir überzeugen und manchmal wollen wir nur reden. Wir reden uns die Sorgen von der Seele und wir reden, damit es andere nicht tun. Wer redet, steht im Mittelpunkt, und wer andere dabei noch unterhält und sie zum Lachen bringt, ist schon fast der Partykönig. Das möchten einige gerne sein und es motiviert sie, diese Rolle zugesprochen zu bekommen. So werden diese Personen dann auch einmal zu einem Angreifer. Sie positionieren sich auf Kosten anderer. Dabei steht weniger der Wunsch der Beleidigung im Fokus als vielmehr das Ziel, den

Kreis der eigenen Zuhörer zu unterhalten und deren Lachen als Applaus zu ernten.

Der bekannte Kommunikationspsychologe Friedemann Schulz von Thun hat unter anderem das Buch „Miteinander reden“ geschrieben, indem er sich ausführlich mit den „vier Schnäbeln“ auseinandersetzt. Alles, was wir sagen, wird auf vier Kanälen gesendet, zudem spricht er auch von den vier Ohren. Alles, was wir hören, hören wir auf „vier Ohren“.

Damit haben wir die Wahl, auf „welchem Ohr“ wir eine Botschaft hören oder hören wollen. Wir haben aber auch die Möglichkeit, unliebsame Botschaften zu überhören. Damit haben wir die Freiheit, unabhängig und individuell zu reagieren. Als Beispiel erzähle ich noch einmal von Katja, die ein paar Kilos zu viel auf den Rippen hat.

Auf dem Weg in eine andere Abteilung kommt ihr Erik entgegen. Er bleibt stehen, mustert sie und meint dann leicht hämisch: „Du hast aber zugenommen, kann das sein?“

Rein sachlich hat Erik wohl recht, Katja hat zugenommen. Punkt. Also kann Katja genau darauf reagieren. Zum Beispiel mit einem Lob: „Hey, du bist aber ein guter Beobachter!“ Oder mit einer Bestätigung: „Ja, stimmt, gut gesehen.“ Vielleicht auch übertrieben: „Stimmt. Sag mal, schaust du mir etwa täglich auf den Hintern oder woher weißt du das?“ Dabei sollte Katja natürlich lächeln.

Katja könnte Eriks Aussage auch als einen Appell verstehen. Bei dieser Variante hat sie drei Möglichkeiten, Erik zu verstehen. Er findet sie zu dick. Der Appell wäre dann wohl: „Nimm ab!“ Daran denken vielleicht die meisten. Erik kann aber auch meinen, dass sie jetzt die optimale Figur hat. Dieser Appell würde dann wohl lauten: „Bleib, wie du bist!“ Die dritte Möglichkeit kann sein, dass Erik Katja immer noch als zu dünn empfindet. Mit der Gewichtszunahme ist sie auf dem besten Weg zu seinem (!) Wunschgewicht von ihr. Dann lautet der Appell: „Du bist auf dem richtigen Weg, nimm aber bitte noch weiter zu!“

Aufgrund dieser Möglichkeiten lassen sich wieder viele verschiedene Antworten basteln. Katja entscheidet sich für den nicht ausgesprochenen Appell „Bleib, wie du bist“. In der sich daraus ergebenden Selbstoffenbarung von Erik signalisiert sie: „Ich habe mir schon gedacht, dass du auf kräftige Frauen stehst.“ Daher kann eine weitere Reaktion wie folgt aussehen: Sie zwinkert ihm zu und meint mit einem Lächeln: *„Ja, stimmt, gut beobachtet. Aber ich muss dich enttäuschen, nächste Woche kommen die Pfunde wieder runter. Nicht traurig sein, Erik, wir können ja Freunde bleiben.“* Sie kann ihn auch direkt darauf ansprechen: *„Gut beobachtet! Sag mal, du stehst wohl auf kräftige Frauen?! Aber mit uns wird das nichts, ich bin glücklich vergeben!“*

Schulz von Thun spricht auch das Verhältnis an, das die beteiligten Personen zueinander haben, damit meint er die Beziehungsebene. Im Fall von Katja und Erik wissen wir nur, dass die beiden Kollegen sind. Welche Gefühle sie füreinander haben, wissen wir nicht. Das wissen beide auch vom jeweils anderen nicht. Aber Katja kann hier ja etwas unterstellen, beispielsweise dass Erik sich darüber Sorgen macht, dass sie zu dick wird. Dann gibt es die Möglichkeit, dass Erik gerne eine Beziehung mit Katja hätte, es aber nicht umgesetzt bekommt, und eine weitere Möglichkeit wäre, dass es Erik nichts angeht, wie Katja aussieht. Auch aus diesen Möglichkeiten kann Katja eine Antwort basteln.

„Gut beobachtet, Erik. Aber der Arzt hat gesagt, dass du dir keine Sorgen machen musst!“ *„Du bist ein scharfer Beobachter. Bist du das grundsätzlich oder nur bei mir?“* *„Sag mal, führst du etwa eine Statistik? Ich kann dir gern*

jeden Morgen mein aktuelles Gewicht sagen, wenn es dir hilft!"

Wie bereits erwähnt, enthält jeder Satz sachliche und emotionale Bestandteile. Doch besonders von den emotionalen Inhalten lassen wir uns gerne in die vom Angreifer gewünschte Richtung lenken. Über die Richtung entscheiden aber Sie allein! Sie entscheiden, was Sie hören und wie etwas gemeint ist. Hier die vom Angreifer erhoffte Reaktion zu durchbrechen ist Schlagfertigkeit. Die vier Ebenen (der sachliche Inhalt einer Aussage, der darin verborgene Appell, die Beziehung zwischen den Gesprächspartnern und die Selbstoffenbarung) machen deutlich, wie viele Möglichkeiten es gibt, ein und denselben Satz zu verstehen. Doch leider lassen wir uns häufig von Vorurteilen lenken und blenden die anderen Chancen von vornherein aus.

Herr Bohnkamp ist Handwerker in der dritten Generation. Seit über zehn Jahren führt er die vom Großvater gegründete Schlosserei. In dieser Zeit hat er fast alles erlebt. Heute ist er auf einer Baustelle des neuen Kindergartens. Der Bauleiter wollte mit ihm über sein Angebot sprechen. Sie debattieren über verschiedene Maßnahmen und kommen schließlich auch auf die Bearbeitungsdauer zu sprechen.

„Wenn Sie glauben, den Auftrag in zwei Tagen umsetzen zu können, dann sind Sie ganz schön naiv", sagt der Bauleiter Karl Bernhard zu ihm. Bohnkamp ist etwas überrascht, normalerweise geht es den Bauleitern nie schnell genug und plötzlich widerspricht jemand seiner Zeitkalkulation.

Sehen wir uns die Aussage von Bernhard genauer an: Sie enthält sowohl sachliche („Der Auftrag ist in zwei Tagen nicht zu erledigen") als auch persönliche Anteile („Sie sind naiv"). Was genau unser Handwerker hier hört, ist seine

Angelegenheit. Er kann den sachlichen Inhalt verstehen und den ebenfalls enthaltenen, aber nicht wirklich ernst gemeinten Angriff einfach ignorieren: „Dank meiner Erfahrung weiß ich, dass der Auftrag in zwei Tagen erledigt werden kann." Damit rückt Bohnkamp seine Kompetenz in den Fokus und lässt alles andere aus diesem Satz unberührt. Würde Bohnkamp hingegen auf das Wort „naiv" reagieren, wäre der Dialog wohl weniger harmonisch verlaufen.

Der Chef sagt aufgebracht zur Sekretärin: „Sie haben die Unterlagen verwechselt. Wie blond kann ein Mensch eigentlich sein?"

„Oh, das tut mir leid. Ich werde mir gleich morgen meine Haare färben lassen."

Auch hier wurde die Angelegenheit elegant und mit Selbstironie gerettet. Die Assistentin hat den Fehler ohne Wenn und Aber zugegeben, daher ist auch die Entschuldigung angebracht. Ferner hat sie den enthaltenen persönlichen Angriff mit Humor aufgenommen. Was soll der Chef nun darauf sagen? Sicher kann er weiter sauer sein, doch das würde in letzter Konsequenz nur seine Autorität untergraben. Der beste Weg wäre es nun, gemeinsam mit seiner Assistentin über deren Haarfarbe zu lachen.

Wir erleben es sehr selten, dass jemand auf einen emotional geprägten Angriff sachlich reagiert. Die meisten schießen ebenso emotional zurück. Allein die bewusste Wahl der sachlichen Reaktion verblüfft den Angreifer daher besonders, weil sie ungewohnt ist. Unerwartete Reaktionen gleichen Überraschungen, die zum Nachdenken oder Lachen anregen. Hier wirkt der Überraschungseffekt wie ein Witz und genau das macht Schlagfertigkeit aus.

Durch die sachliche Annahme des Angriffs geraten Sie auch nicht in Stress. Die Wahl, den Angreifer absichtlich anders zu verstehen, macht richtig Spaß und lässt Sie sich entspannen. So ist der Appell selten eindeutig und die Beziehung zwischen Ihnen und Ihrem Angreifer können Sie selbst bestimmen. Meist will der Angreifer zum Ausdruck bringen: „Schau her, was für ein toller Hecht ich bin", wir können das aber immer auch anders verstehen: „Ich bin nur ein kleiner Fisch. Bitte hilf mir!" Die Wahl wird von Ihnen in Abhängigkeit von der jeweiligen Situation getroffen.

Frau Gerber hat ihren Mann von der Betriebsfeier abgeholt. Er ist arg angetrunken. In diesem Zustand ist er immer ein wenig auf Krawall aus. Darauf hat Frau Gerber allerdings keine Lust, sie ist müde und will heim. So sieht sie auch nicht auf Anhieb, dass die Ampel auf „Grün" umgesprungen ist.

„Es ist grün!", lallt ihr Mann ungeduldig auf dem Beifahrersitz.

„Das ist richtig!", erwidert Frau Gerber.

Versuchen Sie einmal mit jemandem einen Streit zu beginnen, der nicht streiten will!

14. Falsch verstehen

Ob Sie etwas hören, ist Ihre Angelegenheit. Es ist aber auch Ihre Privatangelegenheit, **was** Sie verstehen! Sie können etwas vollkommen anders verstehen, als es der andere gemeint hat. Sie können jede Botschaft neu und in die von Ihnen gewünschte Richtung interpretieren.

Wir haben die Möglichkeit, die meisten Situationen sowohl positiv als auch negativ zu verstehen. Wenn Sie eine volle Tasse Kaffee auf die Anzugshose Ihres Gesprächspartners verschütten, so können Sie vor Scham im Boden versinken oder auch herzhaft darüber lachen. Die Wahl liegt bei Ihnen. Die gleiche Wahl haben Sie übrigens, wenn der Kaffee auf Ihrer Hose landet. Sie können sauer sein oder ebenfalls herzhaft lachen.

Auch bei verbalen Angriffen haben wir mindestens zwei Möglichkeiten, eine Botschaft aufzufassen. Wenn jemand zu mir sagt: „Du bist ein Depp", so kann ich sauer über diese Beleidigung sein, aber ich habe auch die Möglichkeit, mich darüber zu freuen. Schließlich bin ich damit dann wohl offizielles Mitglied einer riesigen Gemeinschaft, zu der mein Angreifer bestimmt auch gehört. Damit können Sie aus Häme ein Lob machen und aus einer Beleidigung ein unbeholfenes Kompliment. Der Sender ist dafür verantwortlich, wie seine Nachricht aufgefasst wird. Nutzen Sie diese rhetorische Grundregel und stellen Sie sie auf den Kopf.

Danke für die Blumen

Sebastian war in der Registratur und hätte von dort unter anderem einen Ordner für seinen Kollegen Kai mitbringen sollen, den er natürlich prompt vergessen hat. Dafür hat er einen ganzen Stapel anderer wichtiger Unterlagen dabei. Kai schaut ihn an und schüttelt den Kopf: „Mensch, Sebastian, du bist eine echte Krücke.“

Sebastian lächelt ihn an: „Wenn du mit Krücke meinst, dass ich die Stütze des Unternehmens bin, ja, dann gebe ich dir recht!“

Machen wir doch aus einer Beleidigung ein Kompliment! Das kann mit dem Satzgebilde „Meinst du mit ..., dass ..., dann hast du recht!“ wunderbar machen. Bedanken Sie sich dabei unbedingt, das ist dann das Sahnehäubchen der Schlagfertigkeit. Ihren Gesprächspartner wird diese Taktik verwirren und Sie behalten trotz der Beleidigung die Wertschätzung bei und schlagen nicht unter der Gürtellinie zurück. Damit vermeiden Sie unnötige Konflikte und der Schwarze Peter landet bei Ihrem Gesprächspartner. Der steht mit der unbeholfenen Formulierung schlecht da, insbesondere dann, wenn er sie vor Publikum geäußert hat.

Herr Liebermann ist gut in seinem Job, er weiß das und er weiß das auch zu vermitteln. Sein Kollege Schmidthuber hat hingegen so seine Probleme im Beruf und er ist auch ein wenig neidisch auf Herrn Liebermann. In der Kaffeeküche plaudern beide ein wenig miteinander und Herr Liebermann erzählt von seinem letzten Termin, von dem er mit einem dicken Auftrag zurückkam. Er schmückt seine Position entsprechend aus. „Du bist schon ziemlich arrogant!“, meint Herr Schmidthuber zu ihm. „Wenn du mit ‚arrogant‘ die Fähigkeit meinst, eigene Ziele zu kennen und auch durchzusetzen, dann gebe ich dir recht“, erwidert Herr Liebermann.

Herr Liebermann hat die Situation neu interpretiert. Seine Erklärung hat mit der Bezeichnung „arrogant" wenig zu tun, dennoch nehmen die meisten diese Erklärung unüberlegt hin. Auf diese Weise können Sie mit sehr vielen Angriffen dieser Art umgehen. Die Technik funktioniert fast immer gleich. Sie nehmen das Angriffswort auf, interpretieren es nach Ihren Bedürfnissen und formulieren dann Ihren Blumenstrauß daraus. Natürlich bedanken wir uns für das Lob ebenso wie Frau Moser.

Frau Moser redet sehr viel. Herr Neuber ist entsprechend genervt und meint: „Sie sprechen ja ohne Punkt und Komma!"

Frau Moser lächelt: „Oh, Sie bewundern meine Wortfindungsfähigkeit, vielen Dank!"

Eine logische Assoziation ist bei dieser Technik nicht entscheidend.

Lars Steider arbeitet schwer in seinem Beruf, als Vorarbeiter muss er ständig für seine Leute mitdenken. Er macht seinen Job gerne und über die Sprüche seines Vorgesetzten Hendrik kann er nur lächeln. So auch heute: Im Stress und in einem unbedachten Moment wurde ein Werkstück falsch gefräst. Hendrik macht aus dieser Situation einen Zwergenaufstand. „Also, Lars!", brüllt er durch die Halle, „Du bist ein echter Ochse!"

Lars lächelt ihn an: „Wenn du damit meinst, dass ich im entscheidenden Moment den Karren aus dem Dreck ziehe, dann hast du recht, Hendrik. Aber das soll dich nicht davon abhalten mitanzupacken!"

Sie können aus vielen Beleidigungen ein Kompliment machen. Der Ochse zieht den Karren aus dem Dreck und wir bewundern die Ausdauer eines Kamels. Der Kollege ist manchmal der Letzte, doch die Letzten werden ja bekanntlich die Ersten sein. Das Rindvieh ist in Indien heilig und auf unseren Wiesen ein vorbildliches Herdentier. Der Warmduscher achtet auf seine Hygiene und riecht nicht nach Schweiß. Es gibt Beleidigungen, die lassen sich nur schwer umformen, aber bei diesen kann man ja andere Techniken anwenden.

Danke für den Rat

Wenn es Ihnen nicht gelingt, ein Lob in einem Satz zu finden, steckt vielleicht ein gut gemeinter Ratschlag darin. Auch wenn wir nicht nach einem solchen gefragt haben, müssen wir uns nicht davon abhalten lassen, uns für selbigen zu bedanken. Vergessen Sie nicht: Das Ziel ist es, einen (möglichen) Angriff ins Leere laufen zu lassen.

Frau Bergmann hat schon seit vielen Jahren die gleiche Frisur. Ihre Haare sind ihr nicht ganz so wichtig, sie hat andere Prioritäten im Leben gefunden. Sandra Becker ist hingegen stets wie Models in einem Modemagazin gekleidet. Die beiden sind zwei Menschen mit zwei verschiedenen Ansichten. Kein Problem, wenn das auch jede akzeptieren würde. Frau Becker glaubt aber ihre Meinung auch anderen aufdrücken zu müssen. Frau Bergmann hat es schon lange aufgegeben zu versuchen sie umzustimmen. Eines Tages sagt Frau Becker zu ihr: „Also, Frau Bergmann, Ihre Frisur ist doch ziemlich altmodisch!"

Frau Bergmann: „Finden Sie, die Frisur passt nicht zu mir? Hm, da werde ich beim nächsten Besuch doch mal meinen Friseur fragen. Vielen Dank für Ihren Tipp!"

Frau Becker ist ruhig und Frau Bergmann hat ihre Ruhe. Beide können weiterhin zusammenarbeiten. Das lässt sich übrigens beliebig oft wiederholen: Falls Frau Becker eines Tages auf die Idee kommen solle zu erwähnen, dass Frau Bergmann schon längst mit ihrem Friseur über ihre Haare sprechen wollte, dann kann sich Frau Bergmann für die freundliche Erinnerung bedanken.

Nicht immer sind „Angriffe" so freundlich formuliert wie im Fall von Frau Becker. Andere nennen die Dinge schon eher beim Namen oder machen sich über ihre Mitmenschen und deren Marotten lustig.

So trifft Frau Casper in der Mittagspause Herrn Stein. Sie sieht seinen Anzug abfällig an und meint: „Sag mal, deine Klamotten holst du dir wohl auch immer aus dem Altkleidersack!?"

Herr Stein: „Findest du sie altmodisch? Dann muss ich wohl doch mal mit meiner Frau einkaufen gehen. Danke für den Hinweis."

Der Schuss trifft nicht und darauf kommt es letztendlich an. Falls Herr Stein Single wäre, hätte er die Meinung von Frau Casper auch als Einladung verstehen können. *„Du findest den Anzug altmodisch? Dann kannst du mich doch bestimmt mal beim Shoppen begleiten und beraten!"*

Wer weiß, vielleicht wird das noch was mit den beiden.

Ansichtssache

Paul und Bert machen im Allgäu Urlaub. Paul schwärmt von den Bergen, er ist überrascht Anfang Juni noch Schnee auf den Spitzen zu erspähen und kann sich an den Alpen nicht sattsehen. Bert steht ihm gegenüber und schüttelt den Kopf. Er sieht keine Berge, keinen Schnee und keine Alpen. Bert sieht Wiesen. Die sehen zwar saftig aus, aber die hat er auch an der Nordseeküste.

So ist das im Allgäu, am Rand der Alpen, die Berge sieht nur der, der auch nach Süden schaut. Schließlich sehen Sie auch nicht das Meer, wenn es hinter Ihrem Rücken tobt. Der Standpunkt der beiden ist der gleiche, doch die Sichtweise eine andere. Was wir mit den Bergen und dem Meer erleben, kann man auch auf andere Bereiche im Leben übertragen.

Volker geht gerne angeln. Er liebt die Natur, die Ruhe am Teich und die Einsamkeit. Hier kann er Kraft tanken und seinen Gedanken nachhängen. Dass er dabei auch eine Angel in der Hand und einen Haken im Wasser hängen hat, ist für ihn Nebensache. Gregor findet Angeln blöd. Stundenlang einen Wurm zum Baden in einen Teich zu hängen hält er für Zeitverschwendung. Wenn er einen Fisch haben will, geht er zum Fischhändler. Wer macht es nun richtig, der Ruhige oder der Pragmatische? Beide! Wir müssen den anderen nicht immer verstehen, es reicht, wenn wir ihn akzeptieren. Doch das ist leider nicht immer der Fall.

Josefine Bauer geht über den Flur. Frau Bauer ist nicht sehr groß, dafür aber ihre Konfektionsgröße. Seit ihrer Kindheit kämpft sie gegen und täglich mit ihrem Gewicht. Sie benötigt niemanden, der sie auf ihr Gewichtsproblem hinweist, sie weiß sehr gut darüber Bescheid, sie trägt es ja immer mit sich herum. Sie hat sich längst daran gewöhnt und lässt sich schon lange nicht mehr ihre gute Laune vermiesen – weder von den Pfunden noch von anderen Menschen. Sie liebt ihr Leben. Ihre Freunde mögen sie, wie sie ist, und der Rest ist ihr egal.

Ihre Kollegin Heike Westphal hat eine andere

Lebenseinstellung. Sie bekämpft jedes überflüssige Gramm und nach einem genussreichen Essen kasteit sie sich tagelang.

Nun ist Josefine Bauer auf dem Weg zur Kantine. Am Eingang steht Frau Westphal umringt von ihren Freundinnen. „Hallo, Frau Bauer", ruft sie ihr etwas zu laut und überschwänglich über mehrere Meter zu. „Ihnen schmeckt es aber, wie man sieht!"

„Hallo, Frau Westphal", erwidert Frau Bauer freundlich den Gruß mit einem herzlichen Lächeln „Ja, Gott sei Dank! Ich genieße mein Leben und gutes Essen gehört doch dazu, oder? Nur wer genießen kann, bleibt auch genießbar. Daher machen Diäten die Menschen auch so ungenießbar, finden Sie nicht?"

Wenn überhaupt, dann ist ein Gegenangriff hier nur sehr sanft enthalten. Es kann sich auch einfach nur um die Ansicht von Frau Bauer handeln – und damit wäre ihre Aussage auch vollkommen in Ordnung. Natürlich ist es lästig, über solche Konter nachzudenken, doch die Angriffe sind noch lästiger. Diese können wir aber nur durch entsprechende Antworten beenden.

Wer wegen seiner Ansicht angegriffen wird, dem wird das immer wieder geschehen, wenn er sich nicht dagegen wehrt. Menschen sind eher selten kreativ und das gibt einem ausreichend Gelegenheiten, seine Paroli-Antwort gut und gründlich vorzubereiten. Für den Angreifer klingt sie wie aus der Pistole geschossen und darauf kommt es an, von der Vorarbeit weiß keiner.

Fritz Peterson ist begeisterter Schachspieler. Es gibt nur wenige Menschen, die sein Hobby bewundern. Viele rümpfen die Nase, wenn er davon erzählt. So auch sein Kollege Sven Ulrich. Dieser steht oder besser gesagt „sitzt" auf PS. Je

*schneller und lauter sein Motorrad ist, desto besser. In der
Kaffeepause wurde das letzte Schachturnier von Fritz zum
Gesprächsthema der Runde.*

Sven: „Also, Schach ist doch stinklangweilig!"

*Diesen Satz hat Fritz schon sehr oft gehört. „Wenn man
etwas nicht versteht, ist es immer langweilig. Motorrad
fahren macht mich jetzt auch nicht besonders an, aber ich
gönne es dir."*

Leben und leben lassen. Mit dieser Grundeinstellung fahren
wir alle ruhiger und zufriedener. Leider hält sich nicht jeder
daran – und dann muss eben auch einmal darauf hingewiesen werden.

Was mir einfällt

Wir sprachen bereits darüber: Was ich höre, ist meine eigene Entscheidung. Ich kann mir aussuchen, welche Seite
einer Botschaft oder welche Teile eines Satzes ich höre.
Missverständnisse entstehen ohnehin meistens dadurch,
dass die Erwartung, was der andere wohl sagen wird, das
tatsächlich Gehörte beeinflusst. So sind wir manchmal
davon überzeugt, etwas gehört zu haben, das nie gesagt
wurde. Ein Beziehungsstreit erhält dank dieses Phänomens
immer neuen Sprengstoff. Dabei glaubt jeder tatsächlich im
Recht zu sein. Gut, dass bei solchen Gelegenheiten selten ein
Aufnahmegerät mitläuft.

Unsere Sprache ist sehr lebendig und die meisten sprechen heikle oder unangenehme Dinge nicht direkt an. Das
gibt uns viel Raum, Aussagen bewusst anders zu verstehen.
Das klingt vielleicht nicht fair, aber in Angriffssituationen
kommt es auf das Endergebnis an. Zudem können wir

Aussagen auch positiver aufnehmen, als sie vielleicht gemeint waren.

Um etwas anders zu verstehen, als es eigentlich gesagt wurde, ist unsere Assoziationsfähigkeit von großer Bedeutung. Assoziationen laufen gerne über bekannte Wege, damit spart das Gehirn eine Menge Denkenergie. So ist die Aussage „Ich gehe zum Zahnarzt" bei den meisten mit den Assoziationen Bohren, hässliche Geräusche, Spritzen, Schmerzen und Fluchtgedanken verbunden. Ein Pharmareferent verbindet mit dem gleichen Satz hingegen Dinge wie Umsatz, Kunden und tägliche Arbeit. Noch unterschiedlicher werden Aussagen zu unserer Person verstanden. So stehen beispielsweise die meisten Menschen einem Lob oft skeptisch gegenüber. Sie erwarten einen Haken oder verstehen das Lob direkt falsch. Viele trauen dem Frieden nicht und erwarten einen Angriff, schließlich sollen wir den Tag auch niemals vor dem Abend loben. Wer weiß, was da noch kommt!? Die Frage „Hast du zugenommen?" löst in den wenigsten Fällen Freude bei der befragten Person aus. Wenn wir aber annehmen, dass dieser Mensch lange Zeit sehr krank war und während der Krankheit dramatisch an Gewicht verloren hat, dann hört sich der gleiche Satz plötzlich ganz anders an.

Üblicherweise fassen wir Kommentare von unsympathischen Menschen als Angriff auf, egal wie sie gemeint waren. Häufig ist auch die langjährige Erfahrung schuld an den negativen Gedanken, die bei einem Spruch in uns aufkommen. So wird Frau Bauer in ihrem Leben vermutlich schon viele dumme Sprüche bezüglich ihrer kräftigen Figur gehört haben. Es ist naheliegend, dass sie zur Aussage „Dir schmeckt es aber" assoziiert, dass es diese Person eher nicht gut mit ihr meint. – „Es schmeckt bedeutet, dass ich gerne esse. – Gerne essen heißt aber, dass ich viel esse. – Viel Essen bedeutet den Aufbau einer Fettschicht. – Eine Fettschicht bedeutet Übergewicht. – Diese Person findet mich zu fett. – Wie kann sie nur so unverschämt sein und mir das ins Gesicht sagen!" Was hier „ewig" lange wirkt, dauert tatsächlich nur ein paar Zehntelsekunden. Wer diese Kette öfters durchläuft, geht mit der Zeit ohnehin eine Abkürzung und könnte nur die folgende Assoziationskette durchlaufen: „Die unsympathische Person sagt ‚Dir schmeckt es aber'. – Sie findet mich zu fett, wie unverschämt ist das denn?"

Vielleicht hat sich Frau Bauer immer wieder über solche Sprüche geärgert und vielleicht war das die Motivation dafür, eine andere Assoziation ins Leben zu rufen. Sie will sich nicht mehr über andere Personen ärgern und sie will sich auch nicht mehr für ihre Rundungen rechtfertigen. Sie kam zu dem Entschluss, dass Essen eigentlich etwas Wunderbares ist und eine Aussage, wie die von Frau Westphal, auch positiv verstanden werden kann. Heute denkt sie bei solchen Äußerungen Folgendes: „Es schmeckt dir aber!" „Ja klar, ich liebe gutes Essen. – Essen ist für mich Genuss. – Wer genießen kann, der genießt auch sein Leben. – Ich lebe gerne!" So zu denken ist ihr gutes Recht.

Wer sich eine positive Art des Denkens angewöhnt, kann auch mit direkten Angriffen ganz anders umgehen. Frau Bauer hat die Kommentare zu ihrem Gewicht schon als Kind hinnehmen müssen. Diese lange Zeit hat ihr den Aufbau eines gewissen Schutzpanzers ermöglicht. Heute denkt sie sogar anders über unverschämte Angriffe. Ein Spruch wie „Du bist aber ganz schön fett" löst bei ihr die folgenden Assoziationen aus: „Unverschämte Aussage. – Der Angreifer hat wohl Probleme mit der Wortwahl. – Ich bin fett, weil ich genieße. – Damit hat der andere wohl ein Problem. – Er hat wohl einige Probleme. – Er scheint ein unzufriedener Zeitgenosse zu sein, der sein Leben nicht genießen kann!" Sie empfindet mittlerweile Mitleid mit Angreifern, das lässt sie entspannt bleiben und damit hat sie auch den Kopf für ihre persönliche Paroli-Antwort frei, die fast jedes Mal anders ausfällt – und ihr Gegenüber immer wieder überrascht.

Was und wie wir assoziieren, ist unsere persönliche Angelegenheit. Die Gedankenketten der meisten Menschen sind einander jedoch sehr ähnlich, daher kommen die meisten fast immer zum gleichen Schluss – das ist der Reiz-Reaktions-Mechanismus (siehe Seite 122). Schlagfertig wird eine Antwort, wenn die Erwartung des Angreifers oder Zuhörers durchbrochen wird.

Äußerungen gewinnen an Schärfe, wenn die Beziehung der beiden Kontrahenten nicht die beste ist. Auch die Interpretation der Qualität einer Beziehung liegt in Ihrer Hand. Sie können Ihre Beziehung zu Ihrem Angreifer anders sehen, als es der Angreifer vermutlich tut. Sobald Sie eine Person für freundlich gesinnt halten und sämtliche Bosheiten ausblenden, sehen Sie diese Person anders und interpretieren auch ihr Verhalten vermutlich anders als zuvor. Das ist zunächst anstrengend und schwer, doch die Vorteile dieser Betrachtungsweise überwiegen. Sie überraschen Ihren Gesprächspartner mit der anderen Meinung und Interpretation. Er denkt vielleicht darüber nach und verliert in jedem Fall mit der Zeit die Lust daran, Sie anzugreifen.

Übung „Änderung von Assoziationen"

Denken Sie einmal über Ihre Gedanken nach. Beurteilen Sie bewusst Ihre Assoziationen bei einem Angriff. Vielleicht haben Sie auch Lust dazu, Ihre Gedanken Schritt für Schritt aufzuschreiben. Gehen Sie bei Ihrer Gedankensuche wie folgt vor:

1. Bestimmen oder entdecken Sie Ihre „schwache" Seite. Was könnte ein Angriffspunkt sein oder ist Ihr Angriffspunkt in den Augen anderer Menschen? Ist es das Gewicht, die

Haarfarbe, der Vor- oder Zuname, die Körpergröße, das Auto, die Schulbildung oder eines von Hunderten anderen Details?

2. Notieren Sie sich einen Angriffssatz. Da die meisten Angriffe eher subtil zwischen den Zeilen erfolgen, sollten Sie einen solchen Satz wählen. Bestimmt haben Sie den einen oder anderen „Standardangriff" schon häufig gehört!

3. Was ist Ihr erster spontaner Gedanke, wenn Sie diesen Satz hören? Haben Sie Wut oder Mitleid, sind Sie böse oder enttäuscht? Was geht Ihnen zuerst durch den Kopf (auch Mordgedanken sind erlaubt, solange es bei Gedanken bleibt)?

4. Was ist rein sachlich betrachtet der Inhalt dieses Satzes? Lassen Sie alle Gefühle außen vor. Was bedeutet der Satz, wenn man den Inhalt nicht in irgendeiner Weise interpretiert?

5. Welche Assoziationen haben Sie, wenn Sie den sachlichen Inhalt des Satzes hören? Bilden Sie nun eine positive Assoziationskette. Suchen Sie nach Lob, Anerkennung und Ähnlichem! Vielleicht fallen Ihnen sogar mehrere Assoziationsmöglichkeiten ein!

6. Suchen Sie nun nach einer positiven Interpretation Ihres Angriffssatzes.

Dieter steht im Waschraum vor dem Spiegel. Er holt einen Kamm aus seiner Tasche und zieht seinen Scheitel nach. Hermann kommt herein und betrachtet diese Situation. Dieter achtet extrem auf sein Äußeres, das ist jedem in der Behörde bekannt. Daher meint Hermann grinsend: „Mensch, bist du ein eitler Gockel!"

Das ist nicht die netteste Art, einen Kollegen anzureden. Bestimmt wollte Hermann kein Lob aussprechen, aber Dieter versteht das als Kompliment. Ein Hahn hat etwas

Majestätisches und Erhabenes an sich. Daher wählt Dieter als Antwort: „Oh, danke, dass du meine würdevolle und erhabene Art bewunderst. Ja, die Frauen mögen das auch." Damit hat Dieter den eigentlichen Angriff in etwas Positives verwandelt. Damit Herman auch wirklich versteht, dass Dieter unverwundbar ist, gibt er ihm noch einen kleinen, aber freundlichen Gegenangriff mit auf den Weg: „Wenn du also mal einen Tipp diesbezüglich brauchst, frag mich einfach!"

Eva-Maria steht mit vier Kollegen nach Feierabend auf dem Parkplatz. Mit dabei ist auch die neue Kollegin Sonja, die erst letzte Woche in der Firma angefangen hat. Eva-Maria erzählt von ihrem Wochenendausflug und schmückt dabei die Geschichte mit sehr vielen Details aus. „Mein Gott, Sie reden aber viel!", meint Sonja nach einiger Zeit.

Rein sachlich betrachtet ist das eine Tatsache, Eva-Maria redet viel. Die Assoziation, die sie hat, ist, dass man hierfür aber auch Talent benötigt. Das Gehirn muss fit genug sein, um genügend passende Wörter liefern zu können. Eva-Maria nimmt daher den vermeintlichen Angriff mit einem Lächeln an: „Oh, Sie bewundern meine Wortfindungsfähigkeit. Vielen Dank!"

Im Unternehmen „Maschinenbau Goll KG" ist heute ein Brainstorming angesetzt. Es soll nach einer Lösung gesucht werden, mit deren Hilfe der ausländische Markt besser erobert werden kann. Sabine und Eric sitzen ebenfalls in der Sitzung. Sabine hat soeben von einer Idee berichtet, mit der ihr vorheriger Arbeitgeber das Marketingproblem gelöst hatte. Eric lässt sich entnervt in den Sessel fallen: „Pardon, aber diese Idee hatten wir hier auch schon mal und wir mussten feststellen, dass sie nicht funktioniert!" Sabine könnte das nun als Angriff verstehen, doch die sachliche Meldung *von Dirk war lediglich dahingehend, dass diese Idee bereits erfolglos ausprobiert wurde. Sabine fällt ein, dass jede Idee eine bestimmte Zeit braucht, zu der sie am besten funktioniert, und kommt somit zur Assoziation, dass die Zeit für das Unternehmen „Goll KG" damals vielleicht noch nicht reif war. Daher sagt sie zu Eric: „Nun, da mögen Sie recht haben, doch die Zeiten ändern sich und vielleicht klappt die Umsetzung der Idee ja heute!"*

Die 180-Grad-Technik

Wer behauptet eigentlich, dass Sie angegriffen wurden? Vielleicht bezog sich der gehörte Spruch oder die Meinung Ihres Gesprächspartners auch nur auf sich selbst, also auf sein persönliches Problem!? Vielleicht war es nur eine Selbstoffenbarung? Dann machen Sie Ihrem Gesprächspartner doch einfach ein wenig Mut und motivieren Sie ihn dazu, zu sich zu stehen! Denken Sie daran: Wie Sie etwas verstehen, bestimmen Sie allein!

Nach einem Kantinengespräch über das gestrige Länderspiel meint Georg Baum: „Fußballspieler sind doch alle doof!" Paul Vogel kontert: „Dann hören Sie doch auf zu spielen, wenn es Ihnen Probleme bereitet!"

Stefan Berger und Thomas Pfoh sind beim Frühschoppen. Am Nachbartisch sitzt ein Pärchen und schlürft Zitronentee. Laut und deutlich sagt sie zu ihm: „Ich finde es asozial, wenn man bereits vor 12 Uhr Alkohol trinkt!" Thomas dreht sich zu ihr um und meint: „Sie sollten nicht so hart mit sich ins Gericht gehen!"

Nun werden vielleicht einige behaupten, dass der Kommentar
von Thomas eigentlich ein Angriff ist. Man kann aber davon
ausgehen, dass die Dame ihre Meinung absichtlich laut
genug geäußert hat, damit diese auch am Nachbartisch gehört wird. Es ist wie eine direkte Äußerung, nur ein wenig
feiger. Natürlich darf die Dame diese Meinung haben, aber
sie muss nicht ihre Mitmenschen mit ihrer Einstellung angreifen und die Verwendung des Wortes „asozial" war ziemlich sicher beleidigend gemeint.

*Erik ist begeisterter Motorsportfan. In der Mittagspause
sitzt er bei drei Kollegen am Tisch. Das Gespräch dreht sich
um Gartenarbeit und Erik hört still zu. Nach einer Weile
meint er: „Gartenarbeit ist doch megaspießig!" Kurt nickt,
dabei klopft er Erik auf die Schulter und sagt: „Ja, da gebe
ich dir recht, aber wenn es dir Spaß macht, Erik, dann pfeif
doch auf die Meinung der anderen. Steh zu dir! Ich mach
das auch so."*
So sitzt Erik plötzlich im Boot der Gartenfreunde.

*Am Nachbartisch sitzt Erika mit drei Kollegen und
Kolleginnen. An diesem Tisch dreht sich das Gespräch um
Motorräder und Autos. Erika meint schließlich: „Wie kann
man Autofahren nur zum Hobby haben, das ist doch die
reinste Umweltverschmutzung?!" Bruno schaut sie ver-
ständnisvoll an und antwortet: „Das stimmt schon, aber
du musst nicht alles übernehmen, was sie dir in deiner
Selbsthilfegruppe sagen. Es ist schon in Ordnung, wenn du
keine schlimmeren Laster hast, Erika."*

Auch Rüdiger hat, wie folgender Fall zeigt, die Aussage seines Kollegen als Selbstoffenbarung verstanden. So wurde
der eigentliche Angriff um 180 Grad gedreht. Plötzlich war
es ein Eingeständnis des Angreifers.

Tim wurde von seinem eigenen Angriff getroffen, gleichwertiger kann eine schlagfertige Antwort wohl kaum sein.

Diese Technik funktioniert natürlich nur dann, wenn der eigentliche Angriffssatz nicht persönlich an Sie gerichtet ist. Bei der direkten Ansprache „Was machst du denn hier, ich dachte es seien nur die besten Verkäufer eingeladen?!“ funktioniert diese Technik naturgemäß nicht mehr, hier muss man auf eine andere Technik zurückgreifen. Achten Sie also gut auf die Wortwahl Ihres Kontrahenten. Das Vermögen, gut zuhören zu können, erweist sich hier als wichtige Eigenschaft.

Sie müssen Ihren Angreifer aber auf jeden Fall direkt ansprechen. Der Satz verliert an Stärke, wenn Sie Ihre Antwort nicht auf den Angreifer zuschneiden. „Vielleicht hatte die Geschäftsleitung Mitleid“ ist also eine Antwort, die Ihr Gegenüber nicht sonderlich überzeugen wird, denn damit könnten Sie sich auch selbst meinen.

Die 180-Grad-Technik ist eine Gegenangriffstechnik, bei der Sie den erhaltenen Angriff nur widerspiegeln. Damit unterschreiten Sie in keinem Fall die vom Gegner gelegte Gürtellinie.

Marlene geht in die Kantine. Vor der Tür stehen die beiden Kolleginnen Yvonne und Eva rauchend beim Aschenbecher. Die zwei können Marlene nicht ausstehen. „Ich wusste gar nicht, dass hier auch Schnepfen bedient werden", meint Yvonne gehässig und laut genug zu ihrer Freundin Eva. Marlene musste diesen Angriff hören und kontert: „Ich leg beim Chefkoch mal ein gutes Wort für dich ein, dann musst du auch nicht mehr hier an deinem Napf stehen!", und zeigt dabei auf den Aschenbecher.

Peter trägt schon mit Anfang 30 eine Glatze, dafür fährt er aber ein flottes Cabrio. Timo neidet ihm diesen Wagen. Eines Tages auf dem Parkplatz lästert Timo: „Lieber ein altes Auto, dafür aber dichtes Haar." Peter lächelt ihn an: „Wenn man zwischen diesen beiden Möglichkeiten entscheiden kann, stimmt das wohl. Aber hast du denn die Wahl?"

Max kommt in die Dorfkneipe. Dort stehen Willi und Fritz, zwei Vereinskollegen vom Fußballverein, am Tresen. Willi meint laut zu Fritz: „Die lassen hier aber auch jeden rein. Sogar Leute, die über den Ball stolpern." Max stellt sich dazu und meint lächelnd: „Natürlich Willi, schließlich wollen wir nicht, dass du alleine vor der Türe bleiben musst."

In Vereinskreisen und unter guten Bekannten und Freunden werden solche Antworten in der Regel nicht so ernst genommen. Ein wenig Frotzelei gehört dazu. Nützen Sie daher jede Gelegenheit, um Ihre Schlagfertigkeit zu üben. Es macht Spaß!

15. Das Publikum jubelt mit

Mit Zuschauern ist alles anders, meist auch die Motive der Angreifer. Vor Publikum kann sich ein Angreifer selbst profilieren und versuchen Ihnen die Show zu stehlen. Die im Folgenden vorgestellten Techniken können auch im Dialog oder in einer Kleingruppe funktionieren, aber ihre Wirkung ist in solch kleinen Kreisen deutlich geringer. Präsentationen oder Vorträge bieten das bessere Parkett. Denken Sie aber bitte daran, dass Sie gerade in diesem Rahmen nur Verteidigungstechniken einsetzen dürfen, die deutlich über der Gürtellinie liegen. Greifen Sie Ihr Publikum versteckt zwischen den Zeilen an, verlieren Sie die Sympathie der meisten Zuhörer. Auch wenn ein „Störer" allen auf die Nerven geht, solidarisieren sich die meisten Zuschauer doch mit ihm, wenn er vom Referenten angegriffen wird. Schließlich ist auch der Störer ein Mitglied der Zuschauer und gehört damit zu deren Gemeinschaft. Während die Sympathien im Zwiegespräch mit ein oder zwei Zuschauern hin- und herpendeln und demjenigen gehören, der die witzigsten Sprüche klopft, entwickelt eine größere Zuschauerzahl ein Gruppendenken. Hier gibt es zwei Fronten: den Referenten auf der einen Seite und das Publikum auf der anderen. Dieses Denken fängt in etwa in Klassenverbandsgröße an. Eine Sitzung, an der wenige Kollegen teilnehmen, unterliegt diesem Phänomen nicht. Sollten Sie also einen Störer in einer größeren Runde haben, können Sie maximal dafür sorgen, dass der Angreifer sich selbst die Sympathien beim Publikum verspielt.

Der höfliche Mensch lässt aussprechen

Bleiben wir beim Vortrag. Nehmen wir an, Sie halten bei einer Veranstaltung einen Vortrag und ein Zuhörer hat nichts Besseres zu tun, als ständig dazwischenzureden. Das können nutzlose Kommentare oder auch überflüssige Fragen sein. Ich möchte ausdrücklich betonen, dass ein Frager für mich nur dann störend ist, wenn er offenkundig das Ziel verfolgt, sich mit seinen Fragen in den Mittelpunkt zu drängen oder den Referenten zu demontieren. Diese Personen haben nur sehr selten ein tatsächliches Interesse am Vortragsinhalt. Interessante und ernst gemeinte Fragen sollten natürlich zur Zufriedenheit aller Zuschauer beantwortet werden. Den Unterschied zwischen einem Störer und einem Frager fällt dem Referenten und den übrigen Zuhörern aber ohnehin sehr schnell auf.

Wie bei jeder anderen Frage auch hören wir dem Zuhörer in Ruhe zu. Wir sind höflich, denn sowohl der Zuschauer als auch der Frager dürfen das erwarten. Zudem weiß man selten im Voraus, welche Ziele der Fragesteller verfolgt. Bis die Ziele nicht klar erkennbar sind, ist jeder Zwischenkommentar ernst zu nehmen. Durch gutes Zuhören erkennen Sie recht bald die ersten Tendenzen, die der Zwischenrufer verfolgt. Sie erkennen den Wert der Frage und vielleicht schon die Motive des Fragenden. Natürlich sollten wir nicht überall nur Feinde vermuten. Aus diesem Grund wird die Frage im Zweifel klar und fair beantwortet. Ob Sie das sofort tun oder den Zuschauer auf das Ende Ihres Vortrags vertrösten, hängt von verschiedenen Punkten, insbesondere aber von Ihnen, ab. Sollten Sie die Frage auf das Ende Ihrer Veranstaltung schieben, so vergessen Sie sie nicht, denn die Zuschauer vergessen sie bestimmt nicht.

Der ernsthaft interessierte Frager ist damit meistens zufrieden. Er wurde wahrgenommen, und das reicht ihm vorerst auch. Störer sind hingegen nicht so genügsam, sie melden sich wieder und wieder, ihre Fragen werden unklarer oder sie verlieren sich in Wiederholungen. Damit wird für den Referenten die Situation immer klarer, denn die Motive des Fragers werden immer deutlicher. Wer viel fragt und immer unsachlicher wird, will sich entweder selbst profilieren oder Sie aus dem Konzept bringen. Im zweiten Fall haben Sie vermutlich einen Feind im Publikum sitzen.

Nun könnten Sie den störenden Frager irgendwann ignorieren, doch das empfindet das übrige Publikum meist als unhöflich und es wäre darüber hinaus nicht besonders souverän. Zudem wäre das Problem damit nicht aus der Welt geschaffen, denn einige Störer warten erst gar nicht, bis man ihnen das Wort erteilt. Sie nehmen es sich einfach und rufen dazwischen. Auch wenn man den Störer im Publikum nicht versteht, verbreitet er eine spürbare Unruhe. Hier sind Sie an einem Punkt angelangt, an dem Sie handeln müssen, dazu eignet sich beispielsweise die Pausentechnik.

Hören Sie dem Störer in Ruhe zu und achten Sie darauf, dass jeder im Saal ihn versteht. Hören Sie ihm auch dann noch zu, wenn der Störer aufhört zu reden. Schauen Sie ihn erwartungsgespannt noch einen Moment an und zählen Sie in Gedanken im Sekundenrhythmus von zehn abwärts. Viele Störer werden nun nervös, die meisten reden weiter und einige geben Ihnen das Wort zurück. Falls Sie das Wort erhalten, bedanken Sie sich und fahren Sie in Ihrem Vortrag fort. Gehen Sie aber nicht auf seinen Kommentar ein. Vertrösten Sie ihn maximal auf das Ende der Veranstaltung.

Falls der Störer jedoch weiterredet, so hören Sie ihm auch weiterhin zu. An diesem Punkt haben die meisten ihr verbales Pulver bereits verschossen. Die vermeintlich guten Argumente sind schon gesagt und weitere haben die Störer nicht. Jetzt rettet sich der Unterbrecher in Wiederholungen, aber damit fängt er an das übrige Publikum zu langweilen und verliert dessen Sympathie, falls er diese jemals hatte. Beobachten Sie sowohl den Störer als auch Ihre Zuhörer. Falls der Störer vom Thema abweicht, holen Sie ihn mit einer kurzen Bemerkung zu seiner (!) Frage oder dem Zwischenruf zurück. „Das hat jetzt aber nichts mehr mit Ihrem Zwischenruf zu tun. Haben Sie noch etwas zum Thema zu sagen?"

Betonen Sie dabei das Wort „Zwischenruf", damit das übrige Publikum noch einmal daran erinnert wird, dass Sie es hier mit einem Störer zu tun haben. Das kostet ihm weitere Sympathiepunkte. Versuchen Sie dem Störer in einem engen Rahmen, den Sie bestimmen, Freilauf zu gewähren. Damit laufen sich seine Argumente schnell müde und es wird fad. Gehen Sie keinesfalls auf seine Einwände oder Zwischenrufe ein. Fangen Sie nie eine Unterhaltung oder Diskussion mit dem Störer an. Damit laufen Sie Gefahr, nicht nur Ihren roten Faden, sondern den ganzen Auftritt zu verlieren. Sollte im Anschluss an Ihren Vortrag eine Diskussionsrunde anstehen, so verweisen Sie ihn auf diese Gelegenheit. Sie können ihm auch ein Gespräch unter vier Augen anbieten. Machen Sie das alles wertschätzend, denn es geht eigentlich um die Sympathie der übrigen Zuhörer. Wie bereits erwähnt, mögen auch die Zuhörer in der Regel einen solchen Zwischenrufer nicht, sie verbünden sich aber mit ihm, wenn er vom Referenten angegriffen wird. Dann gehört der Störer plötzlich der gleichen Gruppe an, die ihn kurz zuvor nicht haben wollte. Bleiben Sie daher in jedem Fall höflich, auch wenn es noch so nervt.

Wohlgemerkt: Wenden Sie diese Technik nur bei penetranten Störern an. Jeder Zuhörer hat das Recht, Fragen zu stellen. Ein guter Referent muss damit umgehen können und sollte daher auch konstruktive Zwischenrufe und Fragen während des Referats souverän behandeln können. Nur wenn ein Störer Sie persönlich angreift oder Ihre Kompetenz öffentlich infrage stellen will, können Sie ihn mit dieser Technik ruhigstellen. Andere Störer fühlen sich als Fachmann berufen. Manche fühlen sich als Koreferent beauftragt und wollen einen Teil der zu vergebenden Lorbeeren abgreifen. Lassen Sie das nicht zu, Lorbeeren werden nicht geteilt! Auch in solchen Fällen können Sie auf die Pausentechnik zurückgreifen.

Neben aktiven Störern gibt es auch Zuhörer, die sich gerne mit ihren Sitznachbarn unterhalten. Auch in solchen Fällen ist diese Technik anwendbar. Allerdings darf die Gruppengröße nicht zu groß sein. Bei einer Klassenverbandsgröße sind solche Unterhaltungen recht lästig, da jeder im Raum das Gemurmel der Störer hört. In solchen Fällen können Sie Ihr Referat unterbrechen und die beiden Plaudertaschen erwartungsvoll ansehen. Irgendwann fühlen sich diese beim Reden ertappt oder ein weiterer Sitznachbar sorgt für Ruhe. Lächeln Sie und fahren Sie dann mit Ihren Ausführungen fort. Aber Vorsicht! Die Störer, die im Grunde nicht wissen, dass sie stören, können sich vorgeführt vorkommen. Daher ist ein freundliches und verständnisvolles Lächeln sehr hilfreich. Die meisten von uns haben im Unterricht mit den Nachbarn geredet und tun das auch als Erwachsene ab und an. Diese Unterbrechung sollte nicht so streng geahndet werden. Die Plauderer führen selten etwas im Schilde. Nehmen Sie solche Unterbrechungen daher mit der Gelassenheit eines Profis hin.

Störungen in kleineren Gruppen entstammen ebenfalls einer unterschiedlichen Motivation seitens der Störer. Nicht jedes Gespräch zwischen zwei Zuhörern soll den Referenten angreifen. Doch auch in diesem Rahmen können sich Personen aufhalten, die den Vortragenden durch voreilige Fragen oder kritische Anmerkungen zu demontieren versuchen. Selten sind die Angriffe für Außenstehende offensichtlich, schließlich will der Angreifer dem Redner schaden und nicht sich selbst. Manche Angriffe sind derart gut getarnt, dass selbst der Angegriffene nichts davon bemerkt. An diesem Punkt können Sie mit Ihrer Verteidigung ansetzen. Sie müssen es ja nicht bemerken, angegriffen worden zu sein! Fassen Sie eine Anmerkung oder auch eine Frage als Interesse auf. Loben Sie den Fragesteller! Loben Sie ihn für seine Gedanken, für seine Meinung oder auch für seine Ungeduld, weil Sie bestimmte Punkte noch nicht angesprochen haben. Loben Sie ihn für alles, gehen Sie aber nicht auf seine Einwände ein. Behandeln Sie diese später im Rahmen Ihres Vortrags. Selbst wenn eine Frage kommt, an die Sie selbst nicht gedacht haben, binden Sie die Antwort in Ihren weiteren Vortrag ein oder vereinbaren Sie ein persönliches Gespräch mit Ihrem Störer.

Paul Vogel präsentiert das Brunnenprojekt vor der Geschäftsleitung, den Investoren sowie den beteiligten Subunternehmern. Insgesamt sitzen 25 Personen im Besprechungsraum, darunter auch Rolf Knauer, der eigentlich selbst dieses Projekt leiten wollte. Dann ist es aber anders gekommen. Nun arbeitet er als leitender Ingenieur bei einem der beteiligten Subunternehmen. Rolf kennt sich gut mit der Aufgabe aus und hält sich im Vergleich zu Paul nach wie vor als kompetenter.

„Herr Vogel", meldet sich Rolf Knauer, „Sie haben

immer noch nichts dazu gesagt, wie Sie das Problem mit den unterschiedlichen Erdschichten lösen wollen!"

„Da haben Sie recht, Herr Knauer. Ich freue mich auch über Ihre Ungeduld, aber geben Sie mir noch wenige Minuten Zeit und auch dieses Problem wird zu Ihrer Zufriedenheit gelöst."

Nach kurzer Zeit meldet sich Rolf erneut: „Entschuldigen Sie bitte, Herr Vogel, aber nach unseren Berechnungen können Sie nicht in diesem Tempo bohren."

„Ich finde es sehr spannend, Herr Knauer, dass Sie sich so intensiv mit dieser Frage beschäftigen. Bestimmt sind Sie bei Ihren Berechnungen von den Bodenproben der Firma Meier & Sohn ausgegangen!" Hier legt Paul eine Pause ein, damit Rolf diese Aussage bestätigen kann.

„Ja, ich denke schon", meint Rolf.

„Nun, wir vertrauen diesen Fachleuten ebenfalls. Dann müssen Sie aber auch zwangsweise zum gleichen Ergebnis kommen wie wir!", gibt Paul den Ball zurück.

Paul setzt mit seiner Präsentation fort. Nach kurzer Zeit meldet sich Rolf erneut.

„Sie haben noch nicht über die Problematik der Entsorgung des Bauschutts gesprochen. Ich halte dieses Thema aber für sehr wichtig, schließlich führen wir ein von der Presse sehr stark beobachtetes Umweltprojekt durch!" Paul bemerkt, wie einer der Investoren in der zweiten Reihe entnervt auf die Uhr schaut, andere tuscheln miteinander. Tatsächlich hat Paul noch nicht detailliert über die Bauschuttentsorgung nachgedacht. Diese und weitere Überlegungen stehen erst in den kommenden zwei Wochen an.

„Ich freue mich über Ihr Engagement, Herr Knauer. Die Entsorgung ist natürlich ein elementares Thema und bestimmt geben Sie mir recht, wenn ich sage, dass es beim heutigen Stand einfach viel zu früh wäre, das zu debattieren.

196

Paul nimmt jede Frage und jede Störung höflich an, aber er beantwortet die Frage nicht und lässt sich so nicht vor den Karren von Rolf spannen. Verständnisfragen klärt Paul direkt. Er will, dass sein Publikum versteht, was er macht. Dafür sind solche Treffen schließlich gedacht. Auf diese Weise erzielt er auch eine ständige Rückendeckung der Verantwortlichen.

Die Lob- und die Pausentechnik können Sie in leicht veränderter Form auch bei Angriffen auf dem Flur anwenden. So können Sie einen Angreifer mit den Worten „Ja, ... und weiter?" oder „Interessant! ... Und jetzt?" zum Weiterreden animieren. Das ist nicht unbedingt schlagfertig, aber Sie machen Ihren Angreifer ein wenig nervös. Schließlich demonstrieren Sie Stärke. Der Angriff ist an Ihnen abgeprallt und nun befindet sich der Angreifer im Fokus der Aufmerksamkeit.

Paul kann zwar Präsentationen sehr gut führen, dafür hat er aber überhaupt kein Gespür für sein Äußeres. Häufig ist er unrasiert und kämmt sich offenbar nur selten. Auch seine Kleidung lässt einige Wünsche offen. So ist beispielsweise seine Jeans zwar sauber, aber etwa zwei Fingerbreit zu kurz geraten.

„Paul, du hast wohl die Wasserstandsmeldungen nicht gehört!", frotzelt seine Kollegin Ulrike.

„Stimmt! ... Und jetzt?" Nun gerät Ulrike an einen Punkt, an dem sie vielleicht ernsthaft mit ihm über eine Outfitverbesserung zu reden beginnt oder ihn in Ruhe lässt.

16. Bestätigen

Manchmal ist es sinnvoll, zu seiner Schuld zu stehen, damit gehen Menschen jedoch sehr unterschiedlich um. Einige geben zum Beispiel nur löffelchenweise etwas zu, das beim besten Willen ohnehin nicht mehr abgestritten werden kann. Das motiviert Feinde nach weiterer Schuld zu suchen, wodurch oft weitere große und kleine Vergehen ans Tageslicht kommen. Die Größe von Fehlern spielt irgendwann keine Rolle mehr, dass sie überhaupt vorhanden sind, reicht vollkommen aus. Es werden auch schon mal Mücken dazu benützt, um Elefanten aus ihnen zu basteln. Der Zuschauer kann oder will die Unterschiede nicht erkennen, ihm reichen die Fehler. Dabei ist manchmal die Anzahl der Fehler wichtiger als deren Schwere. Viele kleine Fehler wiegen manchmal schwerer als ein einziger großer.

Dazu wurden uns in den vergangenen Jahren einige Beispiele von Politikern geboten. Die Rechtfertigung kleiner Vergehen motivierte die Gegner dazu, weitere Fehler auszugraben. Irgendwann stürzte die jeweilige Person über die Anzahl der kleinen Fehler. Jedes einzelne dieser Vergehen hätte entschuldigt werden können, aber durch die Masse wirkte diese Person dann unglaubwürdig. Der einst gute Ruf einer Person wurde damit für lange Zeit beschädigt.

Andere stehen zu ihrer Schuld, und das ohne Wenn und Aber. So ist Margot Käßmann (die ehemalige Landesbischöfin von Hannover und Ratsvorsitzende der Evangelischen Kirche in Deutschland) drei Tage nach ihrer

Alkoholfahrt von allen Ämtern zurückgetreten. Durch dieses ungeschönte und vollkommene Schuldeingeständnis erfuhr sie schon nach kurzer Zeit eine Beliebtheit, die größer war als je zuvor. Die Menschen haben ihr verziehen und es wurde nicht weiter im Schmutz gewühlt.

Wenn wir an Schlagfertigkeit denken, fällt uns wohl häufig der Widerspruch ein, ein Kommentar, der den anderen mundtot machen soll. Das haben auch einige Politiker, die über ihre Fehler gestolpert sind, versucht. Damit haben sie jedoch den Kämpfergeist der Gegenpartei geweckt, die nun erst recht nach weiteren Vergehen Ausschau gehalten hat. Doch wichtiger, als zu treffen, ist es, nicht getroffen zu werden. Dazu gehört es auch, echte Schuld ungeschönt einzugestehen. Damit nimmt man seinem Gegner jegliche Angriffsfläche. Einen Angriff erfolgreich abzuwehren ist bedeutender, als einen Gegentreffer zu landen.

Geschehen ist geschehen

Es gibt Situationen, die sind eindeutig, Sie haben etwas falsch gemacht oder vielleicht sogar jemandem einen Schaden zugefügt. Daran besteht kein Zweifel. Möglichkeiten, bei anderen anzuecken, gibt es unzählige. So schütten Sie eventuell bei einem Empfang dem netten Herrn neben Ihnen Sekt über sein Jackett, Ihr Partner muss nach 50 km Fahrt wieder heimfahren, weil Sie vergessen haben das Badezimmerfenster zu schließen, oder Sie zerdeppern bei einer Freundin eine alte, geerbte Porzellantasse – natürlich nicht, ohne den Kaffee darin zu vergießen. Vielleicht sind Sie auch schon mal mit zu viel Alkohol im Blut über eine rote Ampel gefahren. Eine Sammlung an möglichen Fehlern wird wohl nie vollständig werden.

Nun kann es in diesem Zusammenhang geschehen, dass Sie vom Geschädigten angegriffen werden. Er wird sauer sein und eventuell auch frech werden. Es gibt keine generelle Vorschrift, wie man mit Sekt auf dem Jackett zu reagieren hat, und nicht jeder bekommt einen Lachanfall, wenn man nach einer Stunde Autofahrt wegen eines offenen Badezimmerfensters wieder heimkehren muss.

In eindeutigen Situationen ist es das Beste, seinen Fehler einfach zuzugeben. Das klingt jetzt nicht sonderlich schlagfertig, aber genau aus diesem Grund ist es für viele überraschend. Es kommt schließlich darauf an, wie Sie Ihren Fehler zugeben. Sie können ihn kleinspielen oder selbst klein werden – hierin unterscheidet sich der Partylöwe von der grauen Maus. Grundsätzlich müssen wir aber keiner dieser Gruppen angehören, die Varianten zwischen diesen beiden Extremen sind vielfältig genug.

Mit einer Bestätigung nehmen Sie Ihrem Gesprächspartner sehr viel Wind aus den Segeln. Frau Käßmann hat das nach ihrer unglücklichen Alkoholfahrt sehr gut vorgemacht. Ihre Gegner wetzten bereits die Messer, um vielleicht auf Unmoral und mangelnde Vorbildfunktion hinzuweisen. Das Messerwetzen war umsonst, Frau Käßmann hat ohne laute Rücktrittsforderungen auf ihr Amt als Ratsvorsitzende der Evangelischen Kirchen in Deutschland verzichtet und damit ihre Kritiker vielleicht mehr überrascht als mit ihrem Fehler. Das Bestätigen eines Missgeschicks gleicht einer asiatischen Kampftechnik. Während sich bei einem Box- oder einem Ringkampf die Gegner gegeneinander stellen und sich mit der jeweiligen Kraft zu treffen versuchen, nutzen asiatische Kampfsportarten den Schwung des Angreifers. Sie weichen dem Schlag aus, nehmen die Angriffshand, nutzen den Schwung des Gegners und ziehen ihn weiter. Dadurch verliert der Angreifer sein Gleichgewicht und stolpert. Nehmen Sie den Schwung mit, anstatt dagegenzuhalten. Mit einer

Bestätigung erreichen Sie das Gleiche – Sie überraschen Ihren Gegner und bringen ihn somit aus dem Gleichgewicht.

Die meisten Bestätigungen beginnen mit einem Standardsatz, der in etwa so lauten könnte: „Sie haben recht!", oder „Stimmt, ...", oder auch „Das sehe ich genau so."

Michael ist auf einer Feier, bei diesem Sektempfang steht er gemeinsam mit anderen Leuten an einem Stehtisch. Er unterhält sich mit seinem Nachbarn und aus Versehen wirft er ein Glas Sekt um. Es war nicht mehr voll, aber dennoch ergießt sich ein ordentlicher Schwall über den Anzug eines anderen Herrn. Dieser Fauxpas ist nun nicht aus der Welt zu leugnen. Er ist geschehen und darf einem auch leid tun. Allerdings wird sich die Welt nicht auftun, um einen zu verschlucken, selbst wenn sich Michael das noch so sehr wünscht. Dafür ist das Missgeschick dann wohl doch zu unbedeutend. Selbst in den alten Königshäusern landet heute niemand mehr wegen eines solchen Unfalls im Verlies.

Die Reaktion des „Sektempfängers" könnte wie folgt ausfallen: „*Der Anzug ist neu, Ihnen ist wohl nichts heilig!*"

Nun, es ist geschehen. Natürlich darf einem so eine Situation peinlich sein. Das Missgeschick zu dementieren wäre dumm. Zu schweigen und mit hochrotem Kopf den Tisch zu wechseln ist nicht nötig und zerstört nur das eigene Selbstbewusstsein. Es gibt verschiedene andere Möglichkeiten, erfolgreich zu reagieren.

Michael kann zum Beispiel sachlich auf diese Reaktion antworten:

„*Diesen Eindruck kann man wirklich gewinnen. Es tut mir leid!*"

Vielleicht hat Michael viel Humor und bastelt Teile des Angriffs mit in seine Antwort ein:

„Sie haben recht, aber neue Sachen muss ich unbedingt taufen.“

Er könnte die Situation auch ein wenig beschwichtigen, denn Sekt ist bei Weitem nicht so schlimm wie Rotwein:

„Ja, das sieht wohl danach aus. Es tut mir leid. Wie gut, dass Sekt keine Flecken hinterlässt.“

Letztendlich könnte er auch eine Gemeinschaft mit seinem „Geschädigten“ bilden und solidarisch antworten:

„Das ist mir jetzt sehr unangenehm. Da haben wir aber Glück gehabt, dass es kein Rotwein ist.“

Im Kapitel „So nicht“ (siehe Seite 146) habe ich Ihnen geraten, dass Sie sich nicht entschuldigen sollen. Das gilt in abgeschwächter Form auch für tatsächliche Fehler. Natürlich ist es richtig, um Verzeihung zu bitten, aber es gibt keinen Grund dafür, devot zu Kreuze zu kriechen. Es ist ein Unterschied, ob man für einen gemachten Fehler ehrlich um Verzeihung bittet oder ob man sich für Nichtigkeiten oder gar Fremdverschulden entschuldigt. Einige entschuldigen sich sogar dafür, Ziel von Angriffen und Anfeindungen zu sein.

Für Michaels Situation habe ich Ihnen vier verschiedene Reaktionsmöglichkeiten vorgestellt. Die Wahl der Variante ist letztendlich vom Umfeld, vom Geschädigten und natürlich von der Dimension des Schadens abhängig. Ein wenig Sekt auf einem Jackett ist eine andere Größenordnung als ein Schluck Rotwein auf einem hellen Seidenkleid. Dieses Fingerspitzengefühl sollte in solchen Situationen jeder beweisen. Humor ist zwar ein wichtiger Begleiter, doch in manchen Fällen auch einfach fehl am Platz. Es sei denn, der oder die Geschädigte beweist selbst ausreichend Humor, um die Situation zu retten. Eines ist klar: Egal wie Sie reagieren, weder der Sekt noch der Rotwein lassen sich davon beeindrucken, daher sollten Sie unterwürfige Reaktionen vermeiden. „Es tut mir furchtbar leid, oh Gott, wie kann ich das jemals wiedergutmachen?" Damit helfen Sie niemandem, demontieren nur Ihre Position und bringen den Geschädigten vielleicht auch noch in Verlegenheit. Manchmal ist klares Handeln besser als langes Jammern.

Auch eine schnippische Reaktion auf einen Vorwurf ist selten ratsam. Die Reaktion des Geschädigten fällt nun einmal häufig vorhersehbar und nicht immer freundlich aus: „Mein Gott, können Sie nicht aufpassen?" „Ich habe das ja nicht absichtlich gemacht!" ist bestimmt eine unpassende Antwort. Denn dass es keine Absicht war, davon wird ohnehin ausgegangen. Diese Antwort wird nur den nächsten verbalen Angriff auslösen: „Das wäre ja noch schöner! Und wer kommt jetzt für den Schaden auf?"

Ein Fauxpas ist geschehen, sehen Sie zu, dass Sie die Situation retten, dabei aber nicht als verbaler Verlierer aus der Unterhaltung herausgehen. Stehen Sie für die Folgen und gegebenenfalls auch für die Kosten ein. Handeln Sie klar, so wie Sie es auch als Geschädigter erwarten würden, und bleiben Sie dabei souverän. Frau Käßmann hat es vorgemacht, nach dem Fehler mit der Alkoholfahrt hat sie klar Schiff gemacht, ohne etwas zu rechtfertigen oder kleinzureden. Bei manchen Politikern würde man sich ein solches Verhalten nach wie vor wünschen.

Heike parkt auf dem Supermarktparkplatz rückwärts aus. Ein Kind läuft hinter dem Wagen vorbei, sodass Sie vor Schreck das Lenkrad überdreht und mit der linken vorderen Stoßstange leicht das Nachbarauto touchiert. Heike ärgert sich über dieses Missgeschick. Sie muss auch nicht lange warten, bis ein Mann Mitte 30 angelaufen kommt und erbost den Schaden betrachtet.

„Können Sie nicht aufpassen?!", schreit er sie an.

„Warum?", antwortet Heike, „Ich habe doch gut getroffen!"

Pascal geht mit seinem Hund auf einem Feldweg spazieren. Plötzlich kommt hinter einer Einbiegung ein Pärchen hervor. Der Hund läuft freudig auf das Pärchen zu und springt den Mann an. Dabei hinterlässt er braune Pfotenabdrücke auf dem weißen Hemd des Mannes.

„Können Sie Ihren Köter nicht anleinen?", ruft dieser erbost.

„Doch, kann ich", sagt Pascal, rührt sich aber nicht. „Was machen wir jetzt mit Ihrem Hemd?"

„Das ist ruiniert! Für den Schaden kommen Sie auf!"

„Sicher, der Hund ist versichert und ich habe eine Waschmaschine. Was ist Ihnen lieber: Ein Becher Waschmittel oder soll ich das Hemd zum Waschen gleich mitnehmen?"

In beiden Fällen waren die Reaktionen der Geschädigten überzogen. Natürlich ist so ein Unfall ärgerlich, aber noch lange kein Grund dafür, den Verursacher zu beschimpfen.

Mücken, die zu Elefanten mutieren

Es gibt ausreichend Situationen, in denen zwar ein Fehler gemacht wurde, der Schaden aber vergleichbar gering ist. So muss sich niemand ernsthaft über zwei Stück Zucker im Kaffee aufregen, obwohl nur ein Stück gewünscht war. Vielleicht enthält der gelieferte Blumenstrauß auch Freesien, obwohl die verantwortliche Chefin des Modeverlags genau diese nicht mag. Es gibt Tausende Kleinigkeiten, über die sich manche Menschen aufregen können und es auch tun. Sie machen aus nichts eine riesige Angelegenheit und ein echtes Problem. Natürlich ist so ein Verhalten überzogen und unangemessen, aber gerade das macht es so gefährlich oder zumindest unangenehm.

Eine witzige Antwort kann solche Situationen retten, allerdings auch unnötig anheizen. Menschen, die Mücken zum Mutieren bringen, besitzen nicht oder zumindest nicht immer den nötigen Humor. Hätten sie ihn, würden sie wohl über sich selbst lachen. In diesen Fällen hilft oft eine Bestätigung, gekoppelt mit selbstbewusstem Auftreten und einer passenden Paroli-Reaktion.

Bei einer Präsentation zeigt Reinhard Spohr aufgrund eines dummen Fehlers eine falsche Folie. Die Zahlen auf der Folie sind aus dem Vorjahr und somit alles andere als aktuell. Sein Chef Robert Claas verdreht die Augen und mault: „Sind wir hier im Geschichtsunterricht? Oder was wollen Sie uns mit den alten Zahlen sagen?"

Wie bereits gesagt, gibt es auch hier verschiedene Möglichkeiten zu reagieren. Das Ziel ist dabei wohl eindeutig die Rettung der Situation, ohne diese unnötig zu verstärken. In einem überschaubaren Rahmen, wie es bei einer Präsentation meistens der Fall ist, ist es wichtig, die übrigen Zuhörer genau zu kennen. Ist Herr Claas der einzige Vorgesetzte im Raum oder gibt es weitere, vielleicht höher gestellte Personen? Was sind das für Menschen? Mögen sie ein solches Vorgesetztenverhalten oder werden sie ihrerseits Herrn Claas zurechtweisen? Welche Kollegen sind anwesend und in welchem Verhältnis steht der Vortragende zu ihnen? Der kritisierende Chef oder Kollege darf auf keinen Fall vorgeführt werden, das bringt auf Dauer nur böses Blut. Der Königsweg liegt daher darin, die Situation als unbedeutend hinzustellen und jeglichen weiteren Konflikt zu vermeiden. Bezeichnen Sie den Fehler als unbedeutend, wenn er es auch ist. Vielleicht sieht der Kritiker seine überzogene Reaktion von alleine ein.

Reinhard: „In der Tat, diesen Eindruck könnte man gewinnen. Nun gut, ein kleiner Fehler meinerseits. Ich lese Ihnen die entsprechenden Zahlen dann vor und Sie können sie sogleich mit den Vorjahreszahlen vergleichen."

Sollten andere Vorgesetzte anwesend sein, so werden diese sehr wahrscheinlich Ihre Sichtweise übernehmen. Als Zuschauer betrachtet man Dinge meist objektiver. Sollten die anderen Vorgesetzten allerdings ähnlich wie Herr Claas reagieren, stellt sich die Frage, welches primäre Ziel so ein Unternehmen verfolgt. Mitarbeitermotivation kann es jedenfalls nicht sein.

Weitere mögliche Reaktionen von Herrn Spohr könnten wie folgt aussehen:

Sachlich: „Das sieht wohl ganz danach aus. Ich liefere Ihnen die aktuellen Zahlen alsbald nach."

Humorvoll: „Sie haben recht. Nichts ist so alt wie die Zeitung von gestern. Das habe ich jetzt wohl getoppt. Die richtigen Zahlen liefere ich Ihnen heute Nachmittag nach."

Beschwichtigend: „Da haben Sie recht. Nun ja, ich denke mal, diese eine Folie ist nicht so relevant, die übrigen Daten sagen genug aus."

Oder auch solidarisch: „Ja, da haben Sie recht. Nun, wir haben wohl beide die Daten im Kopf, sodass wir diese Folie jetzt nicht unbedingt benötigen, nicht wahr, Herr Claas?"

Jede Antwort ist besser, als betroffen zu Boden zu schauen und zu stammeln. Damit wird man als Redner nur zusehends nervöser. Zudem werden solche Menschen wie Herr Claas versuchen weiter auf ihren Opfern herumzutrampeln. Versuchen Sie übrigens auch nicht einen Fehler rechtzufertigen! Entschuldigungen, die sich auf eine mögliche Überarbeitung, Stress oder Ähnliches beziehen, will keiner hören. Am Ende bedeutet das nur, dass Sie nicht belastbar sind. Allerdings geht die Welt von so einem kleinen Fehler auch nicht unter – und das sollte zwischen den Zeilen klargestellt werden.

Reinhard Spohr: „Stimmt, shit happens. Nun ja, wir sind alle fit genug, um die Zahlen zu hören, wenn wir sie schon nicht ablesen können!"

Im Kapitel „Bestätigung mit Übertreibung" werde ich Ihnen eine Technik vorstellen, bei der es ebenfalls darum geht, dem Angreifer recht zu geben. Allerdings drehen wir hier den Spieß um und bringen selber eine Mücke zum Mutieren. Das macht richtig Spaß!

Ja, ich bin eine Nervensäge!

Der von meinen Seminarteilnehmern am häufigsten genannte Grund für die eigene Sprachlosigkeit ist der Überraschungsmoment. Wenn man plötzlich wie aus dem Nichts, vollkommen unerwartet angegriffen wird, schießt der Stresspegel raketenschnell bis zum Anschlag in die Höhe. Denken ist in solchen Momenten nicht mehr möglich, da helfen nur einstudierte Antworten als Rettungsanker. Solch gelernte Sprüche sind weder originell noch wirklich schlagfertig, aber sie sind besser, als be- und getroffen das Feld zu räumen. Allerdings sollte die einstudierte Antwort auch auf fast jede Gelegenheit zugeschnitten sein, und das macht die Sache sehr viel schwieriger.

Eine Variante wäre es, bei jedem Angriff sinngemäß „Ja, das stimmt" zu sagen. Sie geben Ihrem Angreifer recht und genau damit wird er nicht unbedingt gerechnet haben. Sobald der erste Angriff auf diese Weise zurückgespielt wurde, wird der Angreifer vermutlich erneut reagieren. Ihre Antwort ist wieder die gleiche und damit verwickeln Sie Ihren Angreifer in ein monotones Gespräch. Allerdings wird er keinen Punkt finden, mit dem er Sie verletzen kann, da Sie ihm immer wieder mit zwei oder drei Worten recht geben.

Dieses Verfahren hat zugleich mehrere Vorteile: Durch diesen monotonen Dialog verflüchtigt sich der erste Stressmoment, Sie werden ruhiger und können klarer denken. Dadurch sind Sie viel wachsamer, um dann einen perfekten Konterschlag auszuführen. Des Weiteren wird Ihr Angreifer entweder genervter oder gestresster. Es wird ihn ärgern, keinen Treffer bei Ihnen landen zu können. Sie verunsichern ihn vielleicht sogar, weil er immer wieder die gleiche unerwünschte Antwort erhält. Er wird Ihnen die Antwort jedoch nicht abnehmen und nach Ihrer Taktik suchen. Er will nicht recht haben, er will seine Dominanz ausleben. Jemanden anzugreifen macht nur dann richtig Spaß, wenn der Angreifer auch klar siegt oder man im Kampf die persönliche Stärke demonstrieren kann. Doch wenn jemand jeden Angriff bestätigt, verliert die Sache ihren Reiz, daher gibt der Angreifer dann entweder auf oder er versucht immer wieder neue Angriffe zu platzieren. Allerdings werden diese Angriffe vom Niveau her immer schlechter und immer leichter zerlegbar. Das ist dann Ihre Chance, den Gegenschlag zu setzen. Das Gehirn des Angegriffenen ist mittlerweile wieder frei für kreatives Denken und kann plötzlich parieren. Mit einem einzigen Spruch kann man dann alle zuvor geäußerten Bestätigungen vom Tisch fegen! Das ist ähnlich wie bei einem Fechtkampf: Die Angriffe des Gegners werden solange abgewehrt, bis dieser einen unkonzentrierten Moment hat. Dann wird zum Gegenschlag angesetzt.

Karin Baumann geht zum Kopierer, bei dem Sandra Becker steht. Sie wissen vielleicht noch, dass Sandra Becker jene Dame ist, die sich stets wie aus dem neuesten Modekatalog entsprungen kleidet (siehe Seite 176). Sie schaut Karin abschätzend an.

„Hallo Karin. Was ich dich schon immer mal fragen wollte: Holst du deine Sachen eigentlich beim Roten Kreuz?" *Die ebenfalls anwesende Eva Oberst kichert.*

„Ja, das stimmt", sagt Karin Baumann mit einem Lächeln.

„Wie jetzt?", fragt Sandra Becker etwas verwirrt, „Machst du das wirklich?"

„Ja, natürlich", wiederholt Karin Baumann.

„Und schämst du dich da gar nicht?"

„Doch, das mache ich schon."

„Warum machst du das dann?"

„Weil Menschen wie du solche Geschichten so gerne glauben."

Karin Baumann hatte genug Zeit, sich in die Situation einzufinden. Das Reden und der verunsicherte Blick ihrer Kontrahentin ließen den anfänglichen Stress schnell wieder abklingen. Ab diesem Moment funktionierte ihr Wortfindungsprogramm hervorragend. Natürlich wird so ein Dialog in der Praxis nie 1:1 so verlaufen, wie man ihn liest. Doch auch wenn er anders verläuft, ist diese Technik ein wirkungsvolles Instrument.

„Hallo Karin. Was ich dich schon immer mal fragen wollte: Holst du deine Sachen eigentlich beim Roten Kreuz?“ Die ebenfalls anwesende Eva Oberst lacht.

„Ja, das stimmt“, sagt Karin Baumann. Diesmal lässt sich Sandra nicht so leicht verunsichern, sie lacht: „Ja, das sieht man deinen Sachen echt an. Von Mode hast du ja gar keine Ahnung.“

„Ja, das stimmt.“

„Das musst du erst gar nicht sagen. Das sieht man.“

„Dafür habe ich von Höflichkeit mehr Ahnung als du“, kontert Karin.

„Vielleicht, aber das sieht man nicht“, gibt sich Sandra nach wie vor selbstbewusst.

„Ja, das stimmt“, meint Karin und nach einer kurzen Pause fügt sie hinzu: „Dafür werden höfliche Menschen respektiert und Modepüppchen nur belächelt.“

„Bist du dir da so sicher?“, fragt Sandra leicht verunsichert.

„Natürlich, ich höre ja, wie die Kollegen über dich reden.“

Auch wenn die letzte Aussage aus der Luft gegriffen ist, wird Sandra sie in diesem Moment nicht widerlegen können. Außerdem hat sich Karin nicht einschüchtern lassen und somit ihr Hauptziel erreicht! Denken Sie bitte bei allen Beispielen daran: Ein Dialog ist nicht planbar, deswegen sind ein flott arbeitendes Gehirn und ständige Übung die besten Helfer.

Diese Technik ist als Ersatzstrategie sehr gut geeignet. Wenden Sie sie an, ehe Sie sprachlos sind. Fügen Sie sich in das Gespräch ein und konzentrieren Sie sich auf Ihren Gesprächspartner. Hören Sie gut zu! Solange der Gesprächspartner mit Behauptungen aufwartet oder geschlossene Fragen stellt, können Sie wunderbar alles mit einem simplen „*Ja*" beantworten. Das letzte Wort haben dann Sie. Frau Baumann hat sich nicht beirren lassen und im ersten Beispiel sogar die zuvor geäußerten Bestätigungen vom Tisch gewischt.

Wer diese Technik häufiger anwendet, wird auch lernen mit ihr zu spielen und sie facettenreich einzusetzen.

Frau Baumann hat nach dem ersten Angriff den Spieß aufgenommen und ihn im Gespräch herumgedreht. Plötzlich stand die Angreiferin Sandra Becker im Fokus des Angriffs. So wird aus dem vermeintlichen Opfer die Person, die den Dialog steuert. Das beeindruckt nicht nur den Angreifer, sondern auch andere anwesende Zuhörer. Häufig werden solche Angriffe nur getätigt, um sich vor anderen zu profilieren, aber diese Zielsetzung kann leicht nach hinten losgehen.

Frank Haberkamp ist übergewichtig. Er weiß das und ist nicht glücklich darüber. Doch er bekommt es einfach nicht hin, regelmäßig Sport zu treiben oder auf Süßes zu verzichten. Sein innerer Schweinehund hat wohl die besseren Argumente. Sein Kollege Dirk Poschmann ist hingegen durchtrainiert, es gibt anscheinend keine Sportart, die er noch nicht ausprobiert hat.

Frank Haberkamp kommt gerade vom Getränkeautomaten zurück, wo er sich eine Flasche mit einer süßen schwarzen Limonade gekauft hat, als ihm Herr Poschmann mit federndem Gang entgegenkommt.

„Mensch, Herr Haberkamp", sagt Dirk Poschmann grinsend ironisch und zeigt auf die Flasche. „davon werden Sie dick."

„Ja, das stimmt."

„Ihre Waage muss doch schon bald ächzen, unter Ihren Pfunden."

„Ja, das tut sie."

„Ist Ihnen das nicht unangenehm, so eine Schwabbelwampe zu haben?"

„Doch, das ist es."

„Also, ich würde mich so nicht wohlfühlen."

„Müssen Sie ja auch nicht, oder habe ich Sie schon einmal auf Ihre Figur angesprochen?"

„Das wäre ja noch schöner!"

„Ja, das stimmt. Doch mir scheint, Anabolika frisst
Gehirn auf, zumindest jenen Teil, der zur Höflichkeit bei-
trägt."

„Was soll das jetzt? Ich nehme keine Anabolika!"

„Ach? Ist Ihre Unverschämtheit etwa ein Geburtsfehler?"

Schlagfertigkeit muss nicht immer innerhalb von Zehntelsekunden geschehen. Häufig baut sich die Gelegenheit für
eine schlagfertige Antwort erst im Gespräch auf. Ebenso
können in Ihren Antworten auch Dinge einfließen, die im
Gespräch bereits zuvor gefallen sind. „Eben sagtest du
noch ..." – Dafür müssen Sie nur gut zuhören und sich auf
das Gespräch konzentrieren. Achten Sie darauf, dass Ihre
Korrektur nicht wie Rechthaberei klingt, sondern lediglich
den Widerspruch deutlich macht.

Betrachten wir zur besseren Veranschaulichung den
Dialog über die „Altkleider". Im Laufe des Gesprächs sagt
Sandra Becker: „Ne, wirklich, Karin, deine Klamotten sind
doch aus der Requisitenkammer eines alten Theaters."

„Eben sagtest du noch, sie seien aus dem Altkleider-
container. Was denn nun?" Diese Antwort wäre nun un-
passend und klingt auch etwas trotzig. Von solch kleinen
Widersprüchen, die ohnehin nicht ernst gemeint waren, sondern nur als übertriebener Vergleich dienen, lässt sich kaum
einer beeindrucken und schon gar nicht aus dem Konzept
bringen. Sandra wird wohl ähnlich antworten wie in diesem
Beispiel: „Das ist doch egal, altmodisch sind sie in jedem Fall."

In diesem Fall hätte Karin Baumann mit dem aufgezeigten Widerspruch gar nicht punkten können. Gutes Zuhören ist aber dennoch eine wichtige Fähigkeit, wie es der Dialog zwischen Haberkamp und Poschmann verdeutlicht. Der letzte Satz von Herrn Haberkamp lautete: *„Ach? Ist Ihre Unverschämtheit etwa ein Geburtsfehler?"* Darauf reagiert Herr Poschmann etwas säuerlich: *„Ich finde, das geht ein wenig weit."*

„Ach was? Und Schwabbelwampe ist in Ihren Augen in Ordnung?"

Mit der Wiederholung der Beleidigung macht Herr Haberkamp klar, wie tief Herr Poschmann unterhalb die Gürtellinie geschlagen hat. Allerdings könnte der Dialog nun auch an einem Punkt angekommen sein, an dem beide aufeinander einschlagen. Das ist zwar schlagfertig, aber die Wertschätzung macht von nun an Feierabend. Daher sollte einer der beiden ein Friedensangebot machen:

„Ich denke mal, wir sollten uns beide so nehmen, wie wir sind, nicht wahr? Schließlich sind wir auch nicht für den anderen verantwortlich." Wer die Friedenspfeife reicht, spielt dabei keine Rolle. In der Regel ist es der intelligentere der beiden Kontrahenten.

Beispiele aus dem Leben

Eine Teilnehmerin kam mit der nachfolgend erzählten Geschichte ins Seminar. Die Namen sind selbstverständlich geändert und bis zum Angriff hat sich die Szene tatsächlich so abgespielt, ihre Reaktion haben wir dann im Rollenspiel erarbeitet. Beate Leipert ist politisch aktiv, sie sitzt im Stadtrat einer kleinen Gemeinde. Man kennt sich untereinander und die meisten duzen sich auch, selbst über die Fraktion hinaus. Als sie am Dienstag zur Sitzung Platz nimmt, kommt Herbert Bär von der anderen Partei zu ihrem Tisch.

„Hallo Beate!", begrüßt er sie höflich. Beate erwidert den Gruß.

„Hast du eine neue Frisur?" Beate ist verblüfft und angenehm überrascht, sie fühlt sich etwas geschmeichelt. „Ja!", sagt sie mit einem Lächeln.

Bär: „Sieht scheiße aus!"

Für einen Moment ist sie schockiert, doch sie will es sich nicht anmerken lassen. Nach einer kurzen Schrecksekunde, die wie eine Denkpause wirkt, sagt sie dann: „Ja, das finde ich auch!" Sie hat sich gefangen und ist wieder im Rennen. Sie bemerkt auch die leichte Überraschung im Gesicht von Herbert Bär, der sich nun gedrängt fühlt weitermachen zu müssen.

Herbert: „Willst du den Friseur nicht verklagen?"

„Ja, das stimmt, das sollte ich tun!"

„Also, ich würde so nicht rumlaufen wollen."

„Ja, richtig, solltest du nicht. Obwohl es erfolgreich von deinen Tränensäcken ablenken würde."

Bestätigung mit Übertreibung

Es verunsichert unsere Gesprächsgegner, wenn wir Angriffe bestätigen. Das eigentliche Ziel, uns zu treffen, wurde damit nicht erreicht. Wenn der Angegriffene sich mit einer Bestätigung auch noch selbst aufs Korn nimmt und eine entsprechend große Portion Selbstironie beweist, perlt der Angriff förmlich an ihm ab. Mit dieser Strategie wird wahre Überlegenheit demonstriert. Der Angegriffene lacht selbst über sich, da müssen andere sich nicht bemühen ihn zu verspotten.

Doch wo Licht ist, da ist auch Schatten. Eine schlagfertige Übertreibung kann auch das Stadium der Selbstironie überschreiten und dann kann aus Ironie Zynismus werden. Benutzen Sie daher das Instrument der Übertreibung bei frechen, respektlosen oder unsinnigen Angriffen. Verwenden Sie es nicht bei echten Fehlern und falls Sie glauben, es wäre doch angebracht, dann nur sehr vorsichtig. In Verhandlungen, Verkaufsgesprächen oder Gesprächen mit Vorgesetzten oder Mitarbeitern ist die Übertreibung ebenfalls nur mit Bedacht einsetzbar. Je nach Gesprächspartner und Humorpegel können die Gespräche eine ungewollte Richtung nehmen. Setzen Sie dieses Instrument daher sensibel ein. Denn nur richtig eingesetzt ist es eine hervorragende Technik, Ihrem Angreifer sehr gutes Paroli zu bieten.

Hans hat verschlafen. Um nicht noch mehr Zeit zu verlieren, greift er sich die erstbeste Hose aus dem Schrank und macht sich auf den Weg zur Arbeit. Es ist eine dieser Hosen, die schon längst im Spendensack von wohltätigen Instituten hätte landen sollen. Sein Kollege Daniel sieht ihn über den Parkplatz kommen und nach einem kurzen Gruß sagt er:

„Hey, deine Hose hat heute ja Hochwasser!"

Hans hat es auch schon bemerkt und kontert: „Ja, klar. Hast du etwa keinen Wetterbericht gehört?! Ich gehe bei dem Unwetter, das da auf uns zukommt, nie anders aus dem Haus! Und du?!"

Hans hat den Angriff aufgenommen und bestätigt. Die Reihenfolge spielt dabei keine Rolle. Er steht zu sich und seiner Hose, das hat er betont. Danach bringt er die Übertreibung ins Spiel, das kann der Bezug auf das Wetter sein, aber ebenso auch die Tatsache, dass er gerne seine Beine zeigen möchte. Die Übertreibung ist immer grotesk. Daniel nimmt sie ihm nicht ab, aber genau damit hat sich Hans selbst verspottet und seinem Gesprächspartner die Show gestohlen.

Helga hat privat Stress ohne Ende, daher schafft sie es auch nicht zum Friseur. Notdürftig bastelt sie morgens im Bad etwas halbwegs Ansehnliches aus ihren Haaren. Ihre Kollegin Birgit sieht hingegen wie aus dem Ei gepellt aus. Als beide durch Zufall am gleichen Tisch in der Cafeteria sitzen, meint Birgit im Gespräch: „Ihre Frisur ist aber ziemlich altmodisch!"

Helga: „Sie ist nicht nur altmodisch, sie ist eine echte Antiquität! Man hat mir schon Höchstpreise dafür geboten!"

Bei der Übertreibung können Sie die Angriffsformulierung Ihres Gesprächspartners sehr gut aufnehmen. Damit bekommen Sie den ersten Teil Ihrer Paroli-Antwort auf dem Silbertablett serviert, das spart schon mal ein Stück Denkarbeit. Anschließend geht es mit den Assoziationen weiter, die größer, weiter, höher, dramatischer, aber auch kleiner, kürzer und tiefer sind als der erwähnte Angriff. Hierfür sind Synonyme und Antonyme sehr hilfreich. Achten Sie darauf, dass Ihre Antwort grotesk klingt. Wenn Sie die Grenze zur Realität überschreiten, demonstrieren Sie klar, wie wenig Sie sich von diesem Angriff herabgesetzt fühlen. Übertreiben Sie richtig, denn wenn Sie nur ein bisschen übertreiben, gleicht das eher einem zahnlosen Tiger. So etwas verpufft und ist daher gar nicht lustig. Nehmen wir an, Helga hätte bezüglich ihrer Frisur wie folgt geantwortet: „Sie ist nicht nur altmodisch, sie ist uraltmodisch." Das wäre ein eher zaghafter Versuch, schlagfertig zu wirken. Doch erst mit dem Hinweis auf die gebotenen

216

Höchstpreise für die antike Frisur bekommt sie die Lacher auf ihre Seite. Das Absurde macht die Übertreibung deutlich und die Schlagfertigkeit witzig.

Übertreibungen sind allerdings nicht immer angebracht. Wie eingangs erwähnt, ist die Übertreibung beispielsweise in einem Kundengespräch nur mit Vorsicht anzuwenden. Um das zu veranschaulichen, möchte ich Ihnen folgenden Fall vorstellen:

Erinnern Sie sich noch an den Bauleiter Karl Bernhard und den Handwerker Kurt Bohnkamp (siehe Seite 170)? Nehmen wir noch einmal diesen Fall unter die Lupe:

Bohnkamp hat ein Angebot abgegeben, das den Bauleiter in arges Erstaunen versetzte. Seine spontane Antwort lautete: „Diesen Auftrag in zwei Tagen zu erledigen ist doch lächerlich. Sie sind ja total naiv."

Bohnkamp: „Nicht nur naiv, ich bin größenwahnsinnig. Aber genau mit dieser Eigenschaft schaffe ich es ja."

Die erste Antwort hört sich schon fast wie von einem gekränkten Kind an. Hier beginnt der Handwerker sich selbst zu demontieren. Auch der zaghafte Versuch, gerade mit seinem Größenwahn den Auftrag erledigen zu können, überzeugt nicht wirklich. Seine Reaktion im Kapitel „Ich höre, was ich will" ist wesentlich besser angekommen.

Das Gleiche gilt für Störungen bei einem Vortrag, auch dieses Problem habe ich bereits mehrfach angesprochen.

Susanne Keller hält einen Vortrag vor einigen Mitgliedsbetrieben des Branchenverbands. Anwesend sind etwa 60 Personen, darunter natürlich auch Konkurrenten.

Kurz nachdem Susanne die erste These verlauten ließ, stört ein Zuhörer halblaut aus der ersten Reihe. Sie ignoriert ihn, aber seine Störungen werden häufiger und auch immer lauter, sodass sie für alle hörbar sind. Kurz vor dem Ende ihres Vortrags ruft er auf die Bühne: „Pardon, aber was Sie uns da erzählen, ist nicht korrekt! Ich habe andere Informationen vorliegen!"

Susanne ist mittlerweile genervt und sie entgegnet: „Sie haben natürlich recht. Ich rede hier nur so daher, um die Zeit totzuschlagen, von der Materie habe ich keine Ahnung – aber das bleibt bitte unter uns!"

Diese Reaktion klingt wie von einem beleidigten Mädchen, von Souveränität ist sie meilenweit entfernt. Susanne hat zwar gut übertrieben, aber in diesem Zusammenhang klingt das weder witzig noch originell, sondern einfach nur trotzig. Eine Bestätigung wäre in dieser Situation schon anwendbar, aber auf eine Übertreibung sollte verzichtet werden.

Eine mögliche Antwort wäre zum Beispiel: „Ich glaube Ihnen gerne, dass Sie andere Informationen vorliegen haben." – Damit bestätigt sie. „Denn davon existieren sehr viele." – Damit relativiert sie seine vorliegenden Informationen. „Sie haben die Informationen vielleicht nicht so sehr hinterfragen können, wie ich das in der Vorbereitung auf diesen Vortrag musste." – Damit bringt sie Zweifel an seiner Schlussfolgerung ins Spiel, baut ihm aber zeitgleich eine Brücke: „Denn sonst wären Sie zu meinen Schlussfolgerungen gekommen." Nun solidarisiert sie sich mit ihm und unterstreicht die Richtigkeit ihrer Angaben.

Schlagfertigkeitstechniken sind wie Medizin, für jeden Anlass gibt es Mittel, die wirken, und Mittel, die es schlimmer machen.

Je nach Publikum und Stimmung können Sie Störungen auch in einen humorvollen Gegenangriff mit Selbstironie packen: „Ich habe aber auch ein Pech, dass ausgerechnet eine

Konifere wie Sie im Publikum sitzt! Aber Sie hören ja, von Nadelgehölzen verstehe ich auch nicht viel." Solche Konter sollten Sie, wenn überhaupt, nur dann liefern, wenn Sie sich sicher sind, dass jeder den Unterschied zwischen einer Koryphäe und einer Konifere kennt.

Doch seien Sie mit solchen Sätzen vorsichtig, sie können vom Publikum als Angriff verstanden werden. Denn auch wenn der Störer alle im Saal nervt, verbündet sich das Publikum mit ihm, sobald er unfair angegriffen wird. Nur wenn Sie sicher sind, dass die übrigen Zuhörer hinter Ihnen stehen, können Sie vielleicht zu einer solchen Methode greifen.

Natürlich hat auch diese Technik ihre Grenzen, es gibt beispielsweise Gegner, die lassen sich von übertriebenem Konter nicht abschrecken. Im Gegenteil, sie fühlen sich motiviert weitere Scherze auf unsere Kosten zu machen. Sie betrachten es wohl als Herausforderung, den witzigsten Witz zu erzählen. Lassen Sie sich nach Möglichkeit nicht auf ein solches Spiel ein. Sie machen sich damit zum Spielball Ihres Gesprächspartners. Nach zwei oder drei weiteren Angriffen sollten Sie Tacheles reden, das wird Ihren Gegner richtig überraschen und wirkt wie eine kühle Dusche auf ihn. Spätestens danach kehrt er zurück in die Wirklichkeit.

Übung „Übertreibungen richtig einsetzen"

Eine Form der Bestätigung ist die übertriebene Bestätigung, bei der wir nicht nur den Angriff bestätigen, sondern ihn auch ausbauen.

Der erste Schritt: Wir nehmen den Vorwurf an und sagen unserem Angreifer, dass er recht hat. Dann ziehen wir im

2. Schritt seinen Vorwurf ins Lächerliche. Eine Übertreibung ist nur dann tatsächlich gegeben, wenn Sie möglichst skurril übertreiben. Hier gilt: Klotzen und nicht kleckern oder, um in der Sprache der wehrhaften Schlagfertigkeit zu bleiben, „nicht trotzen, sondern klotzen"!

Ein Kollege wirft Ihnen ein Blatt mit einer Tabelle darauf auf den Tisch und sagt dabei: „Diese Statistik entbehrt wohl jeder Grundlage!"

Bestätigen Sie das im ersten Schritt: „Ja, da gebe ich Ihnen vollkommen recht!" Während Sie diesen Satz sagen, haben Sie ein wenig Zeit, nach einer Assoziation zu suchen, die den Angriff ins Skurrile übertreibt. Sie werden nach ein wenig Übung feststellen, wie viele Möglichkeiten Ihnen durchs Gehirn schießen, obwohl Sie lediglich sieben Worte sagen. Eine Assoziation zu „keine Grundlage" kann sein, „keinen Boden unter den Füßen zu haben", und darauf folgend „die Sache ist abgehoben". Ferner fällt einem vielleicht auch „unrealistisch" ein.

So haben Sie schnell genügend Stichworte für eine Antwort, zum Beispiel wenn Sie sich auf das Wort „abgehoben" beziehen: „Ich würde sogar so weit gehen und sagen, dass diese Statistik schon abgehoben ist. Aber mit diesen unrealistischen Zahlen war es wirklich nicht möglich, etwas Bodenständigeres zu erstellen!"

Karl kommt mit einer neuen Krawatte ins Büro. Peter trifft ihn am Eingang und sieht sofort den auffälligen Binder: „Mein Gott, beim Anblick von der Krawatte fallen ja die Fliegen von der Wand."

Karl bestätigt den Angriff: „Ja, das habe ich heute Morgen auch schon bemerkt!" Bei toten Insekten fällt ihm ein Kammerjäger ein und damit baut er seinen Satz weiter: „Ein Kammerjäger hat mir auch schon ein lukratives Angebot gemacht!"

Bestätigen, Assoziation suchen und übertreiben – schon haben Sie gewonnen!

Frauke war beim Friseur, sie hat sich ihre Haare von blond auf hellblond färben lassen. Walter kommt ins Büro und stichelt sofort: „Passt du deine Haarfarbe deinem IQ an?"

Frauke bestätigt: „Das hast du gut erkannt, Walter!" Während des Redens ist sie gedanklich die Farben durchgegangen: blond, hellblond, weiß ... Walter hat weiß-graue Haare, ihre Antwort lautet daher: „Beim nächsten Mal färbe ich sie übrigens weiß, dann kann uns das zumindest nicht mehr voneinander unterscheiden."

Mit dieser Übertreibung solidarisiert sie sich sogar mit ihrem Kollegen, obwohl dieser bestimmt auf die Gemeinsamkeit verzichten kann.

17. Verwirrung stiften

Was möchte der Angreifer oder derjenige, der seine Sprüche auf Ihre Kosten klopft, erreichen? In erster Linie will er sich in seiner Stärke beweisen oder den eigenen Spieltrieb befriedigen. Hierfür benötigt er eine Reaktion, die er vorhersehen kann. Schlagfertigkeit besteht nun darin, genau diese Reaktion nicht zu liefern. Dabei denken wir in erster Linie vermutlich an Sprüche, die derart punktgenau kontern, dass unserem Kontrahenten nach Möglichkeit die Luft ausgeht. Doch es gibt auch eine andere Möglichkeit: Verwirren Sie ihn!

Diese Strategie ist besonders gut geeignet, wenn einem der Witz fehlt oder aufgrund von Stress nichts Witziges einfallen will. Das Besondere an den Verwirrstrategien ist, dass die meisten schnell gelernt und gut vorbereitet werden können. Allerdings liegt die Verwirrtechnik vermutlich nicht jedem, manche schwören aber auf sie. Genau deshalb gibt es ja verschiedene Techniken, damit jeder das bekommt, was er will.

Ein Tabu bei Kunden

Natürlich hat jede Technik ihre Grenzen. Verwirrtechniken sind nichts Ernsthaftes und sollten daher keinesfalls zur Einwandbehandlung bei Kunden verwendet werden. Auch in Diskussionen oder bei ernst gemeinten Fragen ist diese Taktik ungeeignet. Ob Sie diese Technik bei Ihrem Vorgesetzten oder Untergebenen anwenden, hängt vom Spaßfaktor der jeweiligen Person ab. Sollte sie Humor besitzen, eignet sie sich wunderbar. Wenn Sie es hingegen eher mit einem trockenen oder auch sensiblen Gesellen zu tun haben, lassen Sie es besser sein, sonst geraten Sie womöglich noch in den Verdacht, diese Person veräppeln zu wollen.

Das ist der große Vorteil von Angriffen und dummen Sprüchen, hier müssen Sie wenig Rücksicht auf sensible Gefühle nehmen. Wer angreift, muss mit einer Verteidigung rechnen, egal wie diese ausfällt. Wer austeilt, muss gleichwertig einstecken können. Verwirrtechniken sind dabei durchaus wertschätzend, sie veräppeln zwar, beleidigen aber nicht.

Mehrfache Verneinung

„Gehe ich recht in der Annahme, wenn ich nicht behaupte, dass Sie nicht im Handwerk beschäftigt sind?" „Hä? Wie jetzt?"

Kennen Sie solche Sätze? Wir tun uns schwer mit der doppelten Verneinung. In der Sendung „Was bin ich" mit Robert Lembke wurden in den 1970er-Jahren häufig solche Fragen gestellt, um vom Kandidaten kein „Nein" als Antwort zu bekommen, denn das hätte einen Punktverlust bedeutet. Aus diesem Grund formulierte das Rateteam eine im Grunde einfache positive Frage gerne in der Negation: in der doppelten Verneinung. Über die richtige Antwort wurde dann häufiger intensiv diskutiert und beraten. Was wollte der Frager nun wissen? Angenommen, der Befragte arbeitet nicht im Handwerk, wie lautet dann die richtige Antwort auf die folgende Frage: „Liege ich falsch, wenn ich behaupte, dass Sie nicht im Handwerk arbeiten?"

Denken Sie über die Antwort nach? Dann habe ich alles richtig gemacht. So können Sie auch bei Vorwürfen ernsthaft mit der doppelten Verneinung antworten. Die Chance, dass Ihr Gesprächspartner Sie auf Anhieb versteht, ist recht gering. Es gibt in der Regel drei Varianten, wie er reagieren wird:

Der Befragte beschäftigt sich derart intensiv mit der Fragestellung, dass die Zeit für eine spontane Antwort fehlt. Genau das ist gewollt. Wer nachdenkt, kann keinen nächsten Schlag ausführen. Wenn dieser dann verspätet kommt, ist der Witz bereits raus.

Die zweite Möglichkeit liegt in der Chance, dass der Angreifer Sie falsch versteht, und dann wird er sehr wahrscheinlich falsch antworten. Korrigieren Sie ihn, bleiben Sie dabei aber freundlich. Spätestens jetzt wird er verwirrt sein und über den Dialog nachdenken. Besonders eindrucksvoll wirkt das, wenn anwesende Zuschauer alles richtig verstanden haben.

Vielleicht fragt der Angreifer nach, was Sie mit Ihrer Antwort meinen. Das wäre dumm, aber die dritte, wenn auch eher seltene Variante der Reaktion. Dann haben Sie das Gespräch in der Hand. Mit Ihrer Antwort steuern Sie den Dialog auf das Gebiet zu, das Ihnen lieb ist, und der Angreifer wird Ihnen brav folgen.

Yvonne Kaufmann ist von ihrem Büro gerade zur Zentrale unterwegs. Dort sitzt ihre Kollegin Lena Metz. Yvonne reißt die Tür auf und faucht: „Sie sind ja nächste Woche schon wieder im Urlaub!"

Lena Metz ist über diesen Überfall ein wenig irritiert. Doch sie hat sich schnell unter Kontrolle und lächelt Frau Kaufmann an: „Ja, ich freu mich auch schon riesig."

„Und wer macht dann wieder Ihre Urlaubsvertretung? Mir steht die Arbeit schon bis zum Hals."

„Das weiß ich nicht, das entscheidet Frau Bellmer."

„Mich muss die erst gar nicht fragen."

„Frau Kaufmann, ich bin mir sicher, dass Frau Bellmer nicht daran denken wird, Sie nicht zu fragen."

„Das will ich auch meinen."

„Dann ist ja alles in Ordnung!", lächelt Frau Metz.

Egal wie die Sache ausgeht, mit dieser Antwort kann sich Frau Metz immer noch herausreden. An den genauen Dialog wird sich später ohnehin keiner mehr richtig erinnern können. Ebenso unwahrscheinlich ist es, dass Frau Kaufmann die doppelte Verneinung tatsächlich verstanden hat. Wenn Frau Metz ein „nicht" betont, fällt das andere „nicht" nicht mehr ins Gewicht.

Britta Hofmann ist eine eher wenig begabte Autofahrerin. Sie lebt damit, und das schon seit sie den Führerschein hat. Heute kam sie etwas später ins Büro und bekam den letzten Parkplatz. Das Einparken war demzufolge ziemlich problematisch.

Im Eingangsbereich kommt ihr dann auch noch ausgerechnet Klaus Hafner entgegen, der König der Lästerer. Er lächelt sie an und meint süffisant: „Das war aber mal wieder eine Einparkprozedur."

Britta lächelt ihn höflich an: „Das will ich meinen."

„Na ja, du bist halt kein Mann, da kann man das verzeihen."

„Ich denke nicht, dass ein Mann nicht in der Lage ist, den Wagen nicht auf Anhieb in die Lücke zu bekommen, oder?"

„Ne, das denke ich auch."

„Na bitte, dann gibst du es ja endlich zu! Tschüss, Klaus."

Hier ist vielleicht eine kleine Erklärung hilfreich: Der Satz „Ich denke, dass ein Mann in der Lage ist, den Wagen auf Anhieb in die Lücke zu bekommen" kann wohl eindeutig bejaht werden – zumindest aus Männersicht.

Das erste „nicht" verändert diese Aussage in das Gegenteil. Das wäre dann nicht mehr so männerfreundlich, zumindest was die Beschreibung der Einparkfähigkeit anbelangt.

„Ich denke nicht, dass ein Mann nicht in der Lage ist" bedeutet wiederum: „Ja, er kann es!" Wenn nun aber noch ein „den Wagen nicht in die Lücke zu bekommen" ergänzt wird, ist das Lob wieder ins Gegenteil verkehrt.

Britta hat also klipp und klar gesagt, dass ein Mann nicht besser einparken kann als eine Frau. Pech für Klaus, der das auch noch bestätigt hat. Mit dem richtigen Einsatz ist eine ungerade Anzahl an „nichts" eine Verneinung, die gerade Anzahl somit eine Bestätigung.

Viele Angreifer beschäftigen sich erst nach dem Dialog mit der Antwort. Diese Mehrfachverneinung führt in der Regel zu einer schnellen Antwort, die aber dann doch noch für sich selbst hinterfragt wird. Insbesondere dann, wenn Sie die letzte Äußerung bestätigen. Das macht Ihren Angreifer stutzig, es drängt ihn geradezu, noch einmal über das Gesagte nachzudenken. Erhoffen Sie sich aber keine Zustimmung. In den seltensten Fällen wird man Ihnen recht geben, doch darauf kommt es nicht an. Es werden sich auch nur wenige trauen Ihnen zu widersprechen. Sie fühlen, dass sie die eigene Position nicht begründen können. Damit bleibt das Gefühl der Schwäche zurück und die angreifende Person wird vielleicht auch ein wenig Wut auf Sie haben. Doch besser so als umgekehrt. Der Angreifer weiß jetzt, dass er Ihnen verbal unterlegen ist, und das lässt ihn vorsichtiger werden.

Diese Technik hört sich vielleicht ziemlich kompliziert an und ist es auch, aber genau darin liegt ihre Chance. Nur wenige durchschauen die Mehrfachverneinung. Es ist daher nicht wichtig, logisch zu argumentieren, und es geht auch nicht darum, recht zu bekommen, sondern viel eher will man den Angreifer ruhigstellen.

Geschüttelte Lebensweisheiten

Nun stelle ich Ihnen eine Technik vor, die sehr gut vorbereitet werden kann, dabei aber dennoch originell bleibt. Sie ist sehr schnell einsetzbar und daher wunderbar für den Einstieg in die Schlagfertigkeit geeignet. Hiermit können Sie anderen schnell Paroli bieten und sich in Ruhe Stück für Stück in Ihrer eigenen Schlagfertigkeit steigern. In diesem Kapitel wird geschüttelt und gerüttelt. Das Leben und unsere Mitmenschen bescheren uns immer wieder vorhersehbare Situationen und insbesondere für solche Momente sind Lebensweisheiten in vielerlei Hinsicht toll einsetzbar.

Mit Lebensweisheiten und Sprichworten sind wir groß geworden. Zu jedem Ereignis, zu jedem Charakterzug und zu jedem Fehler kennt irgendjemand irgendeine Kalenderweisheit und beglückt uns damit. Bei einer verpatzten Klausur ist noch kein Meister vom Himmel gefallen und der enttäuschende Urlaub wird auf der Rückfahrt mit dem eigenen Herd, der ja Goldes wert ist, abgehakt. Wir finden Entschuldigungen für Dinge, die wir nicht lernen („Was Hänschen nicht lernt, ..."), und Ermutigungen auf dem Weg nach oben („Vor den Erfolg haben die Götter den Schweiß gesetzt"). Manchmal versuchen wir auch unsere Mitmenschen mit solchen Weisheiten zu einem bestimmten Verhalten zu nötigen. So gibt es beispielsweise viele Gründe dafür, morgens früh aufzustehen („Morgenstund' hat Gold im Mund", „Der frühe Vogel fängt den Wurm", oder auch „Abends wird der Faule fleißig").

Es gibt so viele Sprichworte, auch vergessene, dass zu jeder Situation mindestens eines gefunden werden kann, und daher liegt es auch nahe, bei Angriffen eines als Konter zu verwenden.

Es klingt wohl nicht sonderlich originell, auf einen Angriff mit einer Kalenderweisheit zu reagieren, doch es gibt genug Situationen, in denen man genau das tun kann. Wenn Sie tatsächlich einen Fehler gemacht haben, können Sie mit einer allgemeingültigen Weisheit reagieren. Der Auszubildende, der in einer Woche bereits zum wiederholten Mal verschlafen hat, sollte nicht noch einen flotten Spruch mitbringen. Hier eignet sich ein Sprichwort in Verbindung mit einer Entschuldigung wahrscheinlich besser. Das ist zwar nicht schlagfertig, dafür kann es aber dabei helfen, Stress zu vermeiden.

Origineller und witziger ist es, wenn Sie die Weisheiten verändern oder zwei und mehr Sinnsprüche miteinander vermischen. Heraus kommt meist eine witzige Spruchmodifikation. Der Hörer weiß, dass etwas nicht stimmt, kann aber in vielen Fällen gar nicht genau sagen, was nicht passt. Das wird Ihren Angreifer verwirren, wodurch der eigentliche Angriff aus dem Fokus gerät.

Klassisch „ungeschüttelte“ Sprichworte

Bleiben wir zunächst bei den gültigen und korrekt wiedergegebenen Weisheiten. Sie haben den Vorteil, dass die meisten Menschen ihren Wahrheits- oder Weisheitsgehalt uneingeschränkt akzeptieren. So kann ein berechtigter „Angriff“ mit einem Sprichwort relativiert werden. Sie nehmen dem Angriff die Schärfe, gestehen ein Fehlverhalten ein, rechtfertigen sich nicht, spielen aber das Vergehen herunter. Der Griff in die Kiste mit den Ausreden entfällt und der

Gesprächspartner wird milde gestimmt. Wenn es passt, können Sie eine gängige Weisheit auch mit Humor nehmen, so wie es in einigen der folgenden Beispiele gezeigt wird.

Der Lehrling Sven hat aus Unachtsamkeit ein Sägeblatt zerstört. Der Meister ist entsprechend sauer: „Mensch, kannst du nicht aufpassen?“ „Doch Meister, ab sofort. Aus Fehlern wird man klug, das wird mir also nicht mehr passieren!“

Sven hat den Fehler zugegeben, eingesehen und mittels eines bis dato nicht widerlegten Sprichworts relativiert. Er hat auf eine Rechtfertigung verzichtet und seinen Status als Lehrling, als jemand, der die Prozesse noch lernen muss, verdeutlicht. Ferner hat er mit dem letzten Satz ein Versprechen abgegeben. Alle nun möglicherweise folgenden Vorwürfe des Meisters wären bloß noch Wiederholungen. Die kann Sven mit einem „Okay“ quittieren oder der Meister merkt früher oder später selbst, dass seine Argumente eigentlich keine mehr sind.

Marion ist mit ihrem Freund Thomas zusammengezogen. Während er im Baumarkt war, hat sie angefangen die Wohnung zu streichen. Sie macht das zum ersten Mal in ihrem Leben. Sie ist stolz auf ihr Werk, auch wenn es einige Schönheitsfehler aufweist.
Thomas kommt heim und begutachtet mit kritischem Blick das nicht ganz so perfekte Werk: „Na ja, da sind aber noch einige Streifen auf der Wand.“
Marion: „Stimmt, aber es ist noch kein Meister vom Himmel gefallen und ich denke mal, dass die nun auch nicht wegen meiner Streifen reihenweise aus den Wolken kippen.“

Marion hat mit einem passenden Sprichwort den Vorwurf relativiert und ihn mit einer entsprechenden Ergänzung kommentiert. Sie macht deutlich mit den Streifen leben zu können, aber auch dass sie um die Fehler ihres Erstlingswerks weiß. Dennoch oder vielleicht gerade deswegen ist sie stolz darauf. Wenn Thomas Friede im neuen Heim haben möchte, sollte er sich ebenfalls darüber freuen, sonst fällt womöglich noch ein Meister für Beziehungsfragen vom Himmel.

Martin Müller, Mitarbeiter im Kunststoffwerk „Plastik & Söhne" ist zum dritten Mal in diesem Monat zu spät zur Arbeit erschienen. Sein direkter Vorgesetzter Kunze spricht ihn darauf an. Martins Reaktion: „Ja, ich weiß: Der frühe Vogel fängt den Wurm. Ich mache mir zwar wenig aus Würmern, aber ich werde ab sofort pünktlich sein."

Martin hat seinem Vorgesetzten recht gegeben, ist dabei aber nicht devot aufgetreten. Durch seine humorvolle Äußerung hat er dem Gespräch die Härte genommen. Der Vorgesetzte wird daraufhin in der Regel sachlicher reagieren als bei einer Rechtfertigung. Zudem würde es Herr Kunze riskieren, als humorlos zu gelten, wenn er dennoch eine Standpauke oder Gardinenpredigt halten würde.

Bei humorbefreiten Mitbürgern ist hier allerdings eine kleine Falle oder Gefahr versteckt. Die Empfänger einer solchen Botschaft können die Ironie nicht verstehen und reagieren entsprechend wilder. Es würde bei diesen Menschen mitunter ausreichen, das Fehlverhalten mit dem Sprichwort zu bestätigen. Doch solche Menschen sind selten – zum Glück. Probieren Sie es also ruhig aus, ehe Sie jemanden als humorbefreit abstempeln. Die meisten Menschen haben in der Regel mehr Humor, als sie es zugeben würden – weltweit.

Sprichwörter haben einen enormen Vorteil: Sie bestätigen, ohne zu erklären oder zu rechtfertigen.

Nichts bleibt, wie es war

Viele Redewendungen genießen einen gewissen Prominentenstatus, denn sie sind allgemein bekannt. Die Verwendung von solch geflügelten Worten erspart uns daher deren Erklärung. Jeder weiß, was gemeint ist. Doch nur weil ein Sprichwort so berühmt ist, genießt es nicht zwangsweise höheren Respekt. Wir dürfen es durchaus verändern und sogar neu formulieren. Heraus kommt manchmal etwas Ironisches und manchmal etwas sehr Individuelles.

Kevin hat die Erledigung seiner Hausaufgaben schon den ganzen Tag vor sich hergeschoben. Um 18 Uhr reißt seiner Mutter der Geduldsfaden. „Jetzt setz dich hin und mach deine Arbeit!“

„Ich weiß gar nicht, was du willst, Mama. Am Abend werden doch die Faulen munter!“

„In deinem Fall heißt es aber: Am Abend werden die Faulen mitunter munter! Also mach jetzt Dampf!“

Ein kleines zusätzliches Wort relativiert die Aufschieberitis von Kevin. Für diese Antwort ist schon ein wenig Kreativität nötig. Wem dieses Wortspiel nicht eingefallen wäre, der kann auch Teile von Kevins Aussage aufnehmen: „Dann mach dich sofort munter an die Arbeit!“, oder: „Du sollst den Faulen auch nicht vor dem Abend loben. Noch bist du nicht munter!“

Der Tag beginnt für Erika gänzlich schlecht. Sie hat verschlafen und kommt entsprechend abgehetzt ins Büro. Da sitzt schon ihr lieber Kollege Herbert.

„Na?“, fragt er die alleinstehende Kollegin mit einem frivolen Lächeln. „Hattest gestern wohl Besuch?“

„Selbst wenn dem so wäre, ginge dich das gar nichts an“, erwidert Erika.

„Aber ich scheine recht zu haben. Du wirst ja schon wieder rot!" lacht er.

„Gesichtsröte am Morgen bringt Kummer und Sorgen. Also sei auf der Hut!"

Erika hat ebenfalls eine bekannte Redensart für ihre Zwecke verändert. Damit hat sie ihrem Kollegen deutlich gemacht, was sie von seinem Spruch hält. Gleichzeitig droht sie ihm ein wenig, zwar nicht wirklich ernsthaft, aber vielleicht dennoch wirkungsvoll. Solche Angriffe sind Frotzeleien unter Kollegen, sie sind weder ernst noch böse gemeint. Allerdings können sie mit der Zeit nerven. Es ist auch nicht gesagt, dass durch Erikas Antwort die Sticheleien von Herbert aufhören werden, denn dafür müsste Erika wohl auf Dauer das letzte Wort haben. Mit dieser Technik ist das allerdings leicht erreichbar. Entweder sie verwendet dieses veränderte Sprichwort ständig oder passt es der jeweiligen Tageszeit an.

Vielleicht erinnern Sie sich noch an Frank Piltner? Er hat einen neuen Kollegen, Marc Becker. Leider können sich die beiden nicht leiden und Herr Becker hat zudem wichtige Lehren einer guten Kinderstube versäumt. Frank sucht gerade verzweifelt nach einer Telefonnummer, findet sie aber nicht.

„Können Sie mir wohl die Nummer vom Bauer geben?", fragt er seinen Kollegen.

„Nein, ich bin schließlich nicht Ihr Assistent!", bellt dieser zurück.

„Unhöflichkeit ist aller Ärger Anfang, wie Sie bestimmt wissen. Aber lassen Sie es mal gut sein", entgegnet Frank leicht konsterniert.

Frank Piltner ist nicht gerade der große eloquente Redner. Es fällt ihm schwer, witzige Antworten zu kreieren. Diese

Technik ist für ihn jedoch ideal. Mit ein wenig Veränderung bringt er kreative Antworten zustande, und die kommen ihm auch entsprechend schnell in den Sinn. Damit hat er alles erreicht: Er ist schnell und originell. Er reagiert sofort und entzieht sich so dem Schlag seines Kollegen. Auch wenn vielleicht ein wenig Druck und Trotz in seiner Antwort steckt, ist das allemal besser, als verblüfft über so viel Frechheit stumm zu starren.

Diese Technik kann sehr einfach vorbereitet werden und die erfundenen Reaktionen können häufiger wiederholt werden. Wenn Sie Gefallen an dieser Technik gefunden haben, so üben Sie doch einmal Ihren Umgang damit. Suchen Sie sich Redewendungen heraus, auf manchen Internetseiten finden Sie Tausende bekannte und vergessene Sprichworte. Denken Sie über deren Sinn und dann in der veränderten Form über ihren Unsinn nach. Benutzen Sie aber nur bekannte Sprichworte, veränderte unbekannte Weisheiten wird niemand verstehen. So ein Schuss würde nach hinten losgehen. Wir wollen ja verwirren und das geht nur, indem wir Bekanntes verändern.

Binden Sie sich doch einmal persönlich in das von Ihnen gewählte geflügelte Wort ein. So mutiert das Sprichwort zu Ihrer ganz persönlichen Weisheit. Dass dabei etwas Brauchbares und Kluges herauskommen kann, zeigt uns Herr Gerber:

Herr Gerber fährt ein altes, aber abbezahltes Auto. Sein Sportkamerad Luis Pohlacker hat einen neuen Wagen, der aber noch zu 90 Prozent der Bank gehört.

„Mensch, Gerber, macht das eigentlich Spaß, mit so einer alten Gurke rumzufahren?“, frotzelt Luis.

„Ach, weißt du, ich halte mich an die Weisheit: Bezahltes Auto ist des Gerbers Lust. Damit bin ich bisher gut gefahren, im doppelten Sinne!“

Auch Liedertexte oder Werbesprüche können Sie für die Anwendung dieser Technik verwenden. Es ist aber ebenfalls darauf zu achten, dass Sie allgemein bekannte Textpassagen wählen. Mit „Das Wandern ist des Müllers Frust" wird sich jeder Bewegungsmuffel identifizieren können und wenn Sie sagen: „Nichts ist uns möglich", weiß wohl auch jeder, was Sie verändert haben, und versteht die Ironie dahinter. Manchmal erfreuen sich gerade Werbetexte einer höheren Bekanntheit als so manche Kalenderweisheit.

Frank Haberkamp ist ein wenig zu dick, wie Sie vielleicht noch von meiner Schilderung auf Seite 211 wissen. Er trägt einen ganz schön großen Bauch mit sich herum, der ihm beim Treppensteigen manches Mal die Luft nimmt. Dirk Poschmann hat hingegen die Kondition eines Rennpferdes.

„Mensch, Haberkamp", ruft er ihm durch das Treppenhaus zu, „trainieren Sie doch mal Ihre Wampe weg."

Haberkamp bleibt stehen, schlägt sich auf seinen Bauch und singt in schiefen Tönen: „Der gehört zu mir, wie mein Name an der Tür!"

Verbundene Sprichworte

Vielleicht hat sich nun der Urheber so manchen Sprichworts oder Liedtexts im Grab umgedreht, wenn er hören könnte, was mit seinen Weisheiten und Kreationen angestellt wird. Wenn dem wirklich so sein sollte, wird die Technik, die ich Ihnen nun vorstellen möchte, seine Umdrehungsgeschwindigkeit wohl noch etwas erhöhen.

In diesem Kapitel verändern wir Sprichworte, indem wir zwei verschiedene miteinander verschmelzen. Jetzt kommt die Sprichwort-Fusion! Was dabei herauskommt? Unfug, aber zum Teil witziger Unfug, und das ist gewollt, denn Ihr Gesprächspartner muss diese neue „Weisheit" erst zerpflücken und einige werden sogar versuchen sie zu verstehen. Das kann allerdings dauern. Sie werden Ihren Gesprächspartner damit verwirren, zum Lachen bringen und vielleicht auch ein wenig Nachdenklichkeit erzeugen. Sie demonstrieren in jedem Fall Eloquenz und Kreativität.

Kombinieren wir zum Beispiel die Weisheit „Eigener Herd ist Goldes wert" und das bekannte Lied „Das Wandern ist des Müllers Lust". Aus dem ersten Teil der Weisheit und dem zweiten Teil des Liedes entsteht dann: „Eigener Herd ist des Müllers Lust." Vielleicht mögen Sie es auch lieber umgekehrt und kreieren: „Das Wandern ist Goldes wert."

Hans hat mal wieder verschlafen. Müde und abgehetzt kommt er in der Firma an, wo ihm zufällig Daniel entgegenkommt.

„Hey", meint er aufmunternd, „du weißt doch, der frühe Vogel und so!"

„Ach, hör bloß auf, der frühe Vogel ist aller Laster Anfang!", widerspricht Hans.

Auch bei dieser Technik können Sie sich zwei oder drei Schüttelreime als Notfallreaktion anlegen. Sie sind leicht zu lernen und passen in den meisten Fällen. Sie können Angriffe parieren oder, wie im Fall von Hans, auch einfach einen unterhaltsamen Spruch abliefern. Selbst wenn die Antwort nicht direkt zum Angriff passt, spielt das nur eine untergeordnete Rolle. Sie haben etwas gesagt und Ihr Angreifer hat etwas zum Nachdenken. Im Fall von Hans wäre ein willkürlicher Schüttelreim unangebracht gewesen, aber im Fall von Frank Haberkamp passt er.

*Frank Haberkamp, immer noch deutlich an seinem gro-
ßen Bauch zu erkennen, hat sich ebenfalls ein paar
Schüttelweisheiten zurechtgelegt. Aus „In der Nacht sind
alle Katzen grau" und „Ein voller Bauch studiert nicht
gern" machte er die Weisheit „Mit vollem Bauch sind alle
Katzen grau". Aus „Geld allein macht auch nicht glücklich"
und „Ordnung ist das halbe Leben" schuf er die Weisheit
„Ordnung allein macht auch nicht glücklich".*

*Wieder einmal kommt ihm Dirk Poschmann entgegen.
Er kann es immer noch nicht fassen, dass Frank so an seinen Pfunden festhält.*

*„Herr Haberkamp, Abnehmen ist viel leichter, als Sie
glauben. Sie müssen nur weniger essen!"*

*„Ja, ist schon gut, Herr Poschmann. Mit vollem Bauch
sind alle Katzen grau, aber das verstehen Sie nicht!"*

*In der Tat, das hat Herr Poschmann wirklich nicht ver-
standen.*

Mit ein wenig Wortspielerei machen Sie aus solchen Sprüchen
echte Rätsel. Ihr Zuhörer kennt diese Redewendungen, wird
aber mit Ihrer Version vermutlich nur wenig anfangen können. Vielleicht fragt der eine oder die andere sogar nach,
dann haben Sie erfolgreich das Thema gewechselt. Was auch
immer geschieht, Ihr Angreifer ist erst einmal beschäftigt.

*Kennen Sie Katja noch? Sie hat zwei Kollegen, Eric und
Frederic, die immer wieder dumme Sprüche wegen ihrer
Figur machen. So auch heute: Als Katja aus der Kantine
kommt, begegnet sie Frederic im Eingang. „Na?", meint
er. „Haben wir was für die Figur getan?" „Natürlich", lächelt ihn Katja an, „du weißt doch, ein voller Bauch ist des
Müllers Lust!"*

*Zwei Stunden später stehen beide zufällig am Kopierer.
„Du solltest mal wieder was essen", meint Frederic. Katja*

*zieht schon genervt die Augenbrauen hoch und sagt:
„Mensch, Frederic, so langsam nervt es. Aber du bestätigst
echt den Spruch ‚Die dümmsten Bauern sind aller Laster
Anfang‘." Sie nimmt ihre Kopien und geht. „Moment",
ruft er ihr hinterher, „heißt der Spruch nicht irgendwie anders?" Katja dreht sich auf dem Flur um und ruft: „Für dich
nicht!"*

Der totale Mix

Die Steigerung der nun vorgestellten Techniken wäre
jene Version, bei der alles miteinander gemischt wird.
Sprichwörter zu verbinden und diese dann auch noch individuell abzuändern ist gleichsam die Königsdisziplin.
Probieren Sie das nach Herzenslust aus, dann wird auch etwas
Brauchbares dabei herauskommen. Achten Sie nur darauf,
dass Ihr Ergebnis immer noch Erinnerungen an die zugrunde liegende Weisheit weckt. Sollte Ihr Weisheiten-Cocktail
vollkommen eigenständig werden, wird ihn keiner mehr verstehen und dann wird man sich womöglich Gedanken über
Sie machen. Das wollen wir nicht, denn unser Ziel ist es,
den Gegner zum Schweigen zu bringen. Das erreichen Sie,
indem Sie ihn beschäftigen, zum Beispiel mit einer veränderten Weisheit. Er kennt den Spruch, den Sie verwendet haben,
nur in einer anderen Form. Sollte gar keine Erinnerung in
ihm auftauchen, dann beschäftigt er sich auch nicht mit
Ihrer kreativen Sprichwortneuschöpfung.

Rüttel-Sprichworte sind eine perfekte Hilfe bei allen
Gelegenheiten, falls Ihnen mal die Worte fehlen. Selten
passt eine Technik in nahezu allen Situationen. Das hat
auch Gabi Volkner erkannt. Daher hat sie sich ein paar
dieser Techniken angeeignet und stetig geübt. Nun fühlt sie
sich gut gerüstet.

Gabi Volkner hat einen gemeinen Kollegen, Lars Kling. Bei jeder Gelegenheit spricht er sie auf ihr zu groß geratenes Riechorgan an. Er nennt es Zinken, Rübe oder auch schon mal Knolle. Gabi Volkner kennt alle Begriffe, und das schon seit ihrer Schulzeit. Allerdings hat sie sich nie so richtig zu wehren getraut. Nun hat sie sich verschiedene Rüttel-Sprichworte überlegt, die einen ersten Angriff abwehren sollen.

So kommt ihr Lars morgens auf dem Parkplatz entgegen und meint: „Sag mal, beim Fahren musst du doch die ganze Zeit mit der Nase an der Windschutzscheibe kleben?!"

Gabi kontert: „Lars am Morgen bringt Kummer und Sorgen."

Mittags in der Kantine kommt er an ihren Tisch und sagt: „Steck mal die Nase nicht so tief in die Kartoffeln."

Gabi: „Ich steck meine Nase nur in Dinge, die mich was angehen. Solltest du übrigens auch tun!"

Kurz vor Feierabend stehen beide am Kopierer. Lars sagt daraufhin: „Ich hätte mir den Kolben schon operieren lassen."

Gabi: „Was ich selber denk und tu, ist aller Laster Anfang."

Durch ihre steten Reaktionen verdeutlicht Gabi, dass ihr die Angriffe nichts auszumachen scheinen. Sie wird eines Tages mal Tacheles mit Lars reden und ihm die Anspielungen verbieten. Wenn sie bis dahin demonstriert hat, dass die Angriffe an ihr abperlen, wird die Grundsatzunterhaltung eine starke Wirkung auf Lars haben.

18. Ablenken

Haben Sie schon einmal gewiefte Pressesprecher oder Politiker in einer unangenehmen Situation beobachtet? Wenn diese Personen eine Frage gestellt bekommen oder mit einem Vorwurf zu einer aktuellen Angelegenheit konfrontiert werden, erwartet der Reporter natürlich eine Erklärung oder ein Statement. Doch was folgt? Der Befragte holt zunächst einmal aus: „Bevor ich Ihre Frage beantworte, erlauben Sie mir …" Wir erlauben! Nun werden zunächst Randbedingungen erläutert, der große Vorteil daran ist, dass niemand den genauen Rand kennt. Daher wird dieser beliebig erweitert, natürlich in blumigen, wohlklingenden Worten. Die Ausgangsfrage wird irgendwann vergessen und der Reporter kann froh sein, nicht noch die kleinen privaten Anekdoten aus der Schulzeit des Befragten zu hören.

Auch wenn die Antwort des Pressesprechers nicht witzig ist, schlagfertig ist sie dennoch. Der Befragte muss entweder viel reden oder sich schnell eine gute Gegenfrage einfallen lassen, um die Ablenkung perfekt hinzubekommen. Dafür müssen alle Register der Schlagfertigkeit gezogen werden. Diese Technik schützt den Angegriffenen, in diesem Fall den Befragten. Sie hilft dabei, das Gespräch auf das Lieblingsthema des Befragten zu lenken, und dieser entzieht sich somit weiteren Angriffspunkten.

Natürlich ist der Reporter nicht doof. Er merkt, dass seine Frage nicht beantwortet wurde, und weiß natürlich, dass sich diese Person wie ein Aal um eine Antwort windet.

Daher fragt er nach, aber auch die nächste Antwort passt nicht wirklich zur Frage. Vielleicht wird der Fragesteller diesmal auch korrigiert, wodurch sich die Positionen verändern und der Reporter in Erklärungsnot gerät. Letzten Endes ist er vielleicht sogar froh ungeschoren davongekommen zu sein. Fazit: Wer keine Antwort geben will, muss das nicht tun!

Ablenken durch Fragen

Wir neigen dazu, Fragen zu beantworten. Dieses Verhaltensmuster steckt in uns. Vielleicht haben wir es durch unsere Erziehung mitgegeben bekommen oder es ist die willkommene Gelegenheit, sich präsentieren zu dürfen. Der Wunsch, von anderen wahrgenommen zu werden, ist sehr weit verbreitet. In einer immer anonymer werdenden Welt nimmt die Sehnsucht, darin aufzufallen, immer mehr zu. Anders ist das Verhalten von Menschen im Hintergrund von einem vor der Fernsehkamera geführten Interview kaum zu erklären. Sie winken, ohne zu wissen, wem, sie machen Faxen oder bleiben wie angewurzelt stehen und schauen wie gebannt in die Kamera, bis die Klappe fällt. Die Menschen glauben, durch die Kamera und somit von vielen Zuschauern beachtet und erkannt zu werden. Für einen kurzen Moment stehen sie im Mittelpunkt. Fragen, die beantwortet werden dürfen, erfüllen ebenfalls ein wenig die Sehnsucht nach Beachtung. Da ist jemand, der sich für mich interessiert, und ich habe die Gelegenheit, mich in den Mittelpunkt zu stellen.

Dieser Reiz-Reaktions-Mechanismus muss aber nicht bestehen bleiben. Ich kann zwar eine Frage beantworten, muss es aber nicht. Auch dieses Instrument soll in erster Linie dazu genutzt werden, sich selbst zu schützen. So können unangenehme oder auch unangebrachte Fragen umgangen werden. Wir sollten jedoch darauf verzichten, den Fragesteller vorzuführen. Damit würden wir die Würde unseres Gegners oder des Fragestellers missachten. Das ist nicht nur unangebracht, sondern bringt auf Dauer nur Ärger und Konflikte mit sich. Schlagfertigkeit soll nicht verletzen. Wenn wir aber die Macht und die Kraft haben, Gespräche konzentriert zu führen, dann haben wir auch die Verantwortung, sie nicht in den Abgrund zu lenken.

In solchen Momenten höre ich häufig den Vorwurf, ich manipuliere mit diesem Vorgehen meinen Gesprächspartner. Ja, das ist vollkommen richtig, Gespräche zu lenken und Fragen bewusst anders zu beantworten ist eine Beeinflussung des Gesprächspartners. Sofort erhalte ich den nächsten Vorwurf: Man möchte aber nicht beeinflusst oder manipuliert werden. Nun, das ist auch richtig. Kaum einer will das und dennoch tun wir es – alle und tagtäglich, bewusst oder auch unbewusst. Sobald wir jemanden tadeln oder loben, erhalten wir genau darauf eine Reaktion. Damit haben wir diesen Menschen aber schon beeinflusst, denn wir haben seine Reaktion provoziert. Jedes Gespräch beeinflusst uns, ob wir es wollen oder nicht. Jeder Streit ist das Ergebnis aus Manipulationen, denn wir wissen genau, wie wir einen Streit provozieren oder auch verhindern können. Wenn wir aber ohnehin ständig unsere Gesprächspartner in deren Reaktionen bestimmen, dann können wir es auch absichtlich und bewusst machen. Die Manipulation ist an sich nicht unfair. Erst wenn Manipulation dazu missbraucht wird, andere vorzuführen, sie gegen ihren Willen zum Clown zu machen, dann ist es unanständig. In der Schlagfertigkeit nutzen wir diese Macht jedoch nur zum Selbstschutz.

Ich möchte Ihnen an einem Beispiel zeigen, wie wir uns selbst manchmal um Kopf und Kragen reden, nur weil wir direkt reagieren:

Melanie Fitting ist mit ihrem technischen Kollegen Mark Glott bei einem Kunden. Es geht um die Erweiterung eines bestehenden Auftrags. Im Gespräch hat Melanie ihren Kollegen mehrfach unterbrochen. Er ist sauer und sagt ihr das nach dem Gespräch im Auto. Melanie weiß sehr wohl, dass er recht hat, will sich aber dennoch zaghaft verteidigen: „Ja, du hast recht, mein Temperament ist mit mir durchgegangen.“

Mark ist natürlich immer noch sauer, Melanie zeigt eine Schwäche und er wittert die Chance zu dominieren. Er will die Entschuldigung von Melanie noch einmal hören, denn das tut seinem „Dominanzsystem“ so gut.

Mark: „Das ist keine Entschuldigung, du hast mich beim Kunden regelrecht vorgeführt.“

Eine Entschuldigung reicht doch wohl, denkt sich Melanie. Außerdem ist dieser Vorwurf vollkommen aus der Luft gegriffen, und das muss sie auch klarstellen: „Das stimmt nicht, das habe ich nicht getan.“

Widerspruch ärgert einen, so auch Mark. Nun greift Melanie sein Dominanzsystem an, anstatt es zu streicheln, das kann er sich nicht bieten lassen: „Du hast es nicht gemerkt, weil du so mit dir selbst beschäftigt warst.“

Das war der erste echte Angriff, Melanie muss sich das nicht gefallen lassen, denn so schlimm war die Unterbrechung im Gespräch nun auch nicht. Sie wird sich verteidigen, vermutlich mit einem Gegenangriff, von dem sich Mark nicht so schnell erholen wird. Diesen Dialog werden die beiden die ganze Heimfahrt lang fortsetzen. Die Möglichkeit, dass es dabei zu einem handfesten Streit kommt, ist sehr wahrscheinlich.

Melanie hätte den Dialog auch anders steuern können: *Mark ist sauer. Er wurde mehrmals im Gespräch unterbrochen. Da baut sich eine Wut auf, die man nicht am Kunden ab-*

lassen kann oder will. Der Dampf muss aber in irgendeiner Form abgelassen werden. Melanie hätte gut daran getan, auf diese Konfrontationssituation anders zu reagieren. Nach dem Vorwurf von Mark kam ihre Entschuldigung, sie weiß ja, dass ihr Kollege recht hat.

„Ja, du hast recht. Sag mal, hast du schon eine Ahnung, wie lange die Umrüstung dauern wird?"

Damit ist Mark mit der Antwort beschäftigt und der berechtigte Vorwurf wird nicht vertieft.

Natürlich hat Melanie ihren Kollegen in seiner Reaktion manipuliert und es ist zum Nutzen beider.

Frau Müller hat ihrem Chef soeben einen sehr fahrlässigen Fehler gebeichtet. Der Chef ist entsprechend sauer: „Also, Frau Müller. So was Blödes wie Sie habe ich noch nicht erlebt!"

„Nicht jedem ist es gegeben, Chef. Brauchen Sie noch was für die Dienstreise nächste Woche?"

Was sollte Frau Müller hier sonst tun? Sie hat ihrem Chef recht gegeben, damit ist dieser zufrieden. Sie hat den Fehler nicht gerechtfertigt, denn das hätte den Chef nur noch mehr geärgert. Stattdessen kommt sie auf ein neues Thema zu sprechen und schon recht bald ist der erste Zorn verraucht. Vielleicht kommt noch eine kleine verbale Spitze von ihrem Chef, doch auch damit wird Frau Müller souverän umgehen.

Hans Helmer kommt in die Kneipe. Seine modebegeisterte Vereinskollegin Ursula Werner betrachtet seine Beinkleider und meint: „Jetzt hast du schon wieder diese alte Hose an?" Hans hat keine Lust, schon wieder über Mode zu reden, und sagt knapp: „Ja, ich mag sie. Sag mal, wie läuft es denn

Stehen Sie zu sich, rechtfertigen Sie sich nicht und stellen Sie eine nach Möglichkeit für den Angreifer spannende Frage – dann kommen Sie friedlich aus jeder Reizsituation heraus.

Wir sind es gewohnt, Fragen zu beantworten, selbst in Angriffssituationen erliegen wir meistens diesem Reflex. Sobald wir anfangen eine Frage zu beantworten, sind wir aber schon vom eigentlichen Thema abgelenkt, vor allem wenn es eine offene Frage ist, deren Beantwortung mehr als nur ein Wort verlangt.

Bei geschlossenen Fragen (die Antwort auf eine solche Frage wäre „ja" oder „nein") reicht die Ablenkung meist nicht aus. Hätte Frau Müller gefragt: „Sind Sie morgen im Haus?", wäre der Chef nicht hinreichend abgelenkt worden. Er hätte die Frage beantwortet und dann vielleicht weiter auf dem Fehler herumgehackt. Eventuell hätte er auch die gestellte Frage benutzt, um ein weiteres Mal auf die Inkompetenz seiner Sekretärin hinzuweisen: „Sie haben doch meinen Terminkalender, dann müssten Sie das auch wissen!"

Auch eine rhetorische Frage (eine Frage, die man im Grunde selbst beantwortet bzw. auf die man eigentlich keine Antwort erwartet) ist gänzlich ungeeignet, denn auch damit lenken Sie Ihren Gesprächspartner nicht ab. Angenommen, im Auto von Melanie und Mark hat es über 40° Celsius. Das Auto hat die ganze Zeit in der prallen Sonne gestanden. Wenn Melanie als Ablenkung ihren Kollegen gefragt hätte, ob ihm auch so warm ist, wäre dieser wohl explodiert.

Wählen Sie offene Fragen zu einem Thema, zu dem der andere gerne redet und viel zu sagen hat.

Ablenken durch Lob

Die meisten bekommen zu wenig Lob. Schon in Kindertagen erfahren wir täglich, was wir nicht tun sollten, was wir nicht können und wovon wir die Finger lassen sollen. An ehrlichem Lob mangelt es zumeist. Wissen tun das viele und einige versuchen es auch zu ändern. Ein Teil von diesen Menschen lobt dann alles und noch mehr. Man könnte fast meinen, für sie ist fast jeder Atemzug eine Sensation, die entsprechend kommentiert werden muss. Das ist auch nicht realistisch und schon gar nicht hilfreich. Bei einer inflationären Anwendung wird das Lob normal und daher auch kaum mehr bemerkt. Ein ehrliches Lob muss von Herzen kommen, es muss eine Leistung tatsächlich würdigen, die es auch wert ist, gewürdigt zu werden. Nur in solchen Fällen macht Loben Spaß, aber leider handeln nur wenige nach diesem Prinzip.

Aus diesem Grund kann ein ehrliches Lob auch hervorragend dazu genutzt werden, einen Angriff abzuwehren. Natürlich kommt es auf den Angriff an; grenzt dieser an eine Beleidigung, so ist ein ehrlich gemeintes Lob wohl fehl am Platz. Aber bei Angriffen, die aufgrund unserer eigenen Fehler eine Daseinsberechtigung haben, funktioniert diese Technik wunderbar.

Melanie hat sich, wie bereits berichtet, im Kundengespräch eher suboptimal gegenüber ihrem Kollegen Mark verhalten. Mark ist entsprechend sauer und sagt ihr das auch. Es handelt sich um einen berechtigten Angriff von Mark, der seinen Gemütszustand widerspiegelt und Melanie nicht beleidigt. Melanies Reaktion: „Ja, du hast recht. Ich fand es toll, wie du das Gespräch dann dennoch auf den Wartungsvertrag gelenkt hast." Selbst wenn Mark aufgrund seiner leicht köchelnden Emotionen noch etwas erwidern wollte, kann es Melanie dabei belassen und hat Frieden auf der Heimfahrt.

Wer zu stark lobt, wird bei seinem Gesprächspartner allerdings Misstrauen wecken. Insbesondere Menschen, die nur schlecht mit Lob umgehen können, wittern hier eine Falle. Seien Sie daher realistisch und bescheiden. Ein kleiner Tipp zum Schluss: Eckart von Hirschhausen hat in seinem Bühnenprogramm ein Lob vorgestellt, dem sich wohl kaum einer entziehen kann: „Sie sind zu intelligent, um auf meine Schmeicheleien hereinzufallen.“

Große Ziele

„Wie unbedeutend ist der Einzelne, wenn das Schicksal einer ganzen Nation betroffen ist!“

„Auch wenn wir ein paar Arbeitsplätze abbauen müssen, es zählt doch das Ganze, nämlich wie viele Arbeitsplätze wir erhalten.“

„Ich will Ihre Frage nicht beantworten, viel wichtiger ist doch die Philosophie des Seins.“

Solche Antworten kennen Sie vermutlich, hier wird weit ausgeholt und dann über ein hochgestecktes, aber heroisches Ziel gesprochen. Keiner der Anwesenden weiß, ob er selbst noch Zeitzeuge sein wird, wenn dieses Ziel jemals erreicht sein sollte, denn darüber denkt niemand ernsthaft nach.

Große Ziele und Visionen zu benennen ist eine häufige und einfache Ablenktechnik. Im Vergleich mit großartigen Zielen wirkt der angesprochene Fehler plötzlich nichtig. Politiker verschönern so gerne ihre Bilanz, bezüglich der Finanzkrise 2011 wird beispielsweise nicht auf das schlechte Kontrollorgan der EU hingewiesen, sondern die Rettung des Euros gelobt, von dem wir schließlich alle abhängen. Das Versagen Einzelner ist dabei plötzlich unbedeutend. Diktatoren rechtfertigen ihre menschenverachtende und ausbeutende Politik mit dem Schicksal der Nation und umweltzerstörende Entscheidungen dienen dem Wohl des Volkes. Welches Wohl dabei genau gemeint ist, erfahren wir vielleicht Jahrzehnte später. Allerdings hören wir solche Vergleiche nicht nur bei Milliardenprojekten und richtungsweisenden Entscheidungen, auch im kleinen Stil sind große Ziele ein gutes Ablenkungsmanöver.

Gabi Volkner und Lars Kling sitzen gemeinsam im Betriebsrat. Gabi ist die Dame mit der etwas großen Nase, die Lars immer wieder für dumme Bemerkungen nutzt. In der heutigen Betriebsratssitzung geht es um Umstrukturierungsmaßnahmen und eine Teilverlegung des Betriebs, es wird heftig diskutiert. Nach der Sitzung meint Lars zu Gabi: „Du bist den anderen echt eine Nasenlänge voraus, und das ist bei dir schon ein ganzes Stück!"

„Lars, vielleicht solltest du die Dinge mal realistisch sehen. Wir versuchen hier Arbeitsplätze zu erhalten und die Wirtschaftskraft im Ort zu halten. Da kommst du mit so blöden Sprüchen. Ich frage mich, ob du die Tragweite unserer Diskussion überhaupt verstanden hast?!"

Ups, das war deutlich. Obwohl die Nase und die betrieblichen Probleme nichts miteinander zu tun haben, fasst Gabi sie zusammen. Da sie die großen Ziele herausstreicht, ist Lars mit seinem Spruch klein weggekommen. Außerdem hat sie die Gelegenheit genutzt, um ihm die Meinung zu sagen, und das auch noch wertschätzend. Schlagfertigkeit muss nicht immer witzig sein.

Die besten Übungen schreibt das Leben. Üben Sie mit einem Partner und nehmen Sie sich vor ein Gespräch mit ein oder zwei Fragen in die von Ihnen gewünschte Richtung zu lenken. Bereiten Sie Ihren Gesprächspartner nicht darauf vor, denn dann funktioniert es nicht. Das Gespräch soll schließlich nicht konstruiert, sondern tatsächlich geführt werden. Dabei ist es auch nicht zwingend notwendig, auf Streitgespräche zu warten. Sie können jede x-beliebige Unterhaltung für diese kleine Übung nützen.

Wenn Ihnen gerade kein Partner zur Verfügung steht, können Sie sich auch überlegen, wie Sie in den folgenden Fällen reagieren würden. Versuchen Sie sich in den jeweiligen Fall hineinzudenken und den „Angreifer" abzulenken. Nutzen Sie dabei ruhig alle Techniken, von denen Sie bisher gelesen haben. Es kommt immer auf die Wirkung und nicht auf die Techniktreue an und nur durchs Tun, also die praktische Übung, werden Sie mit der Zeit auch besser und schneller.

Sie sind auf der Heimfahrt von einer Party. Sie haben sich lange mit Claudia bzw. mit Frank unterhalten. Ihr/e Partner/in sagt zu Ihnen: „Meinst du etwa, ich habe nicht gesehen, wie du die ganze Zeit rumgeflirtet hast?"

Sie sollten eine Bekannte vom Bahnhof abholen. Leider haben Sie diesen Auftrag fast vergessen und sind nun eine halbe Stunde zu spät angekommen. Die Bekannte sitzt vor dem Bahnhofsgebäude und ist stinksauer.

Sie haben den Geburtstag Ihrer Schwester (Ihres Bruders, Ihrer Mutter, Ihres Vaters) vergessen. Drei Tage später rufen Sie dort an.

Beim Einkaufen haben Sie aus Versehen zuckerhaltige Limonade gekauft, obwohl Diätlimo gewünscht war.

19. Verunsichern

Ich möchte noch einmal darauf hinweisen, dass es nicht die ultimative Technik für alle Zwischenfälle gibt. Die Situationen, in die wir geraten können, sind viel zu unterschiedlich und die beteiligten Menschen sind es ebenfalls. Viele Angreifer sind der Meinung, sie seien uns überlegen. Immerhin gehen sie bewusst eine mögliche Konfrontation ein. Sie sind der Meinung, tonangebend zu sein, und diese Überlegenheit wollen sie auch kundtun. Anders kann so manches angreifende Verhalten kaum erklärt werden. Wer uns gut gesonnen ist, gibt uns Ratschläge unter vier Augen und lässt uns Fehler durchgehen. Freunde führen uns nicht vor und sie spielen auch nicht mit unseren Gefühlen. Angreifer machen das, sie sind sich selbst wichtiger, als wir es ihnen sind. Angreifer fühlen sich stark.

Da liegt es doch nahe, diese Stärke einmal zu testen. Wie viel Selbstbewusstsein liegt einem Angriff und der entsprechenden Person tatsächlich zugrunde? Handelt es sich wirklich um eine starke Persönlichkeit oder entpuppt sich unser Widersacher nur als kleiner Kläffer, der beim ersten Gegenwind das Feld räumt? Ist die gezeigte Stärke vorhanden oder haben wir es mit einer Luftpumpe zu tun? Versuchen Sie die Stärke Ihres Angreifers zu durchbrechen und in Zweifel zu ziehen. Wem das auf Dauer gelingt, der wird keine dummen Sprüche mehr von dieser Person zu hören bekommen. Wer Gefahr läuft, verlieren zu können, greift viel seltener an. Vor Publikum verstärkt sich dieser Effekt. Daher eignet sich die Technik des „Verunsicherns" im kleinen Kreis, aber auch bei Präsentationen oder Vorträgen ganz gut. Auch bei Diskussionen können Sie mit dieser Variante Erfolg haben, denn mit dieser Technik bringen Sie Ihren Kontrahenten aus seinem Konzept.

Wer hat's erfunden?
Die Frage nach der Quelle!

Alles hat einen Anfang – Flüsse, Geschichten und Gedanken. Nichts taucht plötzlich auf, es gibt immer eine Quelle. Bei Flüssen können wir diese Quelle ausfindig machen, indem wir konsequent flussaufwärts gehen. Bei Gedanken reden wir hingegen von einem Quellenhinweis Zitate und übernommene Gedanken werden damit gekennzeichnet. Es ist übel und verboten, diese zu unterschlagen. Das kann, wenn es schlecht läuft, sogar den Doktortitel kosten. Eine Quelle wird selten hinterfragt, sie gibt uns die Bestätigung der Richtigkeit. Die Quelle eines Flusses akzeptieren wir ebenso ohne Skepsis wie die Quelle eines Gedankens. Nun haben einige Menschen das Bedürfnis, sich mit fremden Federn zu schmücken. Sie prahlen mit Ideen und Gedanken, die sie sich bei anderen abgeschaut haben. Auch ein Angreifer, der die Kleingruppe als Publikum unterhalten will, könnte sich mit fremdem Gedankengut schmücken, und genau das gilt es zu hinterfragen!

Fragen Sie nach der Quelle seines Wissens! Fragen Sie, wo Sie diese Behauptung nachlesen können. Damit schlagen Sie gleich mehrere Fliegen mit einer Klappe.

Erste Fliege: Sie lenken Ihren Störer ab, er wird sich mit dem Erinnern an die Quellenangabe beschäftigen oder versuchen Ihnen die Urheberschaft seiner Gedanken zu verkaufen. In beiden Fällen können Sie den Gesprächsverlauf übernehmen.

Zweite Fliege: Sie sagen dem Publikum durch die Blume, dass diese Idee keinesfalls vom Störer kommen kann. Damit stellen Sie seine Kreativität oder Kombinationsgabe (je nachdem, worum es konkret geht) infrage.

Dritte Fliege: Sollte der Störer keine Quelle benennen können, verliert seine Äußerung in den Ohren der anderen Zuhörer an Wert, er wirkt unglaubwürdig. Vielleicht betrachten die anderen ihn sogar als Rechthaber oder Blender, je nachdem, worum es konkret geht.

Vierte Fliege: Falls keine Quelle genannt werden kann, wächst Ihre Glaubwürdigkeit. Mit der Frage suggerieren Sie, dass jede Behauptung auch belegbar sein muss, Ihre Argumente scheinen dieses Kriterium zu erfüllen.

Sollte eine Quelle genannt werden, so bedanken Sie sich und betonen Sie, dass Sie sich selbstverständlich damit auseinandersetzen werden. Bilden Sie in so einem Fall eine Allianz mit Ihrem Störer.

Susanne Keller hält einen Vortrag bei der Hauptversammlung ihres Sportvereins. Der Saal ist voll. Sie möchte neue Sportgeräte anschaffen und plädiert daher in ihrem Vortrag für die Investition. Peter Göbel ist gegen diese Ausgabe. Nach kurzer Zeit hält ihn nichts mehr auf dem Stuhl und er ruft in den Raum hinein: „Das ist doch Unfug, davon bekommen wir kein einziges Mitglied mehr!" Susanne bleibt ganz ruhig und entgegnet: „Wo kann ich das nachlesen, Peter?"

Peter Göbel ist mit seiner eigenen Bemerkung in Erklärungsnot geraten. Die berechtigte Frage von Susanne schürt nun die Erwartung der übrigen Zuhörer, dass Peter seine Behauptung auch rechtfertigen sollte.

Selten verlaufen solche Angriffe jedoch derart mustergültig. Nehmen wir daher einmal an, er verfügt tatsächlich über anerkannte und zuverlässige Angaben, die Susanne trotz intensivster Recherche nicht gefunden hat. Dann kann sich Susanne mit ihm solidarisieren: „Vielen Dank, Peter, das werde ich nachprüfen. Natürlich habe ich alle Risiken abgewogen, aber solltest du recht haben, ist das ein wichtiger Hinweis. Nach meinen Recherchen …", und sie fährt in ihrem Vortrag fort. Sie hat nichts Kritisches gesagt, sie bestätigt seine Aussage nicht, lässt sich aber eine Hintertür offen. Zudem unterbindet sie damit eine Diskussion, denn die könnte sie nur verlieren. Bei einer Diskussion würde es darum gehen, wer am Ende recht behält. Das übergeordnete Ziel der Investitionen droht in so einem Fall verloren zu gehen.

Wenn Peter seine Behauptung nicht belegt, und das ist der wahrscheinlichere Fall, kann er entweder schweigen oder auf eine Pauschalbeurteilung zurückgreifen: „Das weiß man doch" oder „Das ist allgemein bekannt" wären mögliche Antworten. Auf solche Äußerungen kann man sehr gut Paroli bieten. Susanne reagiert zum Beispiel mit viel Verständnis: *„Also, ich finde deine Anmerkung schon wichtig, es geht um viel Geld. Wir sollten uns daher nicht in Pauschalitäten flüchten. Trotz meiner Recherche kenne ich diese Risiken nicht."* Damit untermauert sie ihre eigene These und um sich Peter nicht zum Feind zu machen, baut sie ihm anschließend eine Brücke: *„Ich hoffe, du bist damit einverstanden, dass ich mich bis zur Klärung deines Einwands auf meine Zahlen und Quellen berufe?!"* Sie wartet, bis Peter nickt. Er wird sich damit höchstwahrscheinlich einverstanden erklären, wenn er nicht gänzlich verlieren will. Viele schätzen seine Aussage nun als haltlos ein. Ferner hat Susanne ihren Expertenstatus noch einmal deutlich unterstrichen. In Störungen kann auch ein Gewinn liegen.

Bei Diskussionen funktioniert die Quellentechnik in ähnlicher Weise.

Im Eiscafé sitzen Lars, Melanie und Kathrin. Zwischen Lars und Melanie kommt es plötzlich zu einer Unterhaltung bezüglich des Atomausstiegs. Melanie ist dagegen. Sie hält die ganze Diskussion für vollkommen überzogen. „Unsere Kernkraftwerke sind sicher.“

„Klar“, meint Lars, „das müssen die doch sagen!“

„Ein Pilot ist bei einem Flug nach Amerika einer 100-fach höheren Strahlenbelastung ausgesetzt als die Anwohner bei einem Kernkraftwerk …“, sagt Melanie, „… und da sagt keiner etwas!“

„Interessant“, meint Lars, „wo kann ich das nachlesen?“

„Das haben die letztens im Fernsehen gebracht!“, erklärt sich Melanie.

„Dann weißt du doch bestimmt, welche Sendung das war und welche Wissenschaftler das behauptet haben, damit ich das nachlesen kann?!“

„Da muss ich nachschauen.“

„Darum bitte ich dich, denn bis dahin kann ich das so nicht glauben!“

Diese Technik hat eine unbedingte Existenzberechtigung, denn oft werden wissenschaftliche Untersuchungen viel zu schnell beim Weitererzählen verfremdet. Dieser „Stille-Post-Effekt“ ist nicht einmal beabsichtigt. Häufig nimmt man durch fehlende Konzentration nur einen Teil der Aussage auf, trägt diesen dann aber voller Überzeugung weiter. Ein fehlendes Wort kann da schon gravierende Folgen haben:

Herr Bernhard war auf einem Kongress seines Branchenverbands. Ein Redner sprach davon, dass die

Umsätze in dieser Branche in den vergangenen 10 Jahren um 15 Prozent gestiegen sind. Herr Bernhard hat gerade mit seinem Nachbarn gesprochen und dem Redner nur zum Teil zugehört.

Am Montag nach dem Kongress steht eine Abteilungsleitersitzung im Terminkalender. Dort erzählt er, dass die Umsätze in der Branche in den vergangenen 10 Jahren um jeweils 15 Prozent gestiegen sind. Die Kollegen sind erstaunt, weil das eigene Unternehmen diesen Erfolg nicht vorweisen kann und man mit solchen Zahlen auch nicht gerechnet hätte. Frau Mehrmann misstraut dieser Aussage und beginnt mit eigenen Recherchen dazu.

(Erklärung: Wenn ein Umsatz in 10 Jahren insgesamt um 15 Prozent steigt oder sich jährlich um 15 Prozent erhöht, ist das ein gewaltiger Unterschied. So steigt im zweiten Fall der Umsatz in 10 Jahren aufgrund des Zinseszinseffekts auf über 300 Prozent.)

Diese Technik ist sehr wertschätzend, denn ein gesundes Misstrauen ist oft genug angebracht. Ferner ist diese Technik sehr sicher. Der Anwender hat in allen Reaktionsmöglichkeiten seines Angreifers gute Chancen, souverän aus der Angelegenheit herauszukommen. Bei sehr persönlichen Angriffen ist diese Technik hingegen kaum anwendbar, sie wirkt nicht überzeugend. Wenn jemand wegen seiner roten Haare angegriffen wird, muss diese Aussage nicht belegbar sein.

Zitate

Es gibt Menschen, deren Leistungen und Werke besonders vorbildlich sind, damit haben auch ihre Äußerungen meist unumstrittenen Bestand. Diese Menschen werden oftmals nach ihrem Ableben derart heroisiert, dass jeglicher Zweifel an ihnen von vornherein ausgeschlossen wird. Wir finden diese Menschen in der Forschung, in der Politik, in der Wirtschaft, aber auch in den bildenden und unterhaltenden Künsten und manchmal auch im Sport. Die Wertschätzung eines allgemein anerkannten Vorbilds können wir für unsere Antwort nutzen, indem wir diese Menschen zitieren.

Auch diese Technik kann schnell und einfach vorbereitet werden. In entsprechenden Momenten bietet sie eine sehr gute Kontermöglichkeit.

Bastian steht an der Supermarktkasse, als von hinten sein Nachbar Karsten kommt. Dieser ruft halblaut durch den Supermarkt: „Hey Basti, holst du wieder Sprit für heute Abend?"

„Karsten, du erinnerst mich an Albert Einstein!", sagt Bastian ganz ruhig.

„Hey, jetzt echt?"

„Ja, Einstein hat einmal gesagt: ‚Der Weltraum und die Dummheit der Menschen sind unendlich.' Doch beim Weltall war er sich nicht so sicher! Kannte er dich?!"

Diese Technik hilft einem schnell, um über sprachlose Momente hinwegzukommen. Bastian hat mithilfe von Einstein ein kleines Quiz für seinen Nachbarn kreiert und Albert Einstein zu widersprechen käme uns wohl nicht in den Sinn.

Im Unternehmen „Goll KG" sitzen Eric und Sabine wieder einmal gemeinsam bei einer Präsentation. Sabine hat soeben vom Stand ihres Projekts berichtet und die geplanten Arbeiten für die kommenden Wochen vorgestellt.

Eric wittert Morgenluft: „Entschuldigung, aber letzte Woche haben Sie etwas ganz anderes gesagt."

Sabine: „Da halte ich es mit Adenauer. Was interessiert mich mein Geschwätz von gestern! Wenn sich Fakten ändern, dann ändern sich auch Pläne."

Bei der Auswahl Ihrer Zitate sollten Sie darauf achten, auch wirklich bekannte Zitate oder bekannte Urheber auszuwählen. Hätte ein Hans Meier das von Sabine gewählte Zitat kreiert, wäre Eric wohl weniger beeindruckt gewesen. Ohne Nennung des Urhebers kann die Bibel gut zitiert werden, wobei Sie hier auf die Erwähnung des Buchs, Kapitels und des Verses verzichten können und auch sollten. Natürlich kommen auch hier nur die wirklich bekannten Textpassagen infrage.

Ellen Häuser geht zur Cafeteria, dabei kommt ihr Ramona Zieger entgegen. Die beiden können sich nicht riechen. Als sie auf gleicher Höhe sind, sagt Ramona: „Hallo Ellen. Was ich dich mal fragen wollte: Bist du eigentlich immer noch mit diesem Loser Timo zusammen?"

Ellen schaut sie mitleidig an und erwidert: „Selig sind die geistig Armen, denn ihrer ist das Himmelreich. Dein Platz ist dir sicher, Ramona!"

Es ist nicht unbedingt erforderlich, dass Ramona die Bibel und somit den Urheber dieses Zitats kennt. Den von Ellen gewählten Spruch wird sie vermutlich häufiger bewusst oder unbewusst gehört haben. Sie wird wissen, dass dieser Satz nicht Ellens Kreation ist, sondern ein Zitat oder vielleicht auch eine Volksmeinung.

Zitate finden Sie in Unmengen im Internet, wählen Sie Ihre Lieblingszitate aus und notieren Sie diese für sich. Es gibt Zitate, die gut zu bestimmten Situationen passen; deren Verwendung ist daher naturgemäß sehr eingeschränkt. Allerdings geraten wir auch fast immer in ähnliche Situationen, sodass man doch individuell passende Zitate sammeln kann, wie auch Heidi es gemacht hat:

Ihre Nachbarinnen Luisa und Caroline sind begeisterte Pferdeliebhaberinnen, die beiden verbringen ihre gesamte Freizeit im Stall. Wenn sie mal etwas zu dritt unternehmen, versuchen beide ständig Heidi auch zum Reiten zu bewegen. Heidi mag ihre Freundinnen, aber das nervt sie.

„Ach, weißt du, Heidi", sagt Luisa, „es stimmt schon: Der Himmel auf Erden ist auf dem Rücken der Pferde."

„Nun, da fällt mir Stanislaw Jerzy Lec ein, der meinte einmal: ‚Wer den Himmel auf Erden sucht, hat im Erdkundeunterricht geschlafen.'"

Bei diesem zur Situation passenden Zitat hätte Heidi auch auf die Nennung des Urhebers verzichten können, schließlich schreibt sie keine Doktorarbeit. Möglich sind dennoch beide Varianten, denn das Ergebnis und vor allem die Wirkung sind gleichwertig.

Nonsens-Zitate

Nun gibt es auch ein paar verbale Fehlschläge, Aussagen, die wenig Sinn haben. Meisterleistungen dieser Art werden gerne von Fußballern kreiert und auch diese Zitate können in einer Antwort verwendet werden.

Nach dem erspielten 3 : 0 hat Max einen Riesenspaß. Mit einem breiten Grinsen betritt er die Kneipe und freut sich besonders Willi zu sehen, der in der gegnerischen Mannschaft spielt. Max frotzelt ohne Ende. „Ach, weißt du, Max, wir halten uns an Lothar Matthäus. Solange wir keinen Sand in den Kopf stecken, werden wir das Rückspiel locker heimholen."

Thomas hält in seiner Projektgruppe ein kleines Referat, er berichtet von der Verbesserung eines Maschinenteils. Allerdings gibt es über das Ergebnis keine gesicherten Informationen, wodurch die Gruppe ein gewisses Restrisiko eingehen würde. Demzufolge ist Ernst gegen diesen Versuch, er hält alles für aussichtslos und bezeichnet es als Zeitverschwendung. Thomas ist da innovativer und sagt daher zu Ernst: „Ernst, du hast Fußballerqualitäten. Der Torwart von Freiburg hat auch einmal gesagt: ‚Ich habe nie an unserer Chancenlosigkeit gezweifelt.'"

Pascal und Karim haben einen Streit, bei dem Pascal vollkommen willkürlich argumentiert und sich ständig widerspricht. Irgendwann hat Karim die Nase voll und meint zu ihm: „Du erinnerst mich an Andreas Möller. Egal ob Mailand oder Madrid, Hauptsache Italien!"

20. Fragen nutzen

Aus Verkäuferseminaren kennt man das hervorragende Kommunikationsinstrument der Fragen. Mit keinem Mittel erfährt der Verkäufer schneller, was sein Kunde wünscht, als mit intelligenten Fragen. Schade nur, dass sie nicht jeder anwendet.

Fragen sind etwas ganz Wunderbares. So wird in der Fernsehsendung „Sesamstraße" der Wert von Fragen besungen, und das zu Recht: Fragen machen schlau! Mittels Fragen bekommen wir jene Informationen, die wir für den nächsten Schritt unserer Aufgabe benötigen. Forscher fragen nach der Ursache, Kinder fragen ihre Eltern, Verkäufer fragen ihre Kunden und viele fragen nach dem Sinn.

Doch nicht nur zur Orientierung sind Fragen bestens geeignet, wir können Sie auch für eine gewollte Desorientierung einsetzen. Wir können mit falschen Fragen Verwirrung stiften und damit unseren Gesprächspartner verunsichern.

Nix verstanden

Ein Witz wird nicht besser, wenn er wiederholt wird. Diesen Umstand können wir uns bei persönlichen Angriffen zunutze machen, die in Gegenwart von Dritten erfolgen. So können wir so tun, als ob wir den Angriff rein akustisch nicht verstanden hätten. Falls die Zuhörer gelacht haben, werden diese bei einer Wiederholung der Aussage gelangweilt reagieren. Eine einmal hervorgebrachte Pointe geht verloren und der Witz wird fad. Sie entscheiden, ob und was Sie verstanden haben.

In einem solchen Fall hat Ihr Angreifer folgende Reaktionsmöglichkeiten:
- Er wiederholt den Angriff, dieser wird dadurch aber nicht lustiger – das Gegenteil ist der Fall.
- Er winkt ab und unterlässt die Wiederholung, weil es ihm blöd vorkommt.
- Er macht einen anderen Witz auf Ihre Kosten. Vielleicht einen über Ihr Gehör.

Was Sie in allen drei Fällen gewinnen, ist Zeit. Sie können sich gut auf einen Konter vorbereiten, denn der Überraschungsmoment ist passé.

Fabian kommt nach dem Spiel in seine Stammkneipe, er ist nicht gut drauf. Dirk steht am Tresen und meint halblaut zu seinem Nachbarn: „Kein Wunder, dass die verloren haben. Guck dir seine Quarkstelzen an!“

Fabian hat alles verstanden, aber keinen Bock, darauf zu reagieren. Da Einzelne zu kichern anfangen, fühlt er sich aber zu einer Reaktion genötigt. Ihm fällt kein kluger Spruch ein, daher fragt er nach: „Was meintest du, Dirk?“

Eine Möglichkeit wäre nun, dass Dirk auf eine Wiederholung keine Lust hat und abwinkt. So kann sich Fabian an seinen Platz begeben, wird aber weiterhin auf Angriffe gefasst sein müssen.

Die zweite Möglichkeit wäre, dass Dirk seinen Spruch wiederholt: „Mit deinen Quarkstelzen kann man auch nicht gewinnen!“

Nun hatte Fabian aber ausreichend Zeit, um sich eine

Paroli-Antwort zu überlegen. Er wählt die Technik „lieber … als" und antwortet: „Nun ja, lieber habe ich meine Quarkstelzen als dein Quarkgehirn!"

Nach dieser Antwort gibt es eine Vielzahl an Fortsetzungsmöglichkeiten. Um uns nicht im Detail zu verstricken, widmen wir uns gleich Dirks Möglichkeit Nummer drei. Er meint zu seinem Nachbarn: „So taub, wie der ist, hat der nicht mal die Anweisungen von seinem Trainer gehört. Das erklärt alles!"

Auf diesen neuen Angriff sollte Fabian nun nicht als Schwerhöriger reagieren und eine andere Technik wählen. Zeit dafür hatte er ja ein wenig. In meinem Beispiel wählt Fabian ein Sprichwort: „Weißt du, Dirk, noch ist kein Meister vom Himmel gefallen. Aber wenn du spielst, würde es wohl Meister regnen!"

Konzentration auf das Wesentliche

Wir erzählen viel, besonders wenn wir aufgeregt sind. Also steht es unserem Gesprächspartner zu, das ebenfalls zu tun. Bei dieser Variante der Fragestellung geht es darum, sich nur um das für uns Nützliche zu kümmern. Wie bereits erläutert, hat jede Botschaft sachliche, aber auch emotionale Inhalte. Emotionen sind wichtig, sie sind nicht wegzudenken und dennoch stehen sie uns so manches Mal im Weg. Wir haben es in der Hand, ob wir uns auf ein emotionales Gespräch einlassen. Wir können unseren Gesprächspartner aber auch mit gezielten sachlichen Fragen zum eigentlichen Thema zurückholen.

Dirk: „Mit den Quarkstelzen können die ja nicht gewinnen!"

Fabian: „Was genau verstehst du unter Quarkstelzen?"
Damit sich Dirk erst gar nicht rausredet, kann Fabian noch
einen nachsetzen und ihn in Verlegenheit bringen: „Würdest
du wohl deine Beine zum Vergleich mal freimachen?"

Damit hätte Fabian den Ball schön zurückgespielt. Je nach
Stimmung in der Kneipe möchten die anwesenden Gäste nun
vielleicht die Beine der beiden Kontrahenten vergleichen und
nicht noch weiter über das angesprochene schlechte Spiel
reden.

Nachfragen ist aber nicht immer ideal, es kann auch sein,
dass eine Situation erst dadurch kritisch wird. Besonders
in Kundengesprächen sollte man lieber nichts als etwas
Falsches sagen.

Der Handwerker Bohnkamp steht bei seinem Kunden, dem
Bauleiter Karl Bernhard. Dieser liest das Angebot durch
und schüttelt den Kopf: „Wenn Sie glauben, den Auftrag in
zwei Tagen umsetzen zu können, dann sind Sie ganz schön
naiv."
Bohnkamp: „Was genau verstehen Sie unter naiv?"

Hier kommt der Kunde Bernhard in leichte Erklärungsnot
und wird vielleicht versuchen sich herauszureden. Eventuell
wird er das Wort „naiv" relativieren oder neu definieren. In
jedem Fall wird Bohnkamp nichts von der neuen Erklärung
haben. Bohnkamp spielt zwar den wohl eher unabsichtlichen
Angriff sanft zurück, macht ihn aber genau damit sichtbar.
Hier wäre es viel eher angebracht gewesen, das Wort „naiv"
zu überhören. Erst wenn diese Taktik nicht fruchtet, hätte
Bohnkamp nachfragen können.

Manchmal ist so eine Erklärungsnot gewollt. Um das
zu erzielen, reicht eine Frage mit der Bitte um eine genaue
Definition: „Was verstehst du in diesem Zusammenhang

unter …“, „Was verstehst du genau unter …“ und ähnliche Formulierungen spielen den Ball sehr schön zurück. Wie erwähnt, neigen wir dazu, gestellte Fragen zu beantworten, und auch hier können Sie sich diese Gewohnheit zum Nutzen machen.

„Die Umsetzung der Idee funktioniert doch nie!“

„Was genau verstehen Sie unter ‚nie‘?“

„Also, dein Anzug ist doch total altmodisch!“

„Was genau ist bei dir unter modisch zu verstehen?“

„Du bist wirklich ein Depp!“

„Was genau qualifiziert dich, dass du dich damit so gut auszukennen glaubst?“

„Immer muss ich den Abwasch machen!“

„Was genau verstehst du unter ‚immer‘?“

Zeit schinden

Das Blöde an Angriffen ist, dass sie meist unverhofft und aus dem Nichts kommen. Das sorgt für wahre Stressmomente. Der Mensch ärgert sich und das Gehirn tritt in den Bummelstreik. Genau jetzt, wo es darauf ankommt, schnell zu reagieren, wird es zur Trägheit verdammt. In solchen Schreckmomenten muss zunächst die erste Sprachlosigkeit überbrückt werden. Am leichtesten geht das, wenn man den zugeworfenen Ball einfach zurückspielt. Den nächsten Wurf sieht der Angegriffene dann kommen und ist darauf vorbereitet. Dem zweiten Angriff kann man daher ruhiger und gelassener begegnen.

Ein Spielgerät der Schlagfertigkeit heißt „Frage“. Mit einer Frage nehmen Sie den „Ball“ auf und leiten ihn elegant über das Netz zurück in das Feld Ihres Gegners. Damit gewinnen Sie Zeit und können sich darauf konzentrieren, was geschehen wird.

Fragen ermöglichen es uns, Zeit zu gewinnen.

– Was genau meinen Sie?
– Was genau verstehen Sie unter …?
– Ich befürchte, dass ich Sie falsch verstehe. Könnten Sie mir das noch einmal genauer erläutern?

Das sind nur ein paar Beispiele für Fragen, die man nahezu immer anwenden kann, um die erste Sprachlosigkeit zu überbrücken. Eine Frage fällt einem im Stress leichter ein als die gewünschte Paroli-Antwort. Damit schinden wir Zeit und erhalten die Gelegenheit, nach einem witzigen Konter zu suchen. Dafür müssen Sie sich spätestens nach der Zeitschinde-Frage voll auf Ihren Gesprächspartner konzentrieren. Hören Sie zu, was er sagt, und besonders auf das, was er nicht sagt.

Klara Jende geht in die Produktionsabteilung. Im Büro des Produktionsleiters sind drei Herren in einen Belegungsplan vertieft. Klara fragt höflich: „Entschuldigung, darf ich kurz stören?" Paul Metzger lächelt sie an und meint anzüglich: „Sie dürfen sogar noch viel mehr." Die beiden Kollegen lachen süffisant. Klara ist entsetzt und fragt schnell: „Was genau meinen Sie, Herr Metzger?" Paul lässt sich nicht lange bitten: „Nun, das wissen Sie doch, Frau Jende!", und lacht wieder. Klara hat sich zwischenzeitlich gefangen und antwortet: „Na ja, nach der letzten Enttäuschung verzichte ich auf eine Wiederholung." Die beiden anderen Herren lachen wieder, jetzt aber mit Klara. Selbst Herr Metzger kann sich nach einem ersten kurzen Schreck über die unverhoffte Antwort ein Lächeln nicht verkneifen.

Eine Zeitschinde-Frage ist keine schlagfertige Antwort, das ist klar, sie dient nur der Überbrückung. Mit so einer Frage übernehmen Sie einen Teil des Gesprächs und lenken es in die von Ihnen gewünschte Richtung. Sie bauen Stress ab, weil Sie reagiert haben, und Ihr Gehirn entspannt sich. Ein guter Konter fällt uns dann viel leichter ein.

Nonsens- und Ablenkfragen

Eine weitere Frageform, mit der Sie Zeit gewinnen können, ist die Nonsensfrage. Sie kann eine Paroli-Antwort sogar gänzlich ersetzen. Bevor Ihnen gar nichts einfällt, fragen Sie Nonsens und beenden damit das Gespräch.

Nonsensfragen sind keine Wissensfragen. Sie haben keinen Inhalt und erst recht keinen geistigen Nährwert. Solche Fragen lassen sich ebenfalls sehr gut prophylaktisch vorbereiten. Im Angriffsfall ziehen Sie eine vorbereitete Nonsensfrage wie einen Notpfeil aus Ihrem Köcher. Am besten lässt sich die Nonsensfrage anhand eines Beispiels erklären.

Max hat einen lautstarken Streit mit seiner Frau. Wütend verlässt er das Haus und geht zum Fußballplatz. Seine Kumpels stehen am Rand und schauen aufs Feld. Fritz, sein direkter Nachbar aus dem hellhörigen Reihenhaus, steht ebenfalls dabei. Willi, ein anderer Kumpel, grinst Max wissend an und meint bissig: „Na, Max, wie lange hast du denn heute Ausgang?"

Max kann so etwas überhaupt nicht vertragen. Ihm fällt auch nichts Kluges ein, daher zieht er den Nonsenspfeil aus seinem Köcher: „Meinst du das jetzt politisch oder ökologisch?"

Dieses Spiel kann Max solange spielen, bis ihm etwas Pfiffiges einfällt. Er reagiert sofort mit einer Frage als Antwort, und das ist allemal besser als ein kreativer Spruch, der mit einer Stunde Verzögerung daherkommt. Zudem liegt der Erwartungsdruck nun bei seinem Kumpel. Die Zuhörer erwarten irgendeine Antwort von ihm, nach Möglichkeit eine witzige. Nun stellt sich die Frage, wie schlagfertig Willi ist.

Als Ablenkung können u.a. die folgenden Fragen dienen:
- (mit Augenzwinkern) Meinen Sie das jetzt politisch oder ökologisch (oder auch sexuell, mathematisch, geografisch, …)?
- Haben Sie eine Flasche Witz getrunken?
- Was sagt denn deine Schwiegermutter (oder auch dein Chef, deine Kindergärtnerin, deine Frau, dein Großvater, dein Therapeut, dein Bewährungshelfer, …) dazu?
- Du siehst schlecht aus. Muss (für die Bösen: „darf") ich mir Sorgen machen?

Julia geht zum Friseur. Sie ist heute mutig und lässt sich die Haare grellrot färben. Sie ist glücklich mit dem Ergebnis des Umstylings. Auf dem Weg nach Hause kommt ihr Christiane, eine alte Schulfreundin, entgegen. „Hallo Julia. Bist du jetzt bei der Feuerwehr?" Julia schaut Christiane besorgt an und antwortet: „Du siehst aber schlecht aus. Muss ich mir Sorgen machen?"

„Ne, das nicht, aber weißt du …" Den Rest des halbstündigen Krankheitsvortrags schenken wir uns.

Julia hat hier mit einer Ablenkfrage reagiert. Im Gegensatz zu einer Nonsensfrage neigen die meisten dazu, diese Frage auch zu beantworten. Toll, so ein Reiz-Reaktions-Mechanismus, nicht wahr? Wenn sich die Frage dann noch um das persönliche Befinden oder die eigene Familie dreht, sind die wenigsten zu bremsen. Am Ende des Gesprächs hat sich Christiane auch an Julias Haarfarbe gewöhnt und wird sie wohl ganz toll finden. Der Nachteil solcher Ablenkfragen besteht vielleicht darin, dass Sie Zeit mitbringen müssen oder den Mut dazu haben sollten, Ihren Gesprächspartner auch zu unterbrechen. Nutzen Sie eine kleine Pause, um sich schnell zu verabschieden.

So wie Sie mit Nonsensfragen Ihren Gesprächspartner beschäftigen, können Sie Ähnliches auch mit Nonsens-behauptungen erreichen.

Max und Willi wollen gemeinsam zum Auswärtsspiel fahren. Max ist fünf Minuten zu spät. Willi, der immer sehr pünktlich ist, blickt vorwurfsvoll auf seine Armbanduhr und meint ironisch: „Hat dich deine Frau nicht gehen lassen wollen?"

„Das war nicht das Problem!", meint Max. „Ich musste noch einem weißen Zwergkaninchen über die Straße helfen, bloß das wollte nicht!"

Damit ist doch alles gesagt!

Klartextfragen und Klartextäußerungen

Wie wir schon festgestellt haben, muss eine schlagfertige Antwort nicht immer vor Witz sprühen. Manche verstehen die Pointe nicht oder haben eine derart lange Leitung, dass sie sich auf dem Weg zum Gehirn totläuft. Es hat auch keinen Sinn, um eine Beendigung der Angriffe zu bitten, das wür-den viele Angreifer eher als Motivation zum Weitermachen betrachten. Schweigen ist manchmal ebenfalls kontraproduktiv. Es gibt einfach Momente, da bleibt nur noch eine Strategie übrig: Tacheles reden!

Diese Methode ist selten schlagfertig und noch weniger witzig, aber sie schützt den Angegriffenen, und das ist das eigentliche Ziel.

Sophia ist neu im Unternehmen. In der Mittagspause geht sie in die Kantine. Davor stehen Eva und Yvonne an ihrem Stammaschenbecher und plaudern. Zwischen diesen drei Damen ist es bislang noch nicht zu einer Unterhaltung gekommen. Sophia kann die beiden auch nicht wirklich einschätzen. Auf Schulterhöhe grüßt Sophia kurz. Eva dreht sich zu ihr um und meint: „Was ich dir schon den ganzen Tag sagen wollte: Deine Frisur sieht richtig scheiße aus." Yvonne kichert.

Sophia ist für einen kurzen Moment schockiert. Sie bleibt stehen, aber ihr fällt spontan nichts Witziges oder Schlagfertiges zu diesem Angriff ein. Daher lächelt sie Eva an und sagt in ruhigem Ton: „Immer schön freundlich bleiben, Eva! Und ab und zu in den Spiegel gucken."

Auch wenn die Antwort nicht lustig ist, bietet Sophia dennoch Paroli. Sie wehrt sich, und das ist das Wichtigste. Sie macht deutlich, dass sie sich solche Angriffe nicht gefallen lässt. Yvonne weiß nun, dass sie auch in Zukunft Antworten von Sophia kassieren wird und es ihr nicht möglich sein wird, den gewünschten Treffer zu erzielen. Sie wird vorsichtiger werden. Sophia weiß ab sofort, wie sie die beiden Damen einschätzen soll, und auch sie wird in Zukunft besser auf eine Begegnung vorbereitet sein. Damit wächst die Wahrscheinlichkeit, dass ihre Antwort dann schlagfertiger ausfällt.

Die einzige Zutat für solch klare Antworten ist ein bisschen Mut, auch kontrollierte Wut ist hilfreich. Sophia muss dabei auf ihre Körpersprache achten. So ist ein fester Blick und eine starke Körperhaltung unabdingbar. Wer am Körper oder in der Stimme zittert, gibt unbewusst einen Treffer preis und damit droht die Tacheles-Reaktion an Wirkung zu verlieren.

Den Angriff zu überhören wäre in dieser Situation eine falsche Entscheidung. Die gehässigen Damen sind zu zweit und der Angriff diente in erster Linie dazu, Eva zu beweisen, wie toll Yvonne ist, indem sie andere mit Schmutz bewirft. Evas Lachen liefert Yvonne den Beweis dafür, dass ihre Freundin sie bewundert. Schweigend vom Feld zu ziehen würde Yvonne somit einen dicken Pluspunkt bescheren. Sie würde von nun an jede Gelegenheit nützen, der Kollegin Eva ihre Stärke zu demonstrieren. Wer als Opfer dieses Stärkebeweises herhalten muss, ist Yvonne dabei egal, sie wird jedoch nur jene Personen wählen, bei denen ihr ein Sieg sicher ist.

Franziska kommt aus dem Produktionsbüro und geht über den Hof zurück in ihr Büro. Da kommt ihr Paul Metzger entgegen. Er bellt sie barsch an: „Ich habe Ihnen eine Bedarfsmeldung auf den Tisch gelegt. Das muss heute noch bestellt werden!" Franziska schaut ihn lächelnd an und sagt: „Gerne, aber können Sie das auch höflich sagen?"

Franziska lässt sich weder provozieren, noch provoziert sie selbst. Mit ihrer Antwort legt sie lediglich Wert auf die Einhaltung bestimmter zwischenmenschlicher Spielregeln.

Wenn Sie in Situationen geraten, in denen Sie klar und deutlich Paroli bieten, müssen Sie nur auf eine selbstbewusste Körpersprache achten und dabei sämtliche Worte des Bedauerns unterlassen. So macht es beispielsweise eine Forderung zunichte, wenn Sie darum „bitten" müssen.

Franziska: „Gerne, aber können Sie das bitte auch höflich

sagen?" Bei so einer Antwort hätte Paul die Möglichkeit, die Bitte auszuschlagen. Im obigen Fall hat Franziska die Höflichkeit eingefordert. Auch Satzanfänge wie „Es tut mir leid, dir das sagen zu müssen …" sind gänzlich überflüssig. Es muss keinem leid tun, wenn er sich wehrt, und daher können wir solche Floskeln auch unterlassen. Des Weiteren zwingt Sie keiner etwas zu sagen. Daher „müssen" Sie auch nichts sagen, Sie wollen es! Bedauern Sie daher nicht, wie bereits im Kapitel „So nicht!" ab Seite 146, beschrieben. Wenn wir Paroli bieten, dann machen wir das bewusst und mit voller Absicht. Das mag jetzt vielleicht ein wenig kleinkariert klingen, doch Ihr Unterbewusstsein steuert Ihre Antwort – und die Ihres Gegners. In diesem Gehirnbereich werden solche Nuancen in der Wortwahl und der Körperhaltung blitzschnell aufgenommen und verarbeitet.

Hinterfragen

Nehmen Sie Ihren Angreifer doch einmal ernst. Denn was immer auch als Angriff gesagt wurde, können wir verstehen, wie wir wollen. Damit können wir auch unterstellen, dass es sich gar nicht um einen Angriff gehandelt hat, sondern viel eher um eine ernst zu nehmende Aussage. In diesem Fall können wir die Aussagen, so ähnlich wie bei der Frage nach einer Quellenangabe, hinterfragen.

Timo trifft seinen Kollegen Peter auf dem Parkplatz. Es ist warm und auf Peters Glatze bilden sich einige Schweißperlen.

„Hey Peter", ruft Timo schon von Weitem, „du solltest deine Glatze mal wieder polieren!"

„Interessant", ruft Peter zurück, „das habe ich noch nie

gemacht. Muss man das? Kennst du dich da aus? Erzähl mal!"

Nun ist Timo an der Reihe, denn Peter hat das Gespräch in die Hand genommen. Im weiteren Verlauf könnte er Timo auch fragen, ob dieser gar selbst eine Glatze hat und sie mit einem Toupet verdeckt. Das würde zumindest erklären, warum sich Timo mit dem Polieren von Glatzen so gut auskennt.

Der Tag war für Frank Haberkamp perfekt – bis 14 Uhr. Denn da kam ihm sein sportlicher Kollege Dirk Poschmann entgegen.

„Mensch, Haberkamp, Sie sollten endlich mal abnehmen. Eines Tages platzen Sie noch!"

Frank Haberkamp mag diese Anspielungen nicht, aber die von Poschmann erwähnte Gefahr interessiert ihn schon, zumindest tut er so: „Im Ernst, kann das passieren? Sie sind ja Sportler, kennen Sie etwa einen Fall, in dem ein Dicker geplatzt ist? Erzählen Sie mal!"

Gehen Sie auf den Angriff ein und ermuntern Sie Ihren Gesprächspartner Details zu erzählen. Woher hat er die Erfahrung? Wieso kennt er sich damit so gut aus? Wer das Hinterfragen steigern will, fragt nach Vorkommnissen in seiner Verwandtschaft. Vielleicht ist Ihr Angreifer erblich vorbelastet?

21. Ich bin ich

Irgendwann im Leben passiert wohl jedem ein unabsichtlicher Unfall oder etwas Tollpatschiges. Einige scheinen das sogar zu ihrem Lebensinhalt erklärt zu haben und blamieren sich täglich. Bei der Vernissage erklärt man gestenreich die Kunst und schwupps – landet der Sekt kunstvoll auf dem Jackett des Zuhörers. Das gute Stück Steak wehrt sich gegen die Gabelstiche und fällt zurück auf den Teller, natürlich in die Pfeffersauce, die ihre Spuren auf der Tischdecke und der Bluse oder dem Hemd Ihres Gegenübers hinterlässt. Beim Tanzen machen sich die eigenen Schuhe selbständig und wollen unbedingt auf die Füße der Tanzpartnerin hüpfen. Das sind alles verzeihbare Unfälle. Selbst von einem Schluck Rotwein auf einem hellen Seidenkleid geht die Welt nicht unter, auch wenn wir uns deren unmittelbare Öffnung nach dem Fauxpas sehnlich herbeiwünschen. Der finanzielle Schaden kann ohnehin geregelt werden, hoch lebe die Haftpflichtversicherung.

Im Kapitel „Geschehen ist geschehen" auf Seite 199 habe ich bereits etwas über den Umgang mit solchen Unfällen geschrieben. Es ist passiert und die Zeit lässt sich nicht zurückdrehen. Der Rotwein geht nicht mehr freiwillig zurück ins Glas und daher sollten wir auch zu solchen Taten stehen. Es nützt nichts, den Rotweinfleck zu ignorieren, reden Sie ihn doch lieber kunstvoll schön.

So, wie wir zu unseren kleinen Unfällen stehen, so sollten wir aber erst recht zu uns selbst stehen. Damit sind kleine Eigenheiten wie ein „nicht normgerechtes" Aussehen und Macken gemeint, die jeder Mensch mehr oder weniger stark in seinem Leben mitbekommen hat. Gerade solche Dinge nehmen viele gerne zum Anlass, um über ihre Mitmenschen zu spotten. Da wird gelästert, was das Zeug hält. Einige sind zu dick, andere zu dünn, einige zu groß geraten und die nächsten sind zu klein, einige haben eine zu große Nase, bei anderen ist sie hingegen krumm, klein oder knubbelig. Die Ohren stimmen nicht oder das Gesicht ist nicht gleichförmig, einige werden wegen eines Sprachfehlers gehänselt oder wegen ihrer Sommersprossen, die Haarfarbe kann ein Thema sein oder auch die schiefen Zähne. Große Füße, krumme Beine, Glatzen, Brillen und keine Markenklamotten wären auch noch zu nennen. Einige Mitmenschen sind zu schlau und bei anderen fehlt die Intelligenz gänzlich. Die Liste der Angriffsmöglichkeiten ist sehr, sehr lang und jeder wird sich darauf finden. Anders ausgedrückt: Wer lästern will, findet auch etwas zu lästern!

Wird nun jemand wegen seiner „besonderen Eigenheit" dumm angesprochen, ist es vor allem wichtig, zu sich und seinem „Makel" zu stehen! Es ist kein Fehler, anderen nicht zu gefallen, und das muss dem Angreifer klargemacht werden. Es ist kein Fehler, eine Glatze zu haben. Es ist kein Fehler zu stottern und es ist auch kein Fehler, eine andere Meinung zu haben. Das alles sind keine Fehler, das sind Eigenheiten, die den individuellen Menschen ausmachen. Einen Fehler finden wir nur beim Angreifer: den Fehler der Intoleranz. Angegriffene sollten bei so einem Angriff Paroli bieten, denn ohne Widerstand hört der Widersacher nie auf!

Der Vergleich

Eine gute Möglichkeit, einen Lästerer mundtot zu machen, ist der Vergleich. Ein Angreifer vergleicht möglicherweise unsere Eigenheit mit einer manchmal nur ihm bekannten Gesellschaftsnorm oder vielleicht auch lediglich mit sich selbst. Beide Varianten entsprechen nicht dem Kern der Wahrheit und beide sind auf keinen Fall ein Maßstab für uns. Es liegt also nahe, die Meinung des Gegners ebenfalls durch einen Vergleich zu relativieren oder gar ins Lächerliche zu ziehen. Dieser Vergleich kann allgemein aber auch direkt auf den Angreifer bezogen sein. Achten Sie beim Vergleichen nur darauf, dass Ihre Aussage nicht trotzig klingt.

Sven hat feuerrote Haare. Auf dem Schulhof kommt sein Schulkamerad Kevin an.
„Mensch, rote Haare sind ja so hässlich!", lästert Kevin.

Das ist ein typisches Beispiel für eine richtig dumme Äußerung. Wo steht das geschrieben? Danach würde Sven wohl fragen, wenn er die Quellen-Technik anwenden würde. Aber Sven vergleicht lieber und antwortet: *„Stimmt! Ich kann meine Haare aber färben, bloß was machst du mit deinem Gesicht?"*
Sven hat zunächst die eigene Stärke, sein Selbstbewusstsein bestätigt. Stimmt! Er widerspricht nicht, sondern gibt seinem Gegenüber recht und damit wird dieser wohl nicht gerechnet haben. Im Vergleich hat Sven dann auch noch die besseren Karten. Er hat mit seinen roten Haaren das kleinere Übel erwischt. Natürlich ist sein Vergleich ebenfalls nicht haltbar, aber darauf kommt es gar nicht an.

Auf der Baustelle gibt es Unstimmigkeiten über die weitere Vorgehensweise. Der Polier, der viele Jahre Berufserfahrung

In diesem Fall wird also der Vorwurf mit einem direkten Vergleich zum Angreifer bestätigt. Was der Polier damit genau sagen will, lässt er offen, doch das ist für jeden Beteiligten einfach zu erkennen.

Die Reaktion des Poliers war wertschätzender als jene von Kevin. Dennoch hat er deutlich gemacht, was er von solch überheblichen Angriffen hält. Damit die Angelegenheit zwischen den beiden Herren nicht eskaliert, sollte anschließend ein Friedensangebot gemacht werden. Der Polier sollte eine Win-win-Situation schaffen und der Ingenieur sollte so intelligent sein, diese zu erkennen und auch anzunehmen. Der Polier antwortet daher im Anschluss: „Wir hatten so einen Fall mal vor fünf oder sechs Jahren. Damals haben wir das Problem wie folgt gelöst ..."

Helga zieht hier eine persönliche Situation von Rolf zum Vergleich heran. Wer von den Macken oder den Schwächen seiner Gesprächspartner weiß, kann diese in einem Vergleich gut einfließen lassen.

Die Technik des Vergleichs ist immer gleich: Zuerst kommt die Aufnahme des Angriffs mit Bestätigung und anschließend der Bezug auf einen „Schwachpunkt“ des Gegners, der zum Vergleich herangezogen wird. Lieber … bin ich, wie ich bin, … als … mit so einem Handicap wie deinem gestraft zu sein!

Echten Beleidigungen können Sie mit der Methode „Lieber … als“ ebenfalls sehr gut begegnen, wie auch Yvonne erfahren musste.

Die ach so guten Freundinnen Yvonne und Eva haben einen richtig großen Streit. Vor Wut schreit Yvonne Eva an: „Weißt du, du bist eine echt falsche Schlange!“

„Nun“, lächelt Eva, „lieber eine falsche Schlange als eine echte, so wie du!“

Frau Gerber sagt zu ihrem Mann, nachdem er eine Blumenvase hat fallen lassen: „Du bist ein echter Depp!“

„Oh, lieber ein echter Depp als nur ein Plagiat.“

Gegensätze

Bei Vergleichen beziehen wir unseren Gesprächspartner stets mit ein. Das tun wir zwar nicht immer direkt, aber implizit und indirekt. Manchmal klingt so eine Antwort aber auch trotzig, insbesondere dann, wenn der Angriff ein Scherz ist und nicht wirklich kränkend gemeint war. Gerade in geselliger Runde frotzelt man gerne über andere und genau in solchen Situationen ist so ein Vergleich manchmal unangebracht.

Max feiert seinen Geburtstag. Ausgerechnet an diesem Morgen ist sein zweiter Kühlschrank kaputt gegangen, wodurch er das Bier für die Gäste nur notdürftig in der Badewanne kühlen kann. Allein dieser Umstand sorgt für Heiterkeit auf dem Fest.

„Sag mal, Max", ruft Willi durch den Raum, „hast du noch andere Warmgetränke außer Bier?" Die Runde lacht.

„Ne, tut mir leid. Ich kann dir aber einen kalten Glühwein bringen!"

Diese Technik steht und fällt, wie fast alle Techniken, mit einer guten Assoziation. Max hat in Gedanken nach einem typischen Warmgetränk gesucht, dabei ist ihm der Glühwein eingefallen. Nun muss er nur noch die typischen Eigenschaften der Getränke vertauschen und fertig ist die gelungene Antwort.

Eine Bestätigung hätte hier nicht gut geklungen. Von der Sache mit dem Kühlschrank hat jeder gewusst. Der Scherz war kein böser Angriff, manchmal ist man einfach nett gemein. Max hätte Willis Spruch auch übertrieben zurückspielen können. Nach warm kommt heiß und als heißes Getränk fiel ihm Milch ein. So hätte er Willi auch heiße Milch anbieten können. Ob er die wohl gerne genommen hätte?

Paul Metzger hat einen Sohn. Er ist 17 Jahre alt, kennt sich zwar gut mit Motoren aus, aber einen Friseur hat er schon seit vielen Jahren nicht mehr aus der Nähe gesehen. Seine Haare hängen ihm bis über die Schulter und gehen Paul Metzger gegen den Strich.

„Mensch, Steffen, geh mal zum Friseur!", mault er ihn an.

„Warum? Meinst du, ich sollte mir Extensions machen lassen?"

Eine künstliche Haarverlängerung bei seinem Sohn ist wohl das Letzte, an das Paul gedacht hat. Doch sein Sohn hat gegensätzlich assoziiert und damit diese schlagfertige Antwort geschaffen.

Das Mega-Lob

Über die Notwendigkeit eines Lobs im zwischenmenschlichen Kontext haben wir bereits gesprochen. Es motiviert uns und zeigt uns den Weg, schließlich wissen wir oft genug nicht, wo es langgeht. Wenn ein Lob wirken soll, dann muss es wahr sein. Ein künstliches oder übertriebenes Lob macht den Effekt zunichte. Genau hierin liegt die Chance für eine schlagfertige Reaktion. Loben Sie Ihren Kontrahenten, bis sich die Balken biegen, überziehen Sie Ihr Lob maßlos.

Der sportliche Dirk Poschmann meint es ja eigentlich gut mit seinem übergewichtigen Kollegen Frank Haberkamp. Er weiß es bloß nicht immer in die richtigen Worte zu fassen.

„Also, Herr Haberkamp, Sie sollten mehr Sport machen. Das ist doch belastend, so dick zu sein!"

„Sie haben ja sooo recht, Herr Poschmann. Natürlich! Sport!", dabei schlägt sich Frank auf die Stirn. „Welch ein genialer Einfall! Dass ich da selbst noch nicht draufgekommen bin!?"

Sie können auch mit einem normalen Lob reagieren, obwohl eigentlich nichts zu loben ist – auch das ist übertrieben.

Paul: „Du bist ja echt zu blöd."

Frank: „Nun, das macht deine gute Schule."

Paul: „Du bist ja ein echter Volldepp!"

Frank: „Danke schön. Ich konnte schon viel von dir lernen!"

Paul: „Du bist ja so ein Rindvieh."

Frank: „Aber doch nur, weil du mein großes Vorbild bist."

Eigentlich dient die Schlagfertigkeit dem Abwehren von Angriffen, aber hin und wieder geraten wir auch in Situationen, in denen uns andere einfach nerven. Dann möchte man auch in einem Nichtangriffsfall für Ruhe sorgen.

In so einer Situation steckt Karin. Ihre Kollegin Birte ist neu im Betrieb, sie ist lieb, aber vollkommen unsicher. Nach jeder Tätigkeit holt sie sich die Bestätigung darüber und nach Möglichkeit auch ein Lob ab. Wenn das nicht erfolgt, lobt sie sich selbst. Heute musste sie eine Statistik erstellen, nach einer viel zu langen Stunde liefert sie ihr Werk bei Karin ab, natürlich nicht ohne ein kräftiges Eigenlob: „Hab ich das nicht toll gemacht?"

Karin verdreht die Augen: „Doch! Du bist so gut! Wegen dir ist noch kein Meister vom Himmel gefallen, die befürchten den Vergleich mit dir."

Synergien der Stärke

Nicht immer muss ein Vergleich „böse" klingen, es besteht auch die Möglichkeit, aus einem Angriff einen gemeinsamen Nutzen, eine gemeinsame Stärke zu basteln. Wenn wir angegriffen werden, können wir uns mit unserem Angreifer solidarisieren und das Gespräch auf diese Weise ins Positive kehren.

Dirk Mittner und Tobias Groß besprechen die Umbaupläne für eine Veranstaltungshalle. Dirk, der Handwerker, möchte spezielle Kabel für die Lautsprecher verwenden. Die sind allerdings teurer als jene, die Tobias vorgeschlagen hat.

Tobias schüttelt angesichts des Preises den Kopf: „Von Betriebswirtschaft haben Sie ja gar keine Ahnung!"

Dirk: „Das ist richtig, dafür ist Ihnen alles Handwerkliche fremd. Wir ergänzen uns doch prima, nicht wahr?"

Auch hier finden wir die Bestätigung. Dirk widerspricht seinem Angreifer nicht und nimmt dem Gespräch damit eine gehörige Portion Eskalationspotenzial. Den von Tobias abgeschossenen Pfeil hat er sanft abgefangen. Der Vergleich mit seinem Gesprächspartner bezieht sich ausschließlich auf seine positiven Eigenschaften und damit streicht er die große Bedeutung ihrer Teamarbeit heraus. Das weitere Gespräch wird somit konstruktiv verlaufen, ein Widerspruch hätte das genaue Gegenteil erreicht.

Paul Metzger kommt zu Franziska ins Büro und legt ihr eine Bedarfsmeldung auf den Tisch. „Wir brauchen unbedingt noch Schmierfett von Öl-Meier!"

Franziska mag dieses Eindringen in ihren Kompetenzbereich nicht. Zudem hat sie die Anweisung, bei Standardprodukten immer mehrere Angebote miteinander zu vergleichen.

Sie lächelt ihn an: „Herr Metzger. Sie sagen mir, WAS Sie brauchen, und ich schaue, WO ich es herbekomme. Damit wird der Ball rund, nicht wahr!"

Schlagfertigkeit ist Verantwortung!

Solidarisch

Wahre Solidarität kann sich aber auch ohne einen gemeinsamen Gewinn ergeben, wenn wir den Angriff bestätigen und den Angreifer einfach in unser Boot ziehen.

Lars Steider hat einem seiner Leute kurzfristig einen wichtigen Urlaub gewährt. Hendrik hat zufällig davon gehört: „Was hast du gemacht? Wir haben ohnehin einen Personalengpass! Sag mal, haben sie dir ins Gehirn gespuckt?"

Lars Steider bleibt gelassen und meint ganz ruhig: „Ja, das kann wohl sein. Du kennst den Zustand also auch!"

„Hey Sven, rote Haare gehen ja wohl gar nicht!", meint Kevin auf dem Schulhof zu seinem Klassenkameraden. „Ja, da ist was dran. Doch mit deinem Straßenköterblond kannst du auch nicht viel reißen. Sollen wir eine Selbsthilfegruppe gründen?"

Plötzlich gibt es zwei Opfer. Sven reagiert mit einer Bestätigung, stellt sich dann aber mit seinem Angreifer gleich. Die Option, eine Selbsthilfegruppe zu gründen, kann in vielen Fällen die zentrale Essenz einer guten Antwort sein. Das ist eine elegante und gleichwertige Methode, seinem Angreifer Paroli zu bieten.

Wir müssen allerdings nicht jeden Angriff bestätigen. Manchmal irren wir, und das darf und soll dann auch gesagt werden.

Marlene trifft mal wieder auf ihre liebe Kollegin Yvonne. Wie Sie vielleicht wissen, können die beiden einander nicht leiden. So geraten sie wieder einmal in einen Streit, in dessen Verlauf sich Yvonne nicht mehr bremsen kann: „Du bist vielleicht eine blöde Kuh!"

Marlene lächelt: „Und du bist eine herzensgute Kollegin. Aber es ist auch möglich, dass wir uns beide irren.“

Wenn wir eine solidarische Erklärung einbringen, befindet sich unser Angreifer plötzlich in der Zwickmühle. Die erste Überraschung war die Bestätigung oder, wie im Fall von Marlene, das Lob. Damit rechnet der Angreifer nicht. Dann ziehen Sie ihn auch noch in das gleiche Boot – das ist die zweite Überraschung. Nun kann er entweder die Gemeinsamkeit bestätigen oder versuchen den Unterschied herauszustellen. Im ersten Fall beweist er Humor, im zweiten beginnt er Umstehende zu langweilen. Sollte er tatsächlich den Fehler machen und sich rechtfertigen, quittieren Sie das mit einem Lächeln und einem einfachen „Nun, das ist Ihre Meinung“.

Vergleiche als Antithese

Mode ist immer eine Zeiterscheinung. Diese Aussage bezieht sich nicht nur auf Kleidung, sondern auch auf alle anderen Interessen und Vorlieben. In den 1950er-Jahren war es in und modern, in deutschen Mittelgebirgen Urlaub zu machen. Heute haben viele dieser Gebiete Probleme, Touristen in ihre Region zu ziehen. Rollschuhe waren modern, Bonanzafahrräder waren mal modern und auch der Kleidungsstil war sehr speziell. Mode ist starken zeitlichen Schwankungen ausgesetzt und nicht jeder ist bereit diesen Wandel mitzumachen. Wer sich nun zu so einer „Randgruppe“ zählt und bestimmte modische Trends nicht für sich in Anspruch nimmt, wird häufig von den Modeaffinen angegriffen.

In so einem Fall kann man wunderbare Vergleiche mit

Erkenntnissen und Begebenheiten aus der Vergangenheit anstellen, die letztendlich beweisen, wie vergänglich Mode ist. Ob Sie damit selbst der Zeit voraus sind oder eher nostalgisch Bewährtes lieben, ist dabei egal.

„Van Gogh hat in seinem Leben nur ein Bild verkauft, heute zahlt man Höchstpreise für seine Werke. Er war seiner Zeit wohl voraus! Geschmack ist eine Frage der Epoche."

„Die Geschichtsbücher sind voll mit Beispielen, in denen Menschen blind einem Anführer gefolgt und damit in den sicheren Tod gelaufen sind. Ich nehme mein Leben lieber selbst in die Hand."

„Die Mode kommt, die Mode geht. Bin ich nun altmodisch oder meiner Zeit voraus?!"

„Auf der Titanic waren alle der Meinung, nach Amerika zu kommen. Was willst du mir also zu verstehen geben, wenn du sagst, dass alle deiner Meinung sind?"

„Sicher hast du recht, wenn es alle behaupten. Früher war die Erde schließlich auch eine Scheibe, bis sie sich dann doch anders entschieden hat!"

Auch Vergleiche mit Irrtümern der Zeitgeschichte können effektvoll herangezogen werden. Erfinder haben und hatten oft Probleme mit der jeweils existierenden Meinung ihrer Zeit. So wurde das Auto zu Beginn des 20. Jahrhunderts ebenso heftig und breit kritisiert wie das elektrische Licht. Experten haben auch dem Computer keine Chance eingeräumt, jemals in die Haushalte zu gelangen. Manchmal ist es doch gut, wenn sich Randgruppen behaupten.

„Die Mehrzahl der Menschen hat 1908 das elektrische Licht abgelehnt. Würde ich nun deine Meinung teilen, müsste ich jeden Abend im Licht einer Kerze zu Bett gehen!"

„Der Anwalt und viele weitere Zeitgenossen von Henry

*Ford haben dem Automobil keine Chance gegeben. Leute
wie du sind noch zur Arbeit geritten, während andere bereits den Bus genommen haben."*

Es ist dabei nicht einmal entscheidend, ob Ihr Vergleich tatsächlich stimmt! Einen „Gegenbeweis" wird Ihr Gegner ohnehin nicht einbringen können.

Mitleid

Manchmal stoßen wir auf Äußerungen, die danach klingen,
als würde man uns ausgrenzen wollen. Vielleicht ist das aber
gar nicht richtig und nur unsere Ansicht. In Wirklichkeit
verrät unser Gesprächspartner eventuell nur einen Wunsch.
Vielleicht ist seine Aussage eine Selbstoffenbarung und
kein Angriff? Wie wir etwas verstehen, ist schließlich unsere Angelegenheit. Also können wir auch ein Verlangen in
der Aussage unseres Angreifers hören. Er beneidet uns und
möchte so sein wie wir und daher können wir auch Mitleid
mit ihm haben.

*Norman ist 25 Jahre alt und geht gerne in den Gesangsverein.
Häufig ist er dem Spott anderer ausgesetzt, mittlerweile versteht er solche Angriffe aber ganz anders.*

*„Mensch, ein Männergesangsverein, das ist doch was für
Opas!", lästert sein Kollege Frederic. Norman setzt auf die
Mitleidstour und kontert: „Nur weil du jung bist, heißt das
doch nicht, dass sie dich nicht mögen, Frederic. Ich nehme
dich gerne mal mit!"*

*Katja liebt ihr Auto, obwohl es schon sehr alt ist. Markus
fährt hingegen immer das neueste Modell. In der Pause*

*meint Markus zu Katja: „Also, ich würde nie so eine alte
Möhre fahren!"*

*Katja verteidigt ihr Auto und sagt: „Es ist schon traurig,
wenn man sich über sein Auto identifizieren muss. Das hast
du doch gar nicht nötig, Markus!"*

Natürlich wird Markus nun in Folge kein altes Auto fahren
und Frederic wird vermutlich auch nicht den Aufnahmeantrag
für den Männergesangsverein unterzeichnen. Doch das ist
ja nicht das Ziel. In beiden Fällen wird, wenn überhaupt,
nur ein zaghafter Versuch der Selbstverteidigung folgen.
Katja und Norman stehen beide zu sich sowie zu ihren
Entscheidungen, und das demonstrieren sie. Sie zeigen Stärke
und starke Menschen greift man nicht an. Selbstbewusstsein
ist die beste Verteidigung.

Schlimmer geht's immer

„Da habe ich ja noch einmal Glück gehabt!"

Ob Sie tatsächlich Glück hatten, entscheiden Sie. Es ist
immer wieder die gleiche Situation: Ich bestimme für mich
meine Sichtweise. Somit kann ich auch eine Beleidigung zu-
rückweisen, indem ich anmerke eigentlich mit Schlimmerem
gerechnet zu haben. Wenn Sie von jemandem als „Idiot"
beschimpft werden, dann sind Sie im Vergleich zum möglichen „Vollidiot" doch glimpflich davon gekommen und ein
„Vollidioten" ist wiederum besser als ein „Oberidiot".

Natürlich ist es nicht üblich, sich selbst so zu bezeichnen und solche Angriffe auf sich zu nehmen. Doch es gibt
Situationen, da stecken wir aufgrund unseres eigenen
Verhaltens fest. Wir haben einen Fehler gemacht! Ein anderer ist aufgrund unseres Fehlers zu einem Schaden gekom-

men und es ist verständlich, dass dieser nun sauer ist. Wie sehr und intensiv er seinem Ärger nun Luft macht, können wir nur schlecht beeinflussen. Aber wir können dafür sorgen, dass der Ärger schnell abklingt. Sich zu verteidigen und den Fehler zu rechtfertigen provoziert nur einen mühsamen und wahrscheinlich lauten Dialog. Wenn wir definitiv schuld an etwas sind, dann sollten wir zu unserem Fehler stehen!

Damit nehmen Sie Ihrem „Angreifer" die Luft aus seinen Segeln. Wenn Sie dann noch mit einer entsprechenden Portion Selbstironie reagieren, merken viele blitzschnell, dass auch ihr eigenes Verhalten unangebracht war. Der Weg für eine gemeinsame Lösung ist damit geebnet.

Erinnern Sie sich an Michael? Er hat seinem Nachbarn Sekt über das Sakko geschüttet. In so einem Fall ist ein realistischer Vergleich angebracht. „Na ja, lieber Sekt als Rotwein. Oder was meinen Sie?" Der Fauxpas wird kleingespielt und eine Allianz mit dem „Geschädigten" gebildet. Beide haben „Glück" gehabt und darauf weist Michael ausdrücklich hin. Diese Strategie können Sie auch benützen, wenn Sie als Folge Ihres Fehlers einen Vergleich zu hören bekommen, der nicht nett, aber auch nicht so ernst gemeint ist.

Raffael sollte in der Werkstatt Blech zuschneiden. Leider bringt er die Maße durcheinander und schneidet zu wenig ab. Sein Chef ist entsprechend sauer. „Du bist ein echter Ochse!", sagt er im Zorn.

Von so einem Angriff haben Sie hier schon einmal gelesen. Nun mit dem Vergleich zu kommen, dass Raffael den Karren aus dem Dreck zieht, käme wohl einer Provokation gleich. Er hat einen Fehler gemacht und dazu sollte er stehen. *Er schaut seinen Chef an und meint nur verlegen: „Nun, da bin ich ja froh, kein Hornochse zu sein!"*

Sein Chef lächelt und meint versöhnlich: „Das wärst du

gewesen, wenn du anstatt zu wenig zu viel abgeschnitten hättest. So ist das Blech noch zu retten!"

Frank Klüver hat vergessen ein wichtiges Ersatzteil zu bestellen. Bernhard Spät ist entsprechend sauer. „Mensch, Frank!", regt er sich auf. „Du bist ein richtiger Depp."

„Nun, da habe ich ja noch mal Glück gehabt", grinst Frank, „dass ich kein Ober- oder gar Hauptdepp bin!"

Bernhard lacht: „Wenn du so weitermachst, wirst du aber noch befördert!"

Die Aggression ist aus dem Gespräch raus. Die Selbstironie hat in diesem Fall einen weiteren Konflikt verhindert. Der Fehler wird nicht beschwichtigt oder mühevoll erklärt. Der Angriff wird mit einem zwinkernden Auge und einer entsprechenden Übertreibung angenommen. Viele Angreifer reagieren nach so einer Bestätigung ebenfalls beschwichtigend. Sie fühlen sich schlecht derart heftig reagiert zu haben.

Das Einzige, was Sie hierfür benötigen, ist eine Portion Selbstironie und natürlich eine gute Assoziationsfähigkeit. Was ist schlimmer als der vorgebrachte Angriff? Im Zweifelsfall können Sie auch Wörter erfinden, oder kennen Sie tatsächlich einen Hauptdeppen?

Rückgaberecht

Bei den meisten Angriffen versucht jemand Ihnen in irgend einer Art und Weise ein Problem oder ein Handicap anzudichten. Was passiert jedoch, wenn Sie dieses „Problem" gar nicht sehen, nicht haben und auch nicht wollen? Müssen wir uns jeden Schuh anziehen, den man uns vor die Füße wirft? Spielen Sie doch einmal den Joker „Rückgaberecht im

Schuhgeschäft" aus und geben Sie den Schuh, also das zugeworfene Problem, einfach zurück.

Horst hat heute Morgen im Halbdunkel sein Lieblingshemd angezogen. Es ist schön, es ist alt und was er nicht wusste: Es hat ein kleines Loch. Sein Kollege Richard sieht es aber auf Anhieb.

„Aber Horst, wie schlampig läufst du denn rum?!", und zeigt auf die defekte Stelle.

„Nenne es unordentlich oder nachlässig, aber schlampig ist es definitiv nicht!"

Auch in einer Situation, von der ich bereits geschrieben habe, lässt sich diese Taktik anwenden:

Marlene geht in die Kantine. Vor der Tür stehen die beiden Kolleginnen Yvonne und Eva rauchend beim Aschenbecher. Die zwei können Marlene nicht ausstehen. „Ich wusste gar nicht, dass hier auch Schnepfen bedient werden", meint Yvonne gehässig und laut genug zu ihrer Freundin Eva.

Marlene schaut Yvonne mit einem Lächeln an: „Sei froh, sonst müsstest du ja draußen bleiben."

Mit dem Zurückgeben des Angriffs wird der Angegriffene selbst zum Angreifer, unter Umständen kann die Technik dadurch etwas aggressiv wirken. Wenn die Verhältnismäßigkeit von Angriff und Rückgabe nicht gegeben ist, sollte auf eine Verwendung dieser Technik verzichtet werden.

22. Metaphern

Was haben Erfinder und Mutter Natur gemeinsam? Beide versetzen uns so manches Mal in Erstaunen. Die Leistungskraft und der Ideenreichtum zur Lösung von Problemen sind enorm und oft genug auch beneidenswert. Was sich im Lauf der Evolution über Generationen hinweg entwickelt hat, dient heute häufig als Vorbild für weitere technische Innovationen und für pfiffige Antworten. Aber auch ein in der Natur bekanntes Verhalten bietet häufig eine wunderbare Grundlage für einen schlagfertigen Widerspruch.

Wir wissen alle, dass sich der Igel bei Gefahr zusammenrollt. Er will von seiner Umwelt nichts wissen und der stachelige Panzer hält diese davon ab, Kontakt mit ihm aufzunehmen. Unzählige Jahre schützte diese Methode den Igel, bis der Stahlgürtelreifen kam. Heute verwenden wir das Zusammenrollen bei Gefahr als Metapher für Entscheidungsschwäche und Pessimismus.

Franziska Klein ist in einer schwierigen Sitzung, es geht um Investitionen in Millionenhöhe. Sie präsentiert ein Konzept zur Produktionserweiterung. Der altgediente Kollege Wolfgang Stör kommentiert ihren Vorschlag wie folgt: „Das Risiko ist viel zu hoch. Die Zeiten sind zu unsicher!"

Klein: „Herr Stör, Sie erinnern mich an einen Igel. Sich jetzt auf der Hauptstraße zusammenzurollen und zu hoffen rettet uns auch nicht."

Eine solche Metapher ist sehr wertschätzend, die jeweilige Person wird nicht beleidigt. Das Verhalten eines Igels ist allgemein bekannt und wird von den meisten auch bedauert. Der Igel hat es nicht geschafft, sich den veränderten Umweltbedingungen der letzten 100 Jahre anzupassen, immer wieder sterben deswegen Tiere. Der Vergleich macht deutlich, dass nicht jede Strategie auf Dauer erfolgreich sein muss. Herr Stör wird auf diese Weise nicht persönlich angegriffen.

Eine Metapher liefert lebendige Bilder. Auf diese Weise sparen wir uns langwierige Erklärungen. Manchmal reicht ein Stichwort und jeder versteht den Vergleich und was Sie meinen.

Hilfreiches aus dem Tierreich

Das Tierreich bietet eine Menge Vergleichsmöglichkeiten für diese Strategie. Das Elefantengedächtnis wird ebenso gelobt wie die Schläue des Fuchses. Eine Schlange hat eher eine schlechte Lobby, das Reh findet hingegen eher vor Freude quietschende Anhänger.

Philipp Schäl hat ein Problem. Er ist der Vertriebsleiter von „Goll KG" und möchte den Service im Vertrieb wesentlich verbessern. Daher will er dem Kunden fertig ausgearbeitete Pläne überlassen, ohne diese in Rechnung zu stellen. Er hofft den Kunden auf diese Weise zu gewinnen. Die kaufmännische Leiterin Diana Thünn ist allerdings dagegen.

Schäl: „Wir müssen mit Vorleistungen überzeugen, dann bekommen wir den Auftrag."

Thünn: „Was nützt es denn, bienenfleißig zu sein, wenn uns andere zum Schluss den Honig wegnehmen?"

Für diese Technik ist ein wenig Denkarbeit erforderlich. Sie stellen eine Assoziation zwischen vollkommen unterschiedlichen Begriffen her. Nur wer häufig intensiv assoziiert, wird diesen Bogen in kurzer Zeit spannen können. Vergleiche müssen geübt werden.

Umfangreiches Wissen über die Natur und über Synonyme sowie Antonyme erleichtern die Denkarbeit. Auch eine gute Allgemeinbildung ist sehr hilfreich. Wir sollten beispielsweise wissen, was eine Biene den ganzen Tag so treibt und wer am Ende dann doch den Honig bekommt.

Bei der Wahl der Metapher ist es zudem extrem wichtig, dass Ihr Gesprächspartner diese ebenfalls kennt. Es hat keinen Sinn, ein besonderes Ereignis der Natur oder einen herausragenden Erfinder als Vergleich heranzuziehen, wenn Ihr Gesprächspartner das Besondere daran nicht kennt. So etwas mit langen Worten erklären zu müssen macht Ihre Antwort zunichte. Viele Worte killen die Schlagfertigkeit. Den Bildungsstand unserer Gesprächspartner können wir nicht beeinflussen, aber wir sollten ihn kennen. Gegebenenfalls müssen Sie sich auf die Stufe Ihres Gegners herabbegeben, um auf die notwendige Augenhöhe zu kommen.

Lena wird auf dem Schulhof geärgert, sie hat ziemlich viele Sommersprossen. Die Jungs aus ihrer Klasse sind vorpubertär und gemein. So sagt Marvin zu ihr: „Du bist ja vielleicht hässlich mit deinen Punkten.“

Im Biounterricht hat Lena gut aufgepasst und kontert selbstbewusst: „Na und? Aus jeder Raupe wächst ein schöner Schmetterling, aber Ratte bleibt Ratte!“

Frau Gerber sitzt in Shorts auf der Couch. Sie schaut zuerst ihre Beine und dann ihren Mann an: „Eigentlich habe ich doch schöne Beine für mein Alter.“

„Du hast Beine wie ein Reh, meine Liebe!“

„*Wirklich?*“
„*Ja. Zwar nicht so schlank, aber dafür so haarig!*“

Manche Vergleiche sollte man sich dann doch eher schenken.

Hilfreiches von Erfindern

Was für Mutter Natur gilt, finden wir auch bei Erfindern oder anderen bedeutenden Persönlichkeiten. Deren Leistung ist in der Regel unumstritten und kann daher gut für einen Vergleich herangezogen werden. Dadurch ergibt sich meist ein sehr freundlicher, aber bestimmter Hinweis auf eine eingefahrene Denkrichtung. Gerade bei Innovationsbremsen und ewig Gestrigen sind solche Vergleiche gut geeignet.

Georg Tichler sitzt in einer Konferenz, ein dringendes technisches Problem soll gelöst werden. Sechs Fachleute beratschlagen und verbessern sich gegenseitig. Einige sind kreativ, andere hingegen eher neidisch. Das ist mit ein Grund dafür, dass die Ideenfindung so schwierig verläuft. Unkonventionelle Vorschläge werden gerne umgeworfen, ehe sie überhaupt richtig durchdacht wurden. Diese Erfahrung machte auch Georg Tichler. Nachdem er seinen Vorschlag präsentiert hat, meint der Kollege Frank Haberkamp pauschal abwertend: „Das funktioniert doch nie!“

Georg Tichler greift zu einer passenden Metapher: „Hätte Karl Benz auf Sie gehört, würden wir wohl heute noch zur Arbeit reiten.“

Eine Metapher erklärt in wenigen Worten, worauf es ankommt. Im Fall von Georg Tichler ist es der Hinweis darauf, doch auch einmal Pionierwege zu gehen. Eine Metapher kann auch wunderbar zur Motivation eingesetzt werden.

Drei Wochen nach dieser ersten Sitzung trifft sich die Projektgruppe erneut. Die bisherigen Versuche, ein bestimmtes Problem zu lösen, sind gescheitert. Frank Haberkamp meldet sich zu Wort: „Das wird auch nichts, das wird nie funktionieren. Wir sollten bei den alten Methoden bleiben." Georg Tichler ist anderer Meinung: „Edison hat 3.000 Versuche unternommen, bis er die elektrische Glühbirne erfunden hat. Seine Ausdauer hat sich gelohnt!"

Es ist natürlich möglich, dass auf solche Vergleiche dennoch Widerspruch folgt. Auch Frank Haberkamp ist nicht auf den Mund gefallen:

„Wir sind aber nicht Edison!"

„Nun, welch bedeutender Erfinder Edison wirklich ist, wusste er vor seinen ersten Fehlversuchen auch nicht. Der Erfolg hat ihm recht gegeben."

Einige neigen dazu, Vergleiche erst recht nicht zu akzeptieren, wenn diese mit besonders bedeutenden Persönlichkeiten gemacht werden. Dabei vergessen sie, dass diese Menschen erst durch ihre Leistung bedeutend wurden, davor waren sie ebenso kleine Lichter. Ein Vergleich mit so einer Persönlichkeit muss aber nicht immer von Vorteil sein, wie Herr Gerber gemerkt hat.

Herr Gerber brütet über einem Kreuzworträtsel. Er ist stolz, wenn er das eine oder andere weiß, und teilt das stets auch seiner Frau mit. Diese verdreht schon die Augen. Nach 20 Minuten hat er das Lösungswort herausgefunden.

„Na, bin ich gut?", fragt er seine Frau.

„Du hast Gemeinsamkeiten mit Albert Einstein", antwortet Frau Gerber mit Bewunderung in der Stimme.

„Oh, wirklich? Welche?"

„Nun, Einstein hat das Abitur auch nicht geschafft. Mehr Gemeinsamkeiten fallen mir jetzt aber auch nicht ein."

Vergleiche sollten bekannt sein

Allgemeinbildung ist bei der Verwendung von solchen Vergleichen meistens sehr wichtig. Wenn Ihr Gesprächspartner die Bedeutung oder gar die ganze Person, die Sie zum Vergleich heranziehen, nicht kennt, könnte der Schuss auch nach hinten losgehen.

Herbert beobachtet, wie ein Jugendlicher aus Überdruss die Scheiben am Wartehäuschen einer Bushaltestelle heraustritt. Er geht zu ihm und sagt in ruhigem Ton: „Du kommst mir vor wie Nero. Aus lauter Langeweile zerstörst du die Errungenschaften unserer Zivilisation."

Der Jugendliche schaut ihn mit großen Augen an und antwortet: „Echt? Ey, Alter, in welchem Verein spielt denn dieser Nero?"

Vergleiche mit Erklärungen

Wenn Sie einen Vergleich ziehen, der einer Erklärung bedarf, ist es vielleicht besser, die Erklärung direkt mitzuliefern. In solchen Fällen muss eine Person nicht einmal bekannt sein, wichtig ist lediglich, dass Ihr Konter weise klingt. Auch Beispiele aus der Natur können Sie mit einer passend angemerkten Zusatzerklärung wählen.

Dirk Poschmann sitzt mit seinem Geschäftsführer und dem Produktionsleiter zusammen. Sie debattieren über die Preise der Lieferanten. Der Geschäftsführer will eine flächendeckende Kostenreduzierung von 3 Prozent erreichen. „Wir müssen unsere Lieferanten im Preis drücken, nur so können wir am Markt bestehen!"

Dirk Poschmann ist dagegen: „Wissen Sie, mein Großvater war Schlosser und ein weiser Mann. Er sagte immer: ,Nach fest kommt ab!' Was nützen uns die besten Preise, wenn wir anschließend nicht mehr beliefert werden? Wir sollten daher nichts überziehen."

Metaphern sind hervorragende Paroli-Antworten, für ihre Verwendung ist aber ein wenig Übung erforderlich. Diese Übung lohnt sich allerdings. Suchen Sie bei Äußerungen, die Sie in Interviews hören oder lesen, nach einer passenden Antwort. Fernschdiskussionen eignen sich ebenso wie Unterhaltungsfilme. Immer wenn geredet wird, können wir an der eigenen Schlagfertigkeit basteln.

Die Verwendung einer Metapher verläuft in drei Schritten. Im ersten Schritt geht es um die Suche nach Assoziationen. Welche Stichworte fallen Ihnen spontan zu einem Satz ein? Stichworte reichen, Sie müssen noch keine vollständigen Sätze bilden, einzelne auch zusammenhanglose Worte sind vorerst ausreichend.

Mit diesen ersten Stichworten können Sie nun nach einer passenden Metapher suchen. Wenn Ihnen eine Antwort ängstlich vorkommt, könnten Ihre Assoziationen in Richtung „Angst", „feige", „zieht sich zusammen" oder „rollt sich zusammen", gehen. Damit wären wir schon bei der Igel-Metapher. Das Zusammenrollen funktioniert beim Igel sehr gut, nur auf der Straße versagt die Strategie. Daher ist dieser Zusammenhang sehr wichtig und sollte auch benannt werden. Mit diesem Bild vor Augen haben Sie auch schon Ihre Konterantwort. Sie werden sehen, dass Ihnen dies mit der Zeit sehr leichtfällt. Zudem werden Sie sich vermutlich auf ein paar Lieblingsmetaphern konzentrieren. Die Angriffe, Menschen und die Situationen, in oder an die Sie geraten, wiederholen sich ohnehin immer wieder.

Sie machen den Vorschlag, den Telefonanbieter zu wechseln, weil Sie damit etwa 20 Prozent an Kosten einsparen können.

„Ich halte einen Wechsel des Telefonanbieters für gefährlich. Nachher funktioniert hier nichts mehr."

„Kolumbus segelte einfach nach Westen, ohne zu wissen, ob das funktionieren würde. Wer Erfolg haben will, muss auch mal etwas riskieren und 20 Prozent Einsparungen sind ein Risiko wert."

Sie benötigen eine neue EDV-Anlage, da Ihre mit über 12 Jahren bereits sehr veraltet ist. Der zuständige Abteilungsleiter, der kaum damit arbeitet, lehnt den Antrag ab.

„Warum sollten wir einen neuen Computer kaufen, der alte funktioniert doch noch recht gut?!"

„Sie erinnern mich an unsere Regierung. Die reden auch von Rentenkürzungen, obwohl sie selbst nicht betroffen sind."

Sie möchten einen neuen Mitarbeiter einstellen. Die Person, für die Sie sich entschieden haben, bevorzugen Sie aufgrund ihres Sprachtalents. Ihr Kollege ist gegen ihn. Er begründet das wie folgt: „Wer muss in unserem Laden schon polnisch sprechen können?"

„Sie erinnern mich an eine Eintagsfliege, wir sollten aber weiter in die Zukunft blicken als nur bis heute Abend."

Sie stehen am Kaffeeautomaten und warten auf Ihr Getränk.
Da kommt Ihre Kollegin, eine radikale Teetrinkerin und
Kaffeehasserin vorbei und meint:

„Vom Kaffee bekommen Sie eine unreine Haut.“

„Sie sollten nicht alles glauben. Bis Kopernikus und
Galileo Galilei war die Erde noch eine Scheibe.“

Sie essen mit Ihrem Partner in einem gediegenen Restaurant
zu Abend. Am Nachbartisch telefoniert jemand etwas zu
laut. Sie bitten ihn leiser zu sprechen, doch der Mann entgegnet:

„Gehen Sie doch woanders hin, wenn es Sie stört.“

„Das würde ich ja gerne, aber bei Ihrer Megafon-Stimme
werde ich Sie wohl auch dort noch verstehen!“

23. Just for me

Die meisten der gewählten Beispiele entstammen dem unmittelbaren und wichtigen sozialen Umfeld. Dazu zählen die Familie, die Freunde und Bekannten und natürlich die Kollegen am Arbeitsplatz. Wir treffen diese Menschen regelmäßig und wir sind gegenseitig aufeinander angewiesen. Das verpflichtet natürlich, weil jeder auch Nutznießer einer solchen Gemeinschaft ist. Der freundliche und wertschätzende Umgang ist eine Schuld an das Team, wie auch immer es zusammengesetzt ist.

Ich habe Ihnen mehrmals geraten einen Gegenangriff zu unterlassen. Das baut in der Regel nur Frust auf zwei Seiten auf, der sich unkontrolliert entladen könnte. Das Ergebnis wäre dann verbrannte Erde. Allerdings gibt es keine Regel ohne Ausnahme. Wir geraten durchaus in Situationen, in denen auch ein Angriff angebracht sein kann. Wir treffen schon mal auf Menschen, die selbst nach einem deutlichen Hinweis nicht aufhören uns zu belästigen. Selbst wenn man mit einem Zaunpfahl in Eichenstammgröße winken würde, Ihr Gesprächspartner würde es nicht kapieren. Bei so vielen Brettern vor dem Kopf darf man auch zu „konkreteren" Mitteln greifen.

Es gibt Menschen, die haben so viel Spaß an dummen Sprüchen, dass sie nicht damit aufhören, uns diese um die Ohren zu hauen. Jeder Konter ermuntert sie weiterzumachen und noch einen draufzusetzen. Je schlagfertiger Sie antworten, desto stärker hauen diese Experten zurück. Es ist für sie fast wie ein Wettkampf. Sie können ihn gewinnen, es stellt sich nur die Frage, ob Sie das wollen. Sie können dieses Spiel mitspielen. Sollte es Ihnen allerdings derart auf den Keks gehen, dann sorgen Sie für Ruhe. Bei bestimmten Techniken sollte Ihr Kommentar zu den Endlossprüchen Ihres Gegenübers passen. So könnten Sie ein Sprichwort wählen: „Weißt du, Reden ist Silber und Schweigen ist Gold. Sei mal goldig und geh!" Allerdings können Sie ihn auch loben:

„Du hast jetzt jedem bewiesen, wie toll du bist. Bestimmt wirst du die nächste Nacht gut schlafen, aber jetzt belästige bitte andere!" Sollte er dann immer noch nicht schweigen, sagen Sie vielleicht: „Es gibt zwei Dinge, die ich nicht verstehe. Das eine ist Japanisch und das andere, warum du nicht gehst!" Natürlich können Sie ihm auch die berühmten 20 Cent für eine Parkuhr geben, aber dann wird er wohl sagen, dass es keine Parkuhren mehr gibt. Schade eigentlich.

So ein Gegenangriff muss nicht zwangsweise böse oder aggressiv sein, es reicht, wenn er deutlich ist. Ein Spruch in dieser Art wirkt wie eine kleine Dusche und lässt Ihren Gesprächspartner aus seiner Clownrolle schlüpfen. Eigentlich tun Sie damit sogar noch etwas Gutes.

24. Just for fun

Das war die Antwort von Jürgen von der Lippe auf die in
einer Unterhaltungstalkshow gestellte Frage. Entertainer wie
er leben von schlagfertigen Antworten. Hier gab es keinen
Angriff und dennoch konterte er. Solche Antworten sind unterhaltsam, und das erwartet das Publikum.

Auch Sie können das. Jeder kann schlagfertige Antworten
zur allgemeinen Unterhaltung geben. Jeder war selbst bereits
Zeuge bei Nonsensunterhaltungen oder wenn einer einen
passenden witzigen Spruch zu einer eher normalen Situation
angebracht hat. Menschen wie Jürgen von der Lippe, Thomas
Gottschalk und andere Unterhaltungskünstler sind konsequent auf der Suche nach witzigen Assoziationen. Dabei
übertreiben sie, bilden Metaphern, bestätigen Aussagen
und überziehen selbige. Manchmal reicht es auch, das
Selbstverständliche, wie im genannten Fall, als Antwort zu
geben. Das alles dient nur der Unterhaltung. Die Entertainer
sind dabei so geübt, dass ihnen die guten Antworten gleichsam in den Schoß fallen.

Versuchen Sie das doch auch! Die Techniken kennen Sie
nun. Sie müssen Sie nicht nur im Verteidigungsfall anwen-

den. Bleiben Sie freundlich, dann können Sie auch normale Aussagen und andere Geschehnisse auf diese Weise witzig kommentieren. Natürlich ist eine Konferenz nicht der geeignete Ort für so etwas, aber eine Party ist ideal zum Üben.

Anhang

Über den Autor

Detlef Karthaus, 1963 geboren, ist gelernter Industriekaufmann und Diplom-Kaufmann. Nach vielen Jahren in der freien Wirtschaft arbeitet er seit 2002 erfolgreich als freiberuflicher Dozent und Kommunikationstrainer.

Eloquenz ist seine absolute Stärke. Schon in frühen Jahren wusste er wichtige Diskussionen zu gewinnen und hatte bei Bedarf auf alles eine Antwort. Heute bescheinigen ihm dies die Teilnehmer seiner Seminare und Veranstaltungen. Er erklärt, wie man sich effektiv gegen Mobbing wehrt, Konflikte geschickt verbal behebt und sich mit geschliffener Rhetorik respektvoll durchsetzt – in jeder Lage.

www.detlefkarthaus.com

Literatur

Bierach, Alfred J.: In Gesichtern lesen, Menschenkenntnis auf den ersten Blick. Ariston Verlag, Genf/München, 1990

Buzan, Tony: Speed Reading. Schneller lesen – mehr verstehen – besser behalten. Mvg Verlag, Heidelberg, 1997

Carnegie, Dale: Sorge dich nicht – lebe! Scherz Verlag, Bern – München – Wien, 1999

Fisher, Roger/Ury, William/Patton, Bruce: Das Harvard-Konzept. Der Klassiker der Verhandlungstechnik. Campus Verlag, Frankfurt/Main, 2004

Gladwell, Malcolm: blink! Die Macht des Moments. Campus Verlag, Frankfurt/Main, 2005

Harris, Thomas A.: Ich bin o.k. Du bist o.k. Wie wir uns selbst besser verstehen und unsere Einstellung zu anderen verändern können – Eine Einführung in die Transaktionsanalyse. Rowohlt Verlag, Reinbeck, 1987

Häusel, Hans-Georg: Brain View. Warum Kunden kaufen. Haufe-Lexware, Freiburg 2010

Küstenmacher, Werner Tiki: Simplify your life, Einfacher und glücklicher leben. Knaur Verlag, München, 2004

Mai, Jochen/Rettig, Daniel: Ich denke, also spinn ich. Warum wir uns oft anders verhalten, als wir wollen. Deutscher Taschenbuch Verlag, München, 2011

Molcho, Samy: Alles über Körpersprache. Sich selbst und andere besser verstehen. Goldmann Verlag, München, 2001

Nørretranders, Tor: Spüre die Welt. Die Wissenschaft des Bewusstseins. Rowohlt Verlag, Reinbeck, 1997

Nöllke, Matthias: Schlagfertig. Die 100 besten Tipps. Haufe-Lexware, Freiburg, 2010

Pachl-Eberhart, Barbara: Vier minus drei: Wie ich nach dem Verlust meiner Familie zu einem neuen Leben fand. Heyne Verlag, München, 2010

Panse, Winfried/Stegmann, Wolfgang: Kostenfaktor Angst. Verlag moderne industrie, Landsberg/Lech, 1996

Pöhm, Matthias: Nicht auf den Mund gefallen! So werden Sie
    schlagfertig und erfolgreicher. Goldmann Verlag, München,
    2004
Schulz von Thun, Friedemann: Miteinander reden. Rowohlt
    Verlag, Reinbeck, 2010 (48. Auflage)

Stefan Schimmel

Ihr Auftritt bitte

Angst reduzieren – Glaubwürdig sprechen – Spannung aufbauen

Die größte Angst vieler Menschen ist es, vor Publikum sprechen zu müssen. Von "normalem" Lampenfieber über schweißnasse Hände, Rot werden, Unzulänglichkeitsgefühlen bis hin zu völligen Blackouts reicht die Palette der Symptome. Und dann soll man die Zuhörer auch noch fesseln und überzeugen ...

Fixfertige Hilfe-Anleitungen helfen da nichts. Es ist wichtig, zu begreifen, warum diese Gefühle auftreten und wie man damit umgeht.

Der Autor führt mit einem ganzheitlichen Ansatz zu einem authentischen Auftritt und zeigt, wo man an sich selbst ansetzen muss und welches Handwerkszeug für jedermann erlernbar ist, um ein Publikum erfolgreich für sich zu gewinnen.

Hardcover 300 Seiten
Format 13,5x21,5cm
ISBN: 978-3-902729-11-8

Preis: 19,⁸⁰ €

Bestellen Sie unter +43 (0) 1 505 43 76-30 oder per Fax: +43 (0) 1 505 43 76-20 oder unter verlag@goldegg-verlag.com